Werner Gutheil

Paul Weß
Eine Frage bricht auf

Paul Weß

Eine Frage bricht auf

Wie man zum Glauben finden kann

Verlag Styria Graz Wien Köln

CIP-Kurztitelaufnahme der Deutschen Bibliothek

Weß, Paul:
Eine Frage bricht auf: wie man zum Glauben finden kann / Paul Weß. – Graz, Wien, Köln: Verlag Styria, 1982.
ISBN 3-222-11348-3

1982 Verlag Styria Graz Wien Köln

Printed in Austria
Umschlaggestaltung: Christoph Albrecht
Gesamtherstellung: Druck- und Verlagshaus Styria, Graz
ISBN 3-222-11348-3

Inhaltsverzeichnis

Eine Einladung

»Wurden Sie gefragt, ob Sie auf die Welt kommen wollen?«

»Das ist ja gar nicht möglich«, werden Sie antworten. Und Sie haben natürlich recht. Ihre Eltern konnten Sie nicht fragen, ob Sie geboren werden wollen. Sie mußten das für Sie entscheiden.

»Haben Sie Ihren Eltern schon verziehen, daß sie Sie zur Welt gebracht haben, ohne Sie vorher fragen zu können?«

Vielleicht werden Sie erwidern: »So eine dumme Frage. Ich bin ihnen doch dankbar dafür.« Aber ist das nicht zu schnell gesagt? Sicher wurden Sie dazu erzogen, Ihren Eltern dafür dankbar zu sein. Aber sind Sie es wirklich? In der Tiefe Ihres Denkens und Fühlens, die einem oft gar nicht richtig bewußt ist? Finden Sie tatsächlich dieses Leben mitsamt der Beziehung zu anderen Menschen grundsätzlich und von vornherein gut, so daß Sie dafür dankbar sein können?

Möglicherweise werden Sie jetzt sagen: »Mir genügt es, daß ich mich im Moment wohlfühle. So tief will ich gar nicht nachdenken.« Dann wollen Sie sich diesbezüglich einfach an das halten, was Ihre Eltern oder die meisten anderen Menschen tun. Aber auch in Ihrem Leben wird es Situationen geben, wo Sie um eine persönliche Antwort auf diese Frage nicht herumkommen. Wenn Sie etwa entscheiden müssen, was aus Ihrem Leben werden soll, wozu Sie eigentlich auf der Welt sind, ob das Leben seine Mühe lohnt, was Ihnen der andere Mensch wirklich bedeutet oder ob Sie über ihn verfügen können, ob Sie eine glückliche Stunde jemandem verdanken oder in ihr nur einen Zufall sehen sollen, wie Sie sich angesichts der Grenzen dieses Lebens in Leid, Krankheit und Tod verhalten sollen, ob Sie eine lebenslange Verpflichtung auf sich nehmen können, selbst einem Kind das Leben schenken sollen usw.

Natürlich könnten Sie auch dann noch versuchen, dieser Frage zu entkommen. Indem Sie solchen Situationen ausweichen. Dann wären Sie aber auf der Flucht vor dem Leben selbst und treffen eigentlich schon eine negative Entscheidung. Sie halten es für nicht lebenswert und würden am liebsten Schluß machen.

Oder Sie wollen es aus eigenem für lebenswert erklären. Sie nehmen Ihr Leben und Ihre Beziehungen zu den anderen Menschen selbst in die Hand und wollen etwas daraus machen. Auch das ist eine negative Antwort: Sie sehen es nicht als grundsätzlich und von vornherein gut an, sondern stehen unter dem Druck, dem Ganzen selbst einen Sinn geben zu müssen. Sie werden dabei in einen Streß kommen. Sie sind überfordert, weil Sie Ihr Leben mitsamt seinen Beziehungen nie überschauen und einholen können.

Auch kein Psychologe kann Ihnen durch sein Wissen dabei helfen und Ihnen erklären, wie Sie Ihrem Leben einen Sinn geben können, indem er etwa sagt: Der Sinn liegt darin, sich vom Leid nicht besiegen zu lassen oder das Leid der anderen zu mildern. Wenn das Leben überhaupt keinen Sinn hat, erhält es ihn auch nicht dadurch, daß ich heroisch gegen diese Sinnlosigkeit ankämpfe. Dann ist auch dieser Kampf sinnlos. Und wenn ich den anderen nur helfe, um damit meinem Leben einen Sinn zu geben, hat das mit Liebe sehr wenig zu tun.

Nun werden Sie vielleicht denken: »Ich weiß schon, worauf das hinaussoll: Dann bleibt eben nichts mehr übrig, als an Gott zu glauben und von ihm den Sinn des Lebens zu erhoffen.«

Keine Sorge! Ich leite aus diesen Überlegungen keineswegs ab, daß Sie ohne den Glauben an Gott nicht leben können und deshalb eigentlich glauben müssen. Diese vorschnelle »religiöse« Begründung des Daseins aus seiner Fragwürdigkeit lehne ich genauso ab wie – hoffentlich – auch Sie. Aber etwas folgere ich doch aus all dem: daß die Frage nach Gott die alles entscheidende Grundfrage Ihres Lebens ist. Denn Ihr und mein Leben und unsere Beziehung können nur dann grundsätzlich und von vornherein gut sein, wenn sie von ihrem Grund her, den wir Gott nennen, so sind. Deswegen ist die Frage nach Gott die wichtigste Frage Ihres Lebens. Und zumindest die leise Hoffnung auf eine positive Antwort auf diese Frage, eine für Gott offene Menschlichkeit, ist die Grundlage eines menschenwürdigen Lebens in Liebe. Ich darf annehmen, daß Sie daran interessiert sind.

Dieses Buch ist eine Einladung an Sie, den Weg eines Menschen mitzugehen, der diesen Fragen nicht mehr ausweichen wollte und schließlich von der leisen Hoffnung zur Überzeugung gefunden hat, daß das Leben jedes Menschen und unsere Beziehungen untereinander grundsätzlich gut sind, weil sie durch Jesus Christus als Geschenk eines liebenden Gottes erfahrbar wurden. Es entstand in einer Gemeinschaft von Menschen, die sich so kritisch wie möglich mit der Frage nach Gott und dem christlichen Glauben auseinandersetzte. Dieser wurde dabei wieder als das erkennbar, was er sein soll: nicht ein idealistisches Gedankengebäude, sondern ein Zugang zum Leben und zur Liebe aus der Erfahrung des Wirkens Gottes in und zwischen uns Menschen in der Geschichte und heute. Der vorrangige Ort dieser Erfahrung ist die Gemeinde jener, die sich auf den Lebensstil Jesu Christi einlassen.

So ist dieses Buch eine Erzählung geworden, wie ein Mensch in dieser Gemeinde zu glauben beginnt. Die einzelnen Schritte dieses Weges sind wie zu einem Mosaik zusammengefügt, ohne daß sie alle von ein und derselben Person, in genau dieser Reihenfolge und in jedem Detail so wie beschrieben gegangen wurden. Daher versteht sich auch die symbolische Namensgebung der Hauptpersonen. Außerdem wird diese Glaubensgeschichte im Verlauf eines Jahres dargestellt, obwohl ein solcher Vorgang erfahrungsgemäß meist mehr Zeit in Anspruch nimmt. Damit sollten eine größere Verdichtung in dem Bericht dieses geistigen Prozesses und eine Zuordnung der einzelnen Stufen zu den christlichen Festen erreicht werden.

Als Verfasser danke ich allen in der Gemeinde, mit denen ich diese Schritte gehen durfte. Und den vielen, die diesen Bericht vor seiner Veröffentlichung kritisch gelesen und durch ihre Vorschläge an seiner Verbesserung mitgewirkt haben. Schließlich jenen, die bei den Schreib- und Korrekturarbeiten geholfen haben.

Wenn dieses Buch anderen Menschen eine Hilfe sein kann, selbst zum Glauben zu finden, hat es seine Aufgabe erfüllt. Darüber hinaus wäre es für die Gemeinde, in der es entstanden ist, eine große Freude, wenn auch andere Gemeinden sich in diesen Erfahrungen wiederfinden könnten, so daß es ein Beitrag zur Erarbeitung der notwendigen gemeinsamen geistigen Basis einer künftigen Gemeindekirche werden könnte. Für eine entsprechende Mitteilung wären wir dankbar.

PAUL WESS
Pfarrgemeinde Machstraße
A-1020 Wien, Machstraße 10/5

I. Eine Frage bricht auf

1. Eva denkt nach

Sie waren auf der Heimfahrt vom Urlaub. Es war recht schön gewesen an der Adria. Auch mit dem Wetter hatten sie Glück gehabt. Während Adam den Wagen steuerte, döste Eva neben ihm so vor sich hin. Sie war gar nicht glücklich. Jedes Jahr ging es ihr gleich. Zuerst freute sie sich auf den Urlaub, bereitete ihn auch gut vor. Doch sobald er begonnen hatte, fürchtete sie sich schon vor seinem Ende. Sie wußte: dann begann wieder das tägliche Einerlei, Tag für Tag, Woche für Woche. Wenn sie daran dachte, verlor sie die Freude am Urlaub. Und je näher das Ende der Ferientage herankam, desto öfter kam ihr dieser Gedanke.

Mit Adam konnte sie darüber nicht reden. Der wollte von solchen Überlegungen nichts wissen. Er hatte immer den Kopf voll mit Plänen. Er war der typische Selfmademan, der sein Leben in die Hand genommen hatte und etwas daraus machen wollte. Auch im Urlaub wußte er immer etwas zu unternehmen. Über persönliche Dinge konnte Eva kaum mit ihm sprechen. Er interessierte sich für das, was er noch erreichen wollte: eine höhere Stellung in seiner Firma, mehr Verdienst, eine bessere Einrichtung ihrer Wohnung, später einmal ein Wochenendhaus. Auch große Reisen hatte er noch vor. Er wollte etwas von der Welt sehen. Erst ganz am Schluß dachte er auch an Kinder. »Ich möchte ja meinen Kindern auch etwas bieten können«, pflegte er zu sagen.

Eben hatte Adam einen Wagen gerade noch überholen können, bevor ein anderes Auto entgegenkam. Eva war kurz aufgeschreckt, weil sie die Gefährlichkeit der Situation erkannt hatte. Sie konnte sich nie ganz an die riskante Fahrweise ihres Mannes gewöhnen. »Wir brauchen bald ein neues Auto, mit dem man schneller überholen kann«, sagte Adam.

»Und wenn es einmal kein Benzin mehr gibt, was tun wir dann damit?« erwiderte Eva.

»Du mit deinen trübsinnigen Gedanken«, gab der zurück. »Kannst du dir das nicht abgewöhnen?«

Eva wollte sich das gar nicht abgewöhnen. Sie fand es richtig, auch an die Zukunft zu denken. Überhaupt wenn man einmal auch Kindern das Leben schenken wollte. »Aber vielleicht bin ich wirklich undankbar«, dachte sie sich. »Eigentlich könnte ich mich ja freuen, daß es mir so gut geht. Ich habe alles, was ich brauche, und noch vieles dazu. Ich bin gut verheiratet. Mein Mann ist sehr tüchtig. Ich leiste etwas, bin auch als Frau anerkannt. Viele finden mich sympathisch. Und mein Mann liebt mich.«

Doch mitten in diesen Überlegungen durchfuhr sie plötzlich der Gedanke: »Ist mein Leben nur deshalb und so lange sinnvoll, als ich etwas leisten kann? Bin ich nur dann liebenswert, wenn mich andere sympathisch finden?« Die Frage war aufgebrochen. Nun arbeitete es in ihr weiter: »Was ist mit mir, wenn ich einmal nichts mehr leisten kann? Wenn ich einmal nicht so bin, wie es die anderen erwarten? Was hat es überhaupt für einen Sinn zu arbeiten, wenn das Ganze keinen Sinn hat? Um immer mehr zu haben oder zu genießen? Wenn man es doch nicht behalten kann? Wenn man weiß, daß der Genuß vorübergeht? Muß ich mir die Liebe der anderen erst verdienen? Was ist, wenn ich einmal anders bin, als es allgemein üblich ist?«

Da mußte sie an Adam denken. Glücklicherweise hatte der keine Ahnung, was in ihr vorging. Sie wollte ihn auch nicht belasten. Ein wenig hatte sie sogar Angst, ihn dadurch zu verärgern. Aber er hatte ihr doch die Treue versprochen. Wenigstens er liebte sie also wirklich. Oder? Sie wollte gar nicht weiterdenken. Aber sie konnte nicht mehr aufhören: »Hat er nicht schon mehrmals zu mir gesagt: ›Ich habe dich gewählt, weil du die Beste bist. Du paßt wunderbar zu mir. Ohne dich kann ich mir mein Leben nicht vorstellen.‹ – Liebt er mich also nur, weil er mich braucht? Weil ich ihn ergänze? Ist unsere Liebe nur eine gegenseitige Verkettung von Egoismen? Was ist, wenn einer von uns diesen Ansprüchen nicht nachkommt oder ausfällt?

Inzwischen waren sie auf die Autobahn gekommen. Da mußte Adam nicht mehr so sehr auf den Gegenverkehr achten. Deshalb wagte Eva doch eine Frage: »Was ist eigentlich Liebe?«

»Worüber du heute wieder nachdenkst«, gab er zurück. »Ich dachte, du seist eingeschlafen.« Nach einer Weile fuhr er fort: »Liebe heißt, daß zwei sich gut verstehen, einander gern haben, sich gegenseitig helfen und miteinander ihr Leben gestalten.«

»Ist das alles?« entfuhr es Eva. Sofort tat es ihr leid. Sie wußte, daß sie Adam damit gekränkt hatte.

»Was willst du mehr? Bist du damit nicht zufrieden? Hast du dir etwas anderes vorgestellt, als wir geheiratet haben?«

»Nein«, sagte Eva wahrheitsgemäß.

»Na also«, wollte Adam das Thema beenden. Doch für Eva war die Frage noch lange nicht abgeschlossen. Sie wunderte sich über sich selbst, daß sie vor der Heirat weder über die Liebe noch über das Leben mehr nachgedacht hatte. Nun wollte und konnte sie nicht mehr so dahinleben wie bisher. Sie war schon glücklich, den Grund ihres Unbehagens erkannt zu haben. In der nächsten Zeit wollte sie sich mehr damit beschäftigen. Vielleicht konnte sie eine Antwort finden. Seltsam, dachte sie, daß über solche Themen nie gesprochen wird. Eigentlich kannte sie niemanden, mit dem sie gerne darüber gesprochen hätte. Wenn irgendwo eine Frage auftauchte, die in diese Richtung ging, wurde schnell das Thema gewechselt.

Adam war ganz erstaunt, daß seine Frau beim Auspacken nach der Ankunft einen so gelösten Eindruck machte. »Was ist jetzt auf einmal los mit dir?« fragte er. »Sonst warst du nach der Rückkehr vom Urlaub doch meistens schlecht gelaunt.«

»Ich weiß jetzt wenigstens, worum es mir geht«, antwortete sie.

»Am Ende noch immer über die Liebe?«

»Ja, auch darüber möchte ich mit dir reden.«

»Aber bitte heute nicht mehr. Ich bin schon zu müde von der langen Fahrt. Vielleicht morgen.«

»Ich warte gerne«, sagte sie.

2. Gespräch mit Adam

Es war Sonntag abends, als Adam wieder an die Fragen seiner Frau dachte. Am ersten Tag nach dem Urlaub hatten sie sich einmal gründlich ausgeschlafen. Dann waren sie zu Mittag bei Adams Eltern gewesen. Glücklich, daß ihr Sohn gut heimgekehrt war, hatte seine Mutter ein herrliches Essen zubereitet. Eva hatte sich schon damit abgefunden, daß sie am ersten Tag nach dem Urlaub immer zu seinen Eltern gingen und nicht zu den ihren. Nach dem Essen blieben sie noch bis gegen Abend, um ausführlich von ihren Ferienerlebnissen zu berichten. Nun saßen sie wieder im eigenen Wohnzimmer beisammen.

»Also fang an mit deinen Fragen«, sagte Adam. Eva wußte nicht recht, wie sie beginnen sollte. Gestern war ihr noch alles so klar gewesen.

»Ich wollte eigentlich mit dir über unsere Liebe sprechen. Ob wir uns nur deshalb lieben, weil wir uns gegenseitig brauchen, weil wir uns gut ergänzen, einer den anderen sympathisch findet?«

»Was heißt da ›nur‹?« gab er zurück. »Was willst du mehr? Wenn jeder sich selbst der Nächste ist, wie das Sprichwort sagt, dann kann es nicht mehr geben. Wir Menschen sind eben aufeinander angewiesen und müssen uns ergänzen.«

»Dann liebst du mich als dein erweitertes Ich.«

»Und du mich als deines, so gleicht es sich aus.«

»Und wenn ich einmal diese Ansprüche nicht erfüllen kann, ist es dann mit der Liebe aus?« wollte Eva wissen.

Adam meinte nach einer kurzen Pause: »Deshalb habe ich ja so lange gesucht, bis ich mich für dich entschieden habe. Ich bin überzeugt, daß du am besten zu mir paßt und ich hoffentlich ebenso zu dir.«

»Von denen, die du bisher getroffen hast. Was ist, wenn du noch jemand Besseren triffst? Oder wenn ich aus irgendeinem Grund nicht mitkann?«

»Laß doch diese Gedanken«, meinte Adam nach einer längeren Pause. »Garantie gibt es für nichts im Leben.« Ihm war eingefallen, daß er einmal zu einem Freund gesagt hatte, man sollte sich nicht quälen, wenn die Ehe nicht mehr glücklich sei. Schließlich sei man ja nur einmal auf der Welt und wolle auch etwas vom Leben haben. Aber diese Gedanken wollte er Eva jetzt nicht mitteilen. Er fürchtete, sie würde es im Moment nicht ertragen.

Aber Eva gab sich nicht zufrieden: »Also ist es in der Liebe genauso wie sonst im Leben: Es kommt auf die Leistung an. Bei der Liebe kommt halt noch das Gefühl dazu. Zumindest am Anfang. Aber im übrigen muß man es sich erst verdienen, geliebt zu werden. Ebenso wie bei der Anerkennung im Beruf. Ist also die Liebe und das Leben nur sinnvoll, wenn und solange man etwas leisten kann für sich oder – auf Gegenseitigkeit – für andere? Das ist ja schrecklich!«

Nun wurde Adam ein wenig besorgt: »Ich habe dich immer für eine vernünftige Frau gehalten. Das Leben ist einfach so. Wir werden es nicht ändern.«

»Ich meine, die Männer sehen es so, wir Frauen hätten es gerne anders«, gab Eva etwas heftig zurück.

»Wenn du eine gleichberechtigte Frau sein willst, darfst du nicht irgendwelchen Träumen nachjagen, sondern mußt das Leben so nehmen, wie es einmal ist.«

»So wie es ihr Männer gemacht habt. Da kann ich auf die Gleichberechtigung verzichten. Vielleicht sollten sich die Männer da mehr nach den Frauen richten, nicht wir Frauen die Fehler von den Männern übernehmen, um euch ›gleich‹ zu sein.«

»Mit dir kann man heute nicht reden. Sei doch endlich vernünftig. Vielleicht bist du als Frau unbefriedigt, weil wir noch keine Kinder haben. Das gestehe ich dir gerne zu. Du sollst sie schon noch haben. Dann wirst du mehr Sinn in deinem Leben sehen.«

»Wenn schon, dann will ich die Kinder nicht allein haben, sondern mit dir«, gab Eva zurück. Und fuhr gleich fort: »Aber kann man überhaupt Kinder in diese Welt setzen? Wenn es so weitergeht mit Energieknappheit und Umweltverschmutzung. Wenn ich selbst nicht weiß, ob mein Leben einen Sinn hat?«

»Dann hat es eben den Sinn: für das Kind dazusein«, meinte Adam schon ungeduldig.

»Damit ein Mensch mehr lebt, der in Wirklichkeit unglücklich ist. Das will ich meinem Kind nicht antun. Sonst mache ich es zu einem Mittel, meinem Leben einen Sinn zu geben.«

»Bist du aber heute kritisch. Du kannst doch dein Kind nicht fragen, ob es auf die Welt kommen will.«

»Um so mehr muß ich es mir überlegen, ob ich einem Kind das Leben schenken will.«

»Dann tue es wenigstens mir zuliebe.«

»Damit du weißt, wofür du auf der Welt bist.«

»Jeder möchte wenigstens in seinen Kindern weiterleben. Oder soll die Menschheit aussterben?«

»Wenn es für den einzelnen keinen Sinn hat, am Leben zu sein, dann ist auch die ganze Menschheit überflüssig.«

»Ich denke, du sollst einmal mit deinen Eltern reden, warum sie dir das Leben geschenkt haben«, meinte Adam.

»Das werde ich auch tun«, dachte Eva.

Von der heftigen Auseinandersetzung waren sie beide etwas erschöpft. Trotzdem hätte Eva gerne mit Adam noch weitergesprochen. Aber der wollte offensichtlich nicht mehr. Außerdem begann das Abendprogramm im Fernsehen. Das bot ihm einen willkommenen Anlaß, mit dem Gespräch Schluß zu machen.

3. Was die Kolleginnen meinen

Am nächsten Morgen begann wieder die Arbeit für die beiden Urlauber. Sie frühstückten miteinander. Auf die Fragen des Vorabends kam keiner zurück. Und doch standen sie irgendwie im Raum.

Eva arbeitete als Buchhalterin in einem großen Kaufhaus. Auf dem Weg dorthin hatte sie wieder Zeit, ihren Gedanken nachzugehen. Auch wenn sie noch keine Antwort auf ihre Fragen gefunden hatte, so war sie doch in einer gespannten Erwartung und wollte mit möglichst vielen Leuten darüber sprechen. Sie wollte gerne wissen, was andere darüber dachten.

Sie brauchte auch nicht lange zu warten, bis sich eine Gelegenheit dazu ergab. Eine Verkäuferin erwartete ein Kind. In der Mittagspause saß sie mit Eva und einigen anderen Kolleginnen an einem Tisch. »Freuen Sie sich schon darauf?« fragte Eva.

Die Antwort kam sehr zögernd. »Eigentlich weiß ich nicht, ob ich mich freuen soll. Ich habe lange überlegt, ob ich es mir nicht lieber nehmen lasse. Schließlich macht ein Kind so viel Arbeit und Sorgen, und am Schluß ist es vielleicht gar nicht dankbar dafür, daß man es in die Welt gesetzt hat.«

»Ja, der Meinung bin ich auch«, mischte sich eine andere Verkäuferin ein. »Das Leben ist schon schwer genug. Wer weiß, was noch alles kommt. Ich kann nicht verstehen, wieso du dein Kind behalten hast«, meinte sie zur schwangeren Frau hin.

Diese verteidigte sich: »Ich habe mich dann doch für das Kind entschieden. Es ist ja schön, wenn man eine Aufgabe hat. Außerdem ist es gut für die Ehe, wenn Kinder da sind. Man ist dann mehr verbunden. Und ich hoffe doch, im Alter nicht so allein zu sein, wenn ich Kinder und Enkelkinder habe.«

Eva dachte an das gestrige Gespräch mit ihrem Mann. Die Entscheidung war offensichtlich nicht im Interesse des Kindes gefallen, sondern im Hinblick auf das Wohl der Eltern. Sie dachten nur daran, ob das Kind ihnen mehr Nutzen bringt oder nicht. Ob das bei ihren eigenen Eltern auch so gewesen war?

Sie konnte nicht länger darüber nachdenken. Die werdende Mutter wandte sich an sie: »Was denken Sie darüber?«

»Ich weiß es selbst nicht«, gestand Eva. »Bisher wollten wir auch Kinder, sobald wir alles haben, um ihnen etwas bieten zu können. Doch nun ist mir das Leben überhaupt fraglich geworden. Ob es einen Sinn hat und welchen. Davon hängt es doch ab, ob man einem Kind das Leben schenken soll oder nicht.«

»Darüber haben schon viele nachgedacht und keine Antwort gefunden. Der Sinn des Lebens ist das Leben«, mischte sich eine andere Kollegin ein, die bisher geschwiegen hatte.

»Und wenn einer nicht glücklich ist?« antwortete Eva.

»Dann hat er eben Pech gehabt oder ist selbst schuld«, gab sie zurück.

»Denken Sie doch an die vielen Menschen im Elend.«

»Da sind deren Eltern schuld, daß sie so viele Kinder in die Welt setzen, zum Beispiel in Indien. Dann gibt es eben zu wenig zum Essen.«

»Man kann auch unglücklich sein, wenn man genug zu essen hat«, dachte Eva.

Sie mußten aufhören, denn die Mittagspause war zu Ende.

4. Bei den Eltern

Gleich nach der Heimkehr vom Urlaub hatte Eva bei ihren Eltern angerufen, um ihre Ankunft mitzuteilen. Natürlich wollten diese ihre Tochter auch möglichst bald sehen. So hatte Eva mit ihnen vereinbart, am Montag gleich nach Dienstschluß zu ihnen zu kommen.

Evas Mutter hatte ein Abendessen vorbereitet. Ihr Vater war schon in Pension und deshalb auch daheim, als Eva kam. Zuerst berichtete sie von ihrem Urlaub, was sie alles gesehen und erlebt hatte. Die Eltern hörten aufmerksam zu.

»Da kannst du aber zufrieden sein«, sagte der Vater.

»Was du alles erlebt hast. Das konnten wir uns in deinem Alter alles nicht leisten", fügte die Mutter hinzu.

Eigentlich wollte Eva nicht gleich beim ersten Treffen die Fragen aufwerfen, auf die sie inzwischen gestoßen war. Doch nun hatten ihre Eltern selbst einen Anstoß gegeben. Eva hakte ein: »Trotzdem bin ich nicht glücklich. Auch wenn ich mir so ziemlich alles leisten kann. Irgendwie bin ich unbefriedigt. Wozu das Ganze? Man hetzt sich ab und arbeitet, um möglichst viel zu haben. Dann ist der Urlaub vorüber, und die Plage beginnt wieder von vorne. Was hat das alles für einen Sinn?«

»Nun bist du aber undankbar. Wir wären froh gewesen, wenn wir das alles gehabt hätten, was du hast.«

»Auch wenn ich alles habe, weiß ich noch nicht, wozu ich überhaupt auf der Welt bin.«

»Aber du hast ja auch noch einen tüchtigen Mann. Das ist doch das Wichtigste für eine Frau«, sagte die Mutter.

»Wenn er mich nur deshalb liebt, weil er mich braucht, dann gibt mir das auch nichts. Dann ist Liebe nur ein gegenseitiges Haben-Wollen. Und ich weiß noch immer nicht, wozu ich bin. Was das für einen Sinn haben soll?«

Die Eltern schauten einander ratlos an. So hatten sie ihre Tochter noch nie reden gehört. Wie sie nur auf solche Gedanken kam!

Nach einer längeren Pause fuhr Eva fort: »Vielleicht könnt ihr mir weiterhelfen. Ihr habt mir ja schließlich das Leben geschenkt, wie man so schön sagt. Darf ich euch jetzt einmal fragen: Warum habt ihr das eigentlich getan?«

Auf diese Frage waren Evas Eltern nicht gefaßt gewesen.

Sie mußten beide eine Zeitlang überlegen. Dann sagte der Vater: »Darüber haben wir nie ausdrücklich nachgedacht.«

Und die Mutter setzte fort: »Jedenfalls bist du ein ausgesprochenes Wunschkind, wie man heute sagt. Vater und ich, wir haben uns beide ein Kind gewünscht.«

»Ihr habt euch ein Kind gewünscht, deswegen bin ich jetzt da. Habt ihr dabei auch an mich gedacht? Was wolltet ihr damit erreichen?«

»Ein Kind gehört doch dazu, wenn man eine Familie sein will«, meinte die Mutter.

Weil die Tochter nichts sagte, fuhr der Vater fort: »Das ist doch von der Natur so angelegt. Deshalb haben es die Menschen immer so gehalten. Warum sollten wir es anders machen?«

»Bist du uns vielleicht nicht dankbar dafür? Denk doch an all das, was wir deinetwegen auf uns genommen haben. Nur damit du es gut hast.« Die Mutter war offensichtlich ein wenig gekränkt, als sie das sagte.

»Schließlich hat mich niemand gefragt, ob ich auf die Welt kommen will, und dann soll ich noch dankbar sein. Mir ist das Leben auf einmal ganz fraglich geworden. Ob es sich überhaupt auszahlt? Wegen der paar schönen Augenblicke, die man ja doch nicht festhalten kann? Und nachher ist doch alles aus, wie alle sagen.« Eva sprudelte all das nur so heraus und erschrak über sich selbst. Sie wollte ja ihren Eltern nicht weh tun. Dennoch fuhr sie fort: »Und genauso ist das mit der Liebe. Liebe heißt doch praktisch nur: den anderen brauchen oder sympathisch finden. Das ist doch auch nur Egoismus. So heiraten die Menschen und so kriegen sie Kinder. Im Grunde denkt jeder nur an sich, und jeder bleibt einsam.«

»Jetzt bist du aber ungerecht«, unterbrach sie der Vater. »Wir haben sehr wohl auch an dich gedacht. Daß du alles hast, was du brauchst, damit du zufrieden sein kannst.«

»Und das habe ich dir noch nie gesagt: Ich habe mir sogar ein weiteres Kind nehmen lassen, damit wir mehr für dich tun können«, sagte die Mutter und wurde gleich verlegen.

Denn Eva schaute sie ganz erschrocken an. Das hatte sie nicht geahnt. Und die Mutter hielt es für richtig, so gehandelt zu haben. Eva schauderte. »Was wäre, wenn ich dieses zweite Kind gewesen wäre? Es war also nur ein Zufall, daß gerade ich zur Welt kam. Können Eltern so über die Existenzberechtigung eines Menschenlebens entscheiden? Dann darf ich mich nicht wundern, wenn ich das Leben auch sehr fraglich finde«, dachte sie sich im stillen.

Laut sagte sie: »Ich wollte euch nicht weh tun. Ich weiß, ihr habt es gut gemeint. Ihr wißt eben auf diese Fragen selbst keine Antwort. Wenn ich nur wüßte, mit wem ich darüber reden soll.«

»Ich meine, du stellst Fragen, auf die kein Mensch eine Antwort weiß. Schließlich wurden auch wir nicht gefragt, ob wir auf die Welt kommen wollen«, sagte der Vater.

»Aber was steht dann dahinter? Davon hängt es doch ab, ob man dem Leben trauen kann oder nicht, ob das Ganze einen Sinn hat; das eigene Leben und das der anderen.«

»Genau weiß das niemand. Aber etwas Höheres muß es geben. Daran glaubt jeder. Deshalb haben wir dich ja auch taufen lassen und in den Religionsunterricht geschickt, damit du einen Glauben hast«, sagte die Mutter. Sie war froh, ihrer Tochter doch noch eine Antwort geben zu können.

»Und habt ihr an Gott gedacht, als ihr euch ein Kind gewünscht habt?«

»Ein wenig schon. Daß dich Gott behüten möge. Aber das vergißt man dann wieder.«

»Also denkt man nur an Gott, wenn man ihn braucht. Das ist doch auch keine Lösung.«

»Vielleicht hast du recht. Aber so ist es bei den meisten Menschen«, meinte der Vater.

»Und das soll ein echter Glaube sein! Das ist doch dann nur eine Einbildung. Damit kann ich nichts anfangen«, dachte sich Eva. Sie wollte ihre Eltern nicht weiter beunruhigen. Daher sagte sie zu ihnen: »Vielleicht muß ich mich doch mehr mit der Religion auseinandersetzen. Jedenfalls vielen Dank für den Hinweis.« Dann verabschiedete sie sich.

5. Die Frage nach Gott

Als Eva heimkam, wartete ihr Mann schon auf sie. Sie hatte ihm telefonisch mitgeteilt, daß sie noch zu ihren Eltern gehen werde. Nun wollte er gerne wissen, was sie dort erfahren hatte.

»Nicht viel, die Eltern wissen auf meine Fragen auch keine Antwort«, sagte Eva. »Am Schluß haben sie mich auf die Religion verwiesen. Sie meinten, sie könne mir helfen. Was sagst du dazu?«

»Religion ist etwas für Leute, die mit dem Leben nicht fertig werden. Die brauchen das als Trost. So nach dem Sprichwort ›Not lehrt beten‹. Wenn es jemandem hilft, soll man es ihm nicht wegnehmen. Aber wenn man das einmal durchschaut hat, dann hilft es auch nicht mehr.« Adam hatte einen klaren Standpunkt in dieser Frage. Eva wunderte sich, daß sie nie über dieses Thema ausführlich gesprochen hatten. Obwohl sie sogar in der Kirche geheiratet hatten.

»Ob es jetzt hilft oder nicht. Ich würde schon gerne wissen, ob es einen Gott gibt, der das Ganze geschaffen hat. Wie wir es als Kinder im Religionsunterricht gelernt haben. Damals haben wir noch daran geglaubt.« Evas Interesse an religiösen Fragen war erwacht.

»Als Kinder haben wir auch daran geglaubt, daß das Christkind die Geschenke bringt. Das ist doch alles dasselbe. Für Kinder ist es gut. So wie die Märchen schön sind, die du auch nicht mehr für wahr hältst.«

»Trotzdem kann etwas dran sein. Es gibt auch Erwachsene, die an Gott glauben.«

»Glauben heißt bekanntlich nichts wissen. Denk doch an das viele Leid in der Welt. Kannst du dir vorstellen, daß ein gütiger Gott das alles gemacht hat? Ich nicht. Außerdem wissen wir heute, daß sich alles aus der Materie entwickelt hat. Auch der Mensch ist nur ein höher entwickelter Affe. Was soll da Gott geschaffen haben?« Adam wurde ein wenig heftig. Mit so viel unaufgeklärtem Aberglauben hatte er bei seiner Frau nicht gerechnet.

»Und woher ist die Materie, aus der sich alles entwickelt hat?« Eva gab sich nicht geschlagen: »Irgend etwas Höheres muß es geben.«

»Dieses Höhere kann genausogut die Materie sein wie irgendein göttliches Wesen. Je mehr die Naturwissenschaft erklärt, desto mehr wird Gott überflüssig.«

»Aber auch die Wissenschaftler wissen nicht, warum es überhaupt etwas gibt.«

»Darauf kann dir die Religion auch keine Antwort geben. Außerdem sind die Religionen auch untereinander ganz verschieden. Du kennst nur die christliche, weil du eben in Europa geboren und erzogen worden bist. Würden wir in Indien leben, dann wären wir Hindus, in Japan Buddhisten, in den arabischen Ländern Moslems usw. Daran siehst du doch auch, wie unsicher die Religion ist.«

»Aber allen Religionen gemeinsam ist der Glaube an Gott.«

»Wobei jede unter Gott etwas anderes versteht.«

»Das möchte ich genauer wissen. Außerdem will ich draufkommen, welche der Wahrheit am nächsten kommt«, sagte Eva abschließend.

Darauf erwiderte Adam nur: »Da kann ich dir nur viel Erfolg wünschen.«

II. Auf der Suche nach Antwort

6. Die verschiedenen Heilslehren

In den nächsten Wochen war Eva damit beschäftigt, sich mit den verschiedenen Religionen auseinanderzusetzen. Sie wollte sich gründlich informieren. Ein glücklicher Umstand kam ihr dabei zu Hilfe. In einer nahegelegenen Volkshochschule wurde im Herbstprogramm ein Vortrag mit dem Titel »Östliche und westliche Heilslehren« angeboten. Er wurde von einem Religionswissenschaftler gehalten. Eva ließ sich diese Gelegenheit nicht entgehen.

Gleich zu Beginn erklärte der Vortragende, warum er lieber von »Heilslehren« als von »Religionen« spreche: weil zum Begriff der Religion die Verehrung eines höchsten Wesens gehöre, dies aber bei den östlichen Lehren nicht so eindeutig gegeben sei.

So kennt der Hinduismus zwar eine große Vielfalt von Göttern, aber die letzte und höchste Wirklichkeit, die dem Gott der westlichen Religionen am nächsten kommt, wird nicht personal verstanden. Sie heißt Brahman. Ziel der einzelnen Seele, des Atman, ist es, in dieses Brahman aufzugehen und so dem Leid dieser Welt zu entkommen. Der Weg dazu ist in erster Linie die Askese, die Abtötung. Wer dieses Ziel nicht erreicht, wird wiedergeboren, entweder als Mensch in einer der verschiedenen Kasten oder sogar als Tier; je nachdem, wie vollkommen er in dem Leben davor gelebt hat. Erst »wenn alle Wünsche verschwinden, die in seinem Herzen wohnen, dann wird der Mensch unsterblich«, so heißt es in den Upanischaden, einem heiligen Buch der Hindus.

Der Buddhismus geht zurück auf den Prinzen Siddhartha, später Buddha, d. h. »der Erleuchtete«, genannt. Im Alter von

29 Jahren begegnet er auf seinen Ausfahrten einem gebrechlichen Mann, einem Kranken und trifft schließlich auf einen Toten. Dieser Schock veranlaßt ihn, seinen Palast zu verlassen und ein wandernder Asket zu werden. Nach langem Suchen erfährt er die Erleuchtung. Er erkennt die Ursache allen Leides und den Weg, der aus dem Leid herausführt. In seinen Lehrreden heißt es: »Durch Erlöschen des Gefühls kommt es zum Erlöschen des Begehrens; durch Erlöschen des Begehrens kommt es zum Erlöschen des Anhaftens; durch Erlöschen des Anhaftens kommt es zum Erlöschen des Werdeprozesses; durch Erlöschen des Werdeprozesses kommt es zum Erlöschen der Wiedergeburt; durch Erlöschen der Wiedergeburt erlöschen Altern und Sterben, Sorge, Jammer, Schmerz, Trübsal und Verzweiflung. So kommt es zum Erlöschen dieser ganzen Leidensfülle.«

Ziel des Buddhismus ist das Erreichen des Nirvana, des Zustandes völliger Begierde- und Wunschlosigkeit, in den der Mensch durch die Erkenntnis der Nichtigkeit aller Dinge gelangt. Darin besteht sein Heil.

»Also eine Art Religion ohne Gott«, dachte Eva bei sich, »aber das Leben des einzelnen Menschen hat hier keinen Sinn.«

Kurz ging der Vortragende noch auf den chinesischen Universismus ein. Nach dieser Auffassung stehen Himmel, Mensch und Erde in einer engen Wechselbeziehung zueinander. Alle Erscheinungen im Weltall haben ihre Entsprechung im Irdischen. Der Himmel ist der Vater (Yang), die Erde die Mutter (Yin) aller Dinge. Der Mensch ist nach Anschauung des Universismus das Herz von Himmel und Erde, da er in sich die Kräfte beider vereint. Das »Tao«, d. h. Weg, ist nach Konfuzius, dem großen Weisen dieser Lehre, das Gesetz, durch das der Himmel Natur und Menschenleben in Ordnung hält. Nach dem Taoismus, der mit der legendären Gestalt des Lao Tse verbunden ist, ist das Tao hingegen über den Himmel zu stellen, es ist das Weltprinzip schlechthin.

Räumlich in der Mitte zwischen den östlichen und den westlichen Heilslehren bzw. Religionen liegt der Islam, der auf den Propheten Muhammed (570–632) zurückgeht. Er vertritt einen strengen Ein-Gott-Glauben, der die Einheit, Einzigkeit und unendliche Erhabenheit Gottes betont. Nur auf Grund seiner Allmacht, nicht durch die Liebe, ist Gott seinen

Geschöpfen nahe. Der allmächtige Gott ist auch der Richter. Im Jenseits gibt es die Hölle und das Paradies, in dem alle irdischen Wünsche erfüllt werden. Der Islam steht in vielem der jüdisch-christlichen Religion näher als die östlichen Heilslehren. Vor allem durch sein personales Gottesbild. Noach, Abraham, Mose und Jesus werden auch als Propheten anerkannt, Muhammed ist aber der letzte und der größte Prophet.

Schließlich ging der Vortragende noch kurz auf die jüdisch-christliche Tradition ein. Er zeigte auf, wie nach dieser die personale Beziehung Gottes zu den Menschen die höchste Intensität erreicht: Gott schließt einen Bund mit den Menschen; im Alten Testament mit seinem, dem jüdischen Volk; nach der Lehre Christi, im Neuen Testament, mit allen, die an ihn glauben. Nach christlicher Auffassung will Gott sogar den Sünder noch in seine Liebe einbeziehen, weshalb auch die Feindesliebe für den Christen eine sittliche Forderung ist (selbst wenn sich die Christen nicht immer daran gehalten haben).

Der Vortragende schloß mit folgenden Worten: »Es kann nicht meine Aufgabe sein, nun diese verschiedenen Heilslehren nach ihrer Wahrheit zu beurteilen. Ob sie überhaupt bzw. welche der Wirklichkeit entsprechen oder nicht. Aber eines hoffe ich Ihnen gezeigt zu haben: daß zwischen diesen Auffassungen vom Woher und Wohin des Menschen ganz gewaltige Unterschiede bestehen, daß man sie nicht einfach als gleichartig und auch nicht als gleichwertig bezeichnen darf. Denn es können nicht alle im gleichen Maß der Wirklichkeit entsprechen, wahr sein. Auch wenn die Menschen, welche die verschiedenen Lehren vertreten, durchaus die gleiche Würde haben, liegen doch sehr verschiedene Bilder vom Menschen und entsprechende Gottesvorstellungen vor, die sich auf das Leben des einzelnen und auf die Beziehungen der Menschen untereinander auswirken.«

Eva mußte ihrem Mann also recht geben, daß die Religionen sehr verschieden sind. Aber eines war ihr klar geworden: Ihr ganz persönliches Leben und eine personale Liebe der Menschen untereinander konnte nur im christlichen Religionsverständnis einen Sinn haben. Daher wollte sie der Frage nachgehen, wie der Christ zu der Überzeugung kommt, daß ein persönlicher, liebender Gott die Menschen geschaffen und untereinander in Liebe verbunden hat. Als sie Adam diese ihre Gedanken mitteilte, machte sie gleich einen Vorschlag: »Ich möchte gern zu meinem ehemaligen Religionslehrer gehen, um mit ihm darüber zu sprechen. Willst du nicht mitkommen?«

Adam dachte eine Weile nach. Dann sagte er: »Ja, aber unter einer Bedingung: Daß wir auch einmal unseren Nachbarn einladen und mit ihm reden. Der unterrichtet Philosophie in einer Schule. Ich denke, er hat sehr vernünftige Ansichten.«

»Einverstanden«, sagte Eva.

7. Beim Religionslehrer

Evas Religionslehrer war inzwischen schon in Pension gegangen. Es war gar nicht so leicht, ihn ausfindig zu machen. Er freute sich, von seiner ehemaligen Schülerin zu hören, und war gerne zu einem Gespräch bereit. Mit etwas Mühe fand sich auch ein Termin, zu dem alle Beteiligten Zeit hatten.

Nachdem sie einander begrüßt und Eva ihren Mann mit dem Religionslehrer bekanntgemacht hatte, tauschten sie zuerst Erinnerungen aus. Dann erzählte Eva ihren weiteren Lebensweg. Schließlich kamen sie auf das Anliegen des Besuches: »Woher wissen Sie, daß es überhaupt einen Gott gibt? Ich meine nicht irgend etwas Höheres, sondern einen persönlichen Gott, der jeden Menschen liebt.« Eva stellte die Frage ziemlich unvermittelt und voller Erwartung.

Der Religionslehrer war etwas überrascht. Er hatte nicht mit so grundlegenden Fragen gerechnet. Er begann: »Daß es Gott gibt, kann man nach der Lehre der Kirche schon mit dem natürlichen Verstand erkennen. Es gibt da zwei Arten von Beweisen. Die eine Art geht davon aus, daß die Welt, die wir kennen, also die Wirklichkeit, die wir erfahren, nicht von sich selbst ist. Sie muß also von etwas anderem stammen. Dieses andere muß alle Vollkommenheit der Welt, also auch den Geist, der um sich und anderes weiß, die Person, das Zentrum oder den Träger aller geistigen Aktivitäten in noch höherem Maß enthalten. Das nennen wir Gott.«

»Wenn ich da gleich einhaken darf«, sagte Adam. »Woher wissen Sie, daß die Welt nicht aus sich selbst ist?«

»Weil sie begrenzt ist: Sie ist nicht seit ewig, sie hat eine beschränkte Ausdehnung, nur eine bestimmte Energie usw. Das muß doch einen Grund haben.«

»Selbst wenn diese Begrenztheit einen Grund haben muß, könnte der ebenso in der Welt selbst liegen. Wir wissen ihn eben nicht.«

»Der Grund dafür, daß überhaupt etwas ist, kann doch nicht selbst begrenzt sein. Er muß unendlich sein, über alle Grenzen hinaus.«

»Das verstehe ich nicht«, sagte Adam.

Auch Eva fand diese Überlegungen sehr schwierig.

Deshalb sagte der Religionslehrer: »Aber wenn Ihnen dieser Gedankengang zu kompliziert ist, der zweite Gottesbeweis, den ich bringen wollte, ist etwas einfacher. Es ist der sogenannte Finalitätsbeweis. Ich werde ihn kurz darstellen: In der Natur finden sich viele Beispiele von sinnvollen Einrichtungen. Nehmen wir als Beispiel ein Samenkorn. Aus dem kann wieder ein ganzer Baum werden, der wieder Samen trägt. Der Same ›weiß‹ nicht, wie der Bauplan eines Baumes aussieht. Also muß er von jemandem anderen in den Samen hineingelegt sein; von einem Geistwesen, einer Person.«

Diesmal wandte Eva ein: »Aber es gibt doch in der Natur auch viele Beispiele von sinnlosen Vorgängen, zum Beispiel Naturkatastrophen, die das Leben zerstören. Auch der Tod ist nicht sinnvoll. Und schließlich wissen wir eben heute, daß sich alles in Milliarden Jahren aus der Materie entwickelt hat. Dabei gab es auch viele Fehlentwicklungen, die ausgestorben sind. Was Sie als Beweis anführen, ist eben ein zufällig gelungenes gutes Entwicklungsprodukt.«

Der Religionslehrer gab sich nicht geschlagen: »Freilich muß man auch hier noch weiterdenken. Natürlich haben Sie recht, daß die Welt begrenzt ist. Aber auch etwas Begrenztes, das sinnvoll ist, kann nicht zufällig entstehen.«

Adam griff ein: »Selbst wenn das stimmt, hilft es nicht weiter: Wenn ich Sie jetzt frage, woher dieses grenzenlos sinnvolle Wesen Gott ist, das hinter allem steht, was antworten Sie dann?«

»Woher Gott ist, das können wir nicht wissen. Gott ist uns ein absolutes Geheimnis. Ein großer Theologe hat einmal gesagt: Von Gott wissen wir nur, daß er ist, nicht aber, was er ist. Ebensowenig natürlich, warum er ist.«

»Dann kann ich genausogut sagen, daß mir die begrenzt sinnvolle Welt ein Geheimnis ist. Sie schieben die Frage nur um eine Stufe weiter, von der Welt auf Gott ab. Sie setzen Gott dort ein, wo Sie nicht mehr weiterwissen. Ich lasse das Geheimnis in der Welt stehen.«

Beide sahen den Religionslehrer gespannt an. Der sagte: »Sie haben insofern recht, als ich damit auch keine Erklärung geben kann, warum es so viele sinnvolle Vorgänge gibt. Aber ich wollte ja nur zeigen, daß der Grund dafür nicht in der erfahrbaren Welt liegt. Denn weder Sie noch ein anderer Mensch haben sich das ausgedacht. Und durch den Zufall läßt sich so etwas auch nicht erklären.«

»Dann kann ich für diesen Grund wieder einen Grund suchen usw.«, wandte Adam ein.

»Das ändert nichts daran, daß es einen Grund geben muß, der selbst nicht mehr von etwas anderem abhängt. Sonst gäbe es auch nicht diese Kette von Ursachen. Damit kommen wir allerdings wieder zu dem ersten Argument zurück. Wir müssen dort weiterdenken, wo wir vorhin stehengeblieben sind: bei der Frage, warum diese unsere begrenzte Welt grundsätzlich nicht der Grund sein kann, daß überhaupt etwas ist. Dazu möchte ich Ihnen nun noch einen Gedanken der neueren Theologie vorlegen, den ich seinerzeit in der Schule nicht bringen konnte. Es geht um folgendes: Wir haben jetzt immer wieder von Grenzen gesprochen; daß die Welt begrenzt ist, daß sie begrenzt sinnvoll ist. Wir können aber nur – so lautet dieser Gedankengang – von einer Grenze sprechen, nur um eine Grenze wissen, wenn wir diese Grenze immer schon überstiegen haben, wenn wir um das wissen, was über die Grenze hinaus wirklich oder zumindest möglich ist. Das heißt aber, daß wir Menschen immer schon um das Grenzenlose wissen, daß unser Geist um die verborgene Unendlichkeit aller Wirklichkeit weiß, die diese begrenzte Welt übersteigt. Diese Unendlichkeit, die hinter allem steht, nennen wir Gott. Dieser Vorgriff unseres Geistes auf das Unendliche ist der entscheidende Zugang zu Gott. Er steht hinter allen Gottesbeweisen und macht diese erst richtig möglich.«

»Das geht mir zu schnell«, sagte Adam.

Und Eva nickte: »Darüber muß ich noch nachdenken.«

Der Religionslehrer wollte nochmals helfen: »Darf ich noch einen Vergleich bringen: Wenn jemand krank ist, möchte er gesund werden. Er weiß trotz seiner Krankheit, daß er möglicherweise gesund werden kann. Genauso wissen wir um das Unendliche über alles Endliche hinaus. Es ist die Triebfeder unseres Handelns. Ohne diese Überzeugung müßten wir uns eigentlich gleich umbringen. Denn wenn wir leben, sagen wir, daß das Leben Zukunft hat, daß es sinnvoll ist. Das können wir aber nicht aus eigenem sagen, weil wir das Leben nicht geschaffen haben. Wer also das Leben bejaht, glaubt eigentlich an Gott, ob er es zugibt oder nicht.« Der Religionslehrer schien sich seiner Sache ganz sicher zu sein.

»Ich denke, man kann auch am Leben bleiben, wenn man annimmt, daß das Leben vielleicht sinnvoll ist. Jedenfalls erlebe ich mich so. Umbringen möchte ich mich jedenfalls noch nicht.« Eva war eher unglücklich über diesen letzten Gedankengang. Sie hatte den Eindruck, man wolle ihr den Glauben aufzwingen. Auch Adam schaute etwas finster drein.

»Damit will ich Ihnen nichts aufdrängen«, sagte der Religionslehrer. »Ich wollte Sie nur aufmerksam machen, daß Sie im Grunde – unausdrücklich oder anonym – ohnehin glauben.«

»Lassen wir das lieber. Ich kann im Moment zwar darauf keine Antwort geben, aber – wie gesagt – das geht mir alles zu schnell. Ob ausdrücklich oder nicht, ich halte mich nicht für einen Menschen, der an Gott glaubt. Ich gehe lieber von dem aus, was ich sehen kann.« Adam hatte vorläufig genug gehört über die sogenannte natürliche Gotteserkenntnis.

Auch Eva hatte keine Antwort auf ihre Fragen erhalten.

Der Religionslehrer gab nicht auf: »Ich gebe gerne zu, daß diese Gedankengänge sehr schwierig sind. Wir Menschen tun uns leichter mit dem, was wir erfahren oder sehen können. Deshalb ist für mich der entscheidende Zugang zu Gott in Jesus Christus erfolgt. In ihm ist uns Gott selbst begegnet, er ist gleichsam die Erscheinung Gottes in der Welt.«

»Aber er war doch ein Mensch wie wir«, wandte Adam ein.

»Er ist Mensch und Gott in einer Person«, antwortete der Religionslehrer.

»Das verstehe ich nicht.«

»Das ist auch ein Geheimnis, das muß man glauben.«

»Und woher wissen Sie, daß es stimmt?«

»Letztlich deshalb, weil Jesus es von sich gesagt und durch seine Wunder auch bestätigt hat, vor allem durch seine Auferstehung.«

»Selbst wenn Jesus von sich überzeugt gewesen sein soll, daß in ihm Gott spricht, kann er sich ja auch getäuscht haben. Schließlich sind damals viele Leute aufgetreten, die sich als menschgewordene Götter verstanden haben, und haben ihre Anhänger gefunden. Und was die Auferstehung betrifft: Ich habe einmal gelesen, daß die Juden zur Zeit Jesu eine Auferstehung auch von anderen großen Menschen angenommen haben. Das ist noch lange kein Beweis, daß Jesus Gott ist. Abgesehen davon, daß die Jünger sich auch getäuscht haben könnten.«

»Sicher ist es eine Glaubensfrage, ob Jesus der Sohn Gottes ist. Deshalb habe ich ja mit den natürlichen Zugängen zu Gott begonnen! Aber schließlich lebt ja Christus weiter in seiner Kirche. Da ist er auch heute noch wirksam. Da kann man ihm begegnen.« Mit diesen Worten berührte der Religionslehrer ein heißes Eisen.

Adam wurde ganz erregt: »Sie wollen doch nicht behaupten, daß die Kirche ein Argument für die Existenz Gottes sei! Denken Sie doch an das, was die Kirche alles im Namen Gottes getrieben hat. Die Ketzerverbrennungen, die Verurteilung Galileis, die Kreuzzüge, die Hexenprozesse, das dauernde Bündnis mit den Mächtigen, die Anhäufung von Reichtum. Wenn Gott sich das gefallen läßt, ist das eher ein Argument gegen ihn.«

»Die Kirche hat auch viel Gutes getan: im Bildungswesen, in der Sorge für Arme und Kranke. Es gab viele Heilige, die in der Kraft ihres Glaubens die Welt menschlicher gemacht haben. Wenn auch Fehler begangen wurden, so war das eben ein Versagen der Christen, nicht ein Versagen Gottes.«

»Aber das, was Kirche bisher insgesamt war, ist eben kein eindeutiges Argument für Gott. Das geben Sie damit selbst zu. Sonst müßte die Welt nach 2000 Jahren Christentum schon ganz anders aussehen.«

»Da haben Sie leider recht«, lenkte der Religionslehrer ein. Auch er war von seinen Bemühungen, seinen Besuchern die Existenz Gottes einsichtig zu machen, schon etwas erschöpft.

»Wir sind Ihnen sehr dankbar, daß Sie sich soviel Zeit genommen haben«, sagte Eva.

»Offensichtlich mit wenig Erfolg«, meinte der Religionslehrer.

»Immerhin haben Sie mir Gelegenheit gegeben, mich mit dieser Frage auseinanderzusetzen. Und das werde ich auch weiterhin tun«, erwiderte Adam.

Mit der höflichen Zusicherung, gelegentlich das Gespräch weiterzuführen, verabschiedeten sich die Besucher vom Religionslehrer.

8. Was der Philosoph dazu meint

Bereits am nächsten Wochenende kam der Nachbar, den Adam zu einem Gespräch eingeladen hatte, herüber. Er war sehr erstaunt, als er den Grund der Einladung vernahm. Als Philosoph war er auch an religiösen Fragestellungen interessiert.

So konnte Adam gleich mit seiner ersten Frage beginnen: Was er von den Gottesbeweisen halte.

»Nicht viel«, war die Antwort. »Sie setzen das voraus, was sie erst beweisen sollten: daß die Welt einen für uns erkennbaren Grund haben muß, daß dieser nicht in der Welt selbst liegen kann, daß die Welt als ganze sinnvoll ist usw.«

»Genau das meinte ich auch«, sagte Adam. »Aber der Religionslehrer, bei dem wir waren, brachte dann noch einen Gedankengang, dem ich zwar nicht zustimmen, den ich aber auch nicht entkräften konnte. Er sagte etwa so: Der Mensch weiß immer schon um Gott, weil er die Begrenztheit alles Irdischen erkennen kann. Wer aber eine Grenze als solche erkennt, hat sie schon überstiegen. Daher hat der Mensch eine Art Vorwissen vom Unendlichen, das wir Gott nennen. Und jeder, der sein Leben nicht ablehnt oder wegwirft, sagt auch – ob er es zugibt oder nicht – ja zu Gott. Weil er damit das Leben von vornherein – immer schon – als sinnvoll annimmt, weil er also über das Vorhandene, Begrenzte hinaus hofft. Ähnlich wie der Kranke auf Genesung hofft und deshalb stillschweigend voraussetzt, daß es die Gesundheit gibt. Sonst müßte er sich gleich umbringen – ebenso wie einer, der wirklich nicht an Gott glaubt.«

Der Nachbar dachte einige Zeit nach, dann sagte er: »Vielleicht können wir am besten beim letzten Vergleich anschließen: Ob der Kranke auch wirklich gesund werden kann, das kann er zumindest bei schweren Krankheiten nicht wissen. Er kann es sich denken. Aber wenn alle Krankheiten tatsächlich heilbar wären, müßte die Medizin einmal den Tod besiegen können. Was niemand annimmt. Weil der Kranke von anderen Krankheiten bzw. anderen Patienten her weiß, daß es sehr oft Genesung gibt, kann er eine solche auch bei sich für denkbar halten. Ob sie wirklich möglich ist und damit, falls alle Voraussetzungen erfüllt sind, auch tatsächlich eintritt, das ist eine andere Frage. Damit kann er nicht mit Gewißheit rechnen, das kann er nur leise hoffen.«

»Sie unterscheiden hier also zwischen ›denkbar‹ und ›wirklich möglich‹.«

»Ja, das ist ganz wesentlich. Wir neigen alle dazu, das dauernd zu verwechseln, zum Beispiel wenn wir so leichthin sagen: ›Heute kann es noch regnen.‹ Genaugenommen müßten wir sagen: ›Es könnte heute noch regnen. Es ist denkbar, daß es regnen wird.‹ Ob es wirklich möglich ist und damit unter den entsprechenden Voraussetzungen auch tatsächlich eintritt, wissen wir normalerweise nicht. Auch die Meteorologen können es oft nicht sagen. Aber jetzt weiter: Natürlich können wir uns denken, daß es über die Welt, die wir kennen, hinaus noch etwas gibt, das vollkommener ist. Insofern ist eine Grenze denkbar, und wir können auch über eine solche reden. Ob es aber tatsächlich eine solche Grenze gegenüber einer höheren Wirklichkeit gibt, das müssen wir zumindest zunächst offenlassen.«

»Genau wie beim Regen, ob er auch wirklich eintreten kann bzw. wird. Ich hoffe, ich habe Sie verstanden.« Eva war sehr froh darüber, daß sie jetzt wußte, warum sie dem Gedankengang des Religionslehrers nicht folgen konnte.

Ebenso ging es Adam. Er ergänzte: »Wenn einer also das Leben nicht wegwirft, sondern es immer wieder neu versucht und probiert, ob etwas Gutes dabei herauskommt, ist er also noch kein gläubiger Mensch.« Er setzte mit einer Frage fort: »Und woher kommt diese vorschnelle Gleichsetzung, die auch der Religionslehrer vorausgesetzt hat?«

»Die stammt von dem Philosophen Hegel, geht aber schon auf die griechische Philosophie im Altertum zurück. Schon damals behauptete ein berühmter Philosoph, daß Denken und Sein dasselbe seien. Hegel hat das dann zu einem System ausgebaut, in dem er die ganze Wirklichkeit von einer Idee ableiten wollte. Die neuere Theologie hat manche Gedanken von Hegel übernommen. Sie wollte damit auf die Religionskritik Kants antworten, der jede Erkenntnis von übersinnlichen Wirklichkeiten ablehnte.«

»Hat sich Hegel mit seinem System behaupten können?« wollte Adam wissen.

»Nein, zumindest nicht in der Philosophie. Auf Hegel kam Feuerbach. Und der hat schon deutlich gemacht, daß der Mensch durch das Denken über eine ihn übersteigende Unendlichkeit nichts ausmachen könne. Denn jedes Wesen kommt sich selbst unendlich vor, das heißt, es kann über die Endlichkeit seines Bereiches nicht aus eigenem urteilen. Nach Feuerbach sucht der Mensch, wenn er Gott voraussetzt, nur seine eigene Unendlichkeit. Freilich hat Feuerbach den Fehler gemacht, daß er jede den Menschen übersteigende Wirklichkeit geleugnet hat. Insofern hat er seine Kompetenzen überschritten. Was wir nicht erreichen können, können wir auch nicht negieren. Der Philosoph muß die Gottesfrage offenlassen.«

»Woher soll dann jemals eine Antwort kommen?« wollte Eva wissen.

»Das weiß ich auch nicht«, antwortete der Nachbar. »Ich betrachte mich als einen Agnostiker.«

»Was heißt das?« fragte Adam.

»Ich stehe auf dem Standpunkt, daß wir auf die letzten Fragen nach dem Woher und Wohin des Lebens keine Antwort finden können. Damit müssen wir uns abfinden.«

»Aber das ist doch schrecklich«, wandte Eva ein. »Dann muß man einfach so auf gut Glück dahinleben, ohne je zu wissen, ob das Leben überhaupt Sinn hat.«

»Die meisten leben ohnehin so dahin, wie Sie es jetzt beschrieben haben. Sie richten sich einfach nach dem, was alle tun. Und denken sich: Solange es einigermaßen gut geht, mache ich mir keine Gedanken. Nur wenige befassen sich ernsthaft mit diesen Fragen, und noch weniger haben einen Standpunkt, nach dem sie leben.«

»Welche Standpunkte gibt es überhaupt in dieser Frage?« wollte Eva wissen. »Abgesehen vom religiösen Glauben, den man nicht beweisen kann, und von Ihrem Standpunkt, daß wir nichts erkennen können.«

Nach einer längeren Zeit des Nachdenkens antwortete der Nachbar: »Ich sehe noch folgende Möglichkeiten: Entweder eine wirklich konsequente Gottlosigkeit, die davon ausgeht, daß die Wirklichkeit von Grund auf absurd, d. h. sinnlos ist; der einzige Sinn des Lebens wäre dann, dieser Übermacht des Absurden zu trotzen, falls man es nicht durch Freitod aufgibt. Albert Camus hat diesen Standpunkt vertreten. Oder die andere Möglichkeit: Der Mensch setzt sich direkt oder indirekt an die Stelle Gottes und behauptet, selbst dem Leben Sinn geben zu können oder zu müssen. Direkt hat dies etwa Friedrich Nietzsche getan mit seiner Lehre vom Übermenschen, der es nicht aushalten kann, nicht Gott zu sein. Ähnlich auch Jean-Paul Sartre. In der indirekten Form ist diese Einstellung heute sehr weit verbreitet: Wenn der Mensch meint, mit Wissenschaft und Technik die ganze Wirklichkeit erfassen und beherrschen zu können; wenn er die Materie, die er einmal ganz begreifen zu können behauptet, an die höchste Stelle setzt. Diese materialistische Auffassung gibt es im Westen in einer individualistischen Form, im Osten, im kommunistischen Bereich, in der kollektivistischen Form, die auf Karl Marx zurückgeht.«

»Ich denke«, ergriff Adam das Wort, »Eva und ich würden uns gerne mit diesen verschiedenen Standpunkten genauer auseinandersetzen. Können Sie uns dabei helfen?«

»Gerne«, war die Antwort. »Da bietet sich übrigens gleich in nächster Zeit eine gute Gelegenheit: Am kommenden Donnerstag ist im Radio eine Sendung zu dem Thema ›Das Ende des Fortschritts und die Legitimationskrise der Wissenschaft‹. Es ist ein Interview mit einem Soziologen aus Tübingen. Das wollte ich mir gerne anhören. Wenn Sie wollen, können wir es miteinander tun und dann darüber sprechen.«

»Ja, bitte, kommen Sie wieder zu uns herüber!«

Der Nachbar nahm die Einladung an und verabschiedete sich.

9. Der Glaube an Wissenschaft und Fortschritt

Bevor die Sendung begann, sprachen Eva und Adam schon mit ihrem Gast über die heutige Situation in der Wissenschaft und Technik.

»Es gab eine Zeit, da meinte die Wissenschaft, alle Rätsel der Welt lösen zu können. Sie wurde damit zu einem wesentlichen Bestandteil jener Haltung des Menschen, in der er sich gleichsam an die Stelle Gottes setzt. Denken Sie nur an die Aufklärung, zum Beispiel an Voltaire. Dieses Denken hat dazu geführt, daß in der Französischen Revolution die Vernunft als Göttin auf den Altar gesetzt wurde. Oder denken Sie an die dauernde Berufung des marxistischen Atheismus in den kommunistischen Ländern auf seine wissenschaftlichen Grundlagen; was nicht verhindert hat, daß dort die wissenschaftlichen Erkenntnisse Einsteins lange unterdrückt wurden, weil sie dem Glauben an die unbegrenzten Möglichkeiten menschlicher Wissenschaft und Technik nicht entsprachen.«

»Hat heute die Wissenschaft diesen Glauben an sich selbst verloren?« wollte Eva wissen.

»Die wirklichen Wissenschaftler schon; das werden wir gleich hören. Aber was vor einigen Jahrzehnten auf den Universitäten gelehrt wurde, ist heute im Volk verbreitet; auch wenn die Fachleute bereits längst anderer Meinung sind. Und darin liegt die Schwierigkeit. Heute ist es ein von den Wissenschaftlern, soweit sie nicht unter politischem Druck stehen, allgemein anerkanntes Axiom, daß es keine voraussetzungsfreie Wissenschaft gibt. Und der Philosoph Ludwig Wittgenstein, einer der führenden Wissenschaftstheoretiker, schreibt in seinem wichtigsten Werk, dem ›Tractatus logico-philosophicus‹ (6.52): ›Wir fühlen, daß selbst, wenn alle möglichen wissenschaftlichen Fragen beantwortet sind, unsere Lebensprobleme noch gar nicht berührt sind.‹ Das heißt auch, daß der Sinn und der Stellenwert der Wissenschaft selbst mit den Methoden dieser Wissenschaft nicht bestimmt werden können. Ebenso schreibt Karl Popper in seinem Buch ›Logik der Forschung‹ (76), die Wissenschaft sei ›ein Pfeilerbau, dessen Pfeiler sich von oben her in den Sumpf senken – aber nicht bis zu einem natürlichen, ›gegebenen‹ Grund.‹ Und ähnliches gilt von der Technik: Heute stehen die

Techniker vor der Frage, ob sie alles dürfen, was sie können, z. B. in der Genetik, der Beeinflussung der Erbanlagen, in der Nutzung der Atomenergie, in der Rüstungsindustrie usw.«

Er konnte nicht fortsetzen, weil nun die Sendung begann. Der Professor für Soziologie, der interviewt wurde, ging von einer fundamentalen Unterscheidung aus: zwischen den Tatsachen, welche die Wissenschaft feststellt, einerseits und den Werten, die nur aus Erfahrung und Überlieferung kommen können, andererseits. Die einseitig betriebene Wissenschaft hat zu Nebenfolgen geführt, welche die gesamtmenschliche Entwicklung bedrohen. An die Stelle des Glaubens an die Wissenschaft muß daher das Wissen um Mächte treten, die dem menschlichen Wirken zugrunde liegen und ihm seine Grenzen setzen. Alle vor-modernen Kulturen hatten diese Grundlage in der Religion. Die moderne Welt hat die Religion zur Privatsache erklärt. Die Zukunft unserer Kultur wird davon abhängen, ob es uns gelingt, in weltlicher Weise jene Mächte zu benennen.

Als die Sendung vorüber war, sagte Adam: »Wenn ich das richtig verstanden habe, sucht er eine Art Religionsersatz. Worin könnte denn das bestehen?«

»Das kann ich mir auch nicht vorstellen«, erwiderte der Nachbar. »Ich meine, wir müssen uns damit begnügen, über diese Mächte nichts zu wissen.«

»Aber das ist doch schrecklich«, mischte sich Eva ein, »dann wissen wir gar nicht, ob diese Mächte unserem Leben Sinn geben oder nicht. Wie soll man sich dann verhalten, z. B. in der Frage, ob man einem Kind das Leben schenken soll oder nicht.«

»Weil Sie das erwähnen, da fällt mir ein anderer Soziologe ein, ein gewisser Peter Berger. Der schrieb ein Buch über die moderne Gesellschaft und die Wiederentdeckung der Transzendenz.«

»Was heißt bitte Transzendenz?« unterbrach Eva.

»Transzendenz heißt wörtlich Überschreiten, hier sind eben die Bereiche gemeint, die uns Menschen übersteigen. Etwa in dem Sinn, wie wir es vorhin gehört haben. Nun, in diesem Buch schreibt er, daß z. B. eine Mutter, die zu ihrem Kind, das in der Nacht aufschreit, sagt ›Alles ist gut‹, eigentlich voraussetzt, daß das religiöse Verständnis des menschlichen Daseins wahr ist.«

»Wieso?« warf Adam ein.

»Weil nur dann, wenn den Menschen bejahende Kräfte unser Leben tragen, dieses so grundsätzlich gut ist, wie die Mutter es hier behauptet.«

»Das ist sehr interessant«, sagte Eva, die sich von diesem Gedankengang sofort angesprochen fühlte. »Und was halten Sie davon?«

»Meiner Ansicht nach zeigt Berger damit nur, wie drängend die Gottesfrage für den Menschen ist und daß dieser dazu neigt, sie positiv zu beantworten, um sein Leben für sinnvoll halten zu können. Ob der Mensch das zu Recht tut, ist eine andere Frage.«

»Das meine ich auch«, pflichtete Adam bei. »Woher weiß die Mutter denn, daß wirklich alles in Ordnung ist. Sicher meint sie es gut, wenn sie so spricht. Aber ihr Kind kann ja unter Umständen in der gleichen Nacht noch sterben oder geraubt werden. Woher weiß sie, daß dennoch alles gut ist?«

»Aus den Erfahrungen im Bereich dieser Welt allein kann sie das nicht wissen. Das sagt auch Berger selbst. Er spricht von einem Impuls, aus dem der Mensch auf eine höhere Ordnung vertraut, die über die menschliche Ordnung hinausgeht. Freilich setzt dieses Vertrauen die Erfahrung echter elterlicher Liebe voraus! Aber wie aus solchen persönlichen Erfahrungen einzelner allgemeingültige Aussagen über Gott als Grund dieses Vertrauens gemacht werden können, das zeigt Berger nicht auf. Und ich bezweifle, daß dies überhaupt möglich ist. Dennoch ist es sehr interessant, daß die moderne Wissenschaft wieder so positiv von Religion spricht und ihren Zusammenhang mit dem Leben sieht.«

»Weil Sie gerade vom ›Leben‹ sprechen«, hakte Adam ein, »das kann man doch heute auch ohne Gott erklären. Die moderne Naturwissenschaft weiß doch schon, wie das Leben entstanden ist. Jedenfalls kann man das immer wieder hören.«

»Sie haben recht, daß viele Naturwissenschaftler so denken. Sie sind Anhänger der Evolutionstheorie, nach der sich alles Leben aus der Materie entwickelt hat. Meistens sind sie Darwinisten.«

»Und was sagen die?« fragte Eva.

»Sie vertreten die Ansicht, daß sich das Leben durch chemische Prozesse und deren sprunghafte Weiterentwicklung – durch die sogenannte Mutation, d. h. Erbänderung – einerseits und durch das Überleben der lebenstüchtigen Arten – die sogenannte Selektion, d. h. Auswahl – anderseits gebildet habe. Der berühmte Nobelpreisträger Konrad Lorenz ist ein überzeugter Darwinist. In seinem Buch ›Das sogenannte Böse‹ bezeichnet er Mutation und Selektion als ›die beiden großen Konstrukteure‹ des Lebens.« – Der Nachbar holte das Buch von der Bücherwand und fuhr fort: »Auf der letzten Seite dieses Buches legt er sogar eine Art Glaubensbekenntnis zu diesen beiden Kräften ab, wenn er schreibt: ›Daraus leitet sich die selbstverständliche ... Forderung ab, alle unsere Menschenbrüder ... zu lieben. Die Forderung ist nicht neu, ... aber dennoch vermögen wir sie, so wie wir beschaffen sind, nicht zu erfüllen. ... Daran kann der beste und stärkste Wille nichts ändern! Doch die großen Konstrukteure können es. Ich glaube, daß sie es tun werden, denn ich glaube an die Macht der menschlichen Vernunft, ich glaube an die Macht der Selektion und ich glaube, daß die Vernunft vernünftige Selektion treibt.‹ «

»Ist das nicht ein Wunschdenken?« warf Eva ein.

»Eigentlich haben Sie recht«, lautete die Antwort. »Als Naturwissenschaftler allein kann er solche Aussagen nicht machen. Er kann keine Beweise für etwas bringen, was sich erst in Zukunft ereignen soll, ohne über die Ursachen verfügen zu können. Wenn er das dennoch behauptet, setzt er voraus, daß alles von vornherein auf eine Höherentwicklung angelegt ist. Nach dem letzten Satz, den ich eben vorgelesen habe, scheint er sogar zu meinen, daß der Mensch selbst diese Verbesserung seiner eigenen Art herbeiführen kann. Er glaubt an die Macht der menschlichen Vernunft. Doch wahrscheinlich meint er es nicht so, daß der Mensch aus eigenem das Leben auf eine höhere Stufe heben könnte. Seine Worte sind wohl so zu verstehen, daß die Kräfte der Natur, die im Menschen am Werk sind, das bewirken werden. Er glaubt an die Macht der Evolution.«

»Aber stimmt es jetzt, daß das Leben aus der Materie von selbst entstehen kann oder nicht?« Adam kam auf seine erste Frage zurück.

»Soweit ich mich hier auskenne, muß man folgendes dazu sagen: Aus einer rein chaotischen Materie ohne jedes Ordnungsgesetz kann das Leben nicht von selbst entstanden sein. Viele Schulbücher und auch manche Professoren machen es sich zu leicht, wenn sie eine solche Erklärung des Lebens nur aus dem Zufall lehren. Unlängst hörte ich auf der Hochschule einen Vortrag von Prof. Wilder Smith, der diese populäre Ansicht ganz energisch bekämpft.«

»Können Sie uns kurz berichten, was er gesagt hat? Das interessiert mich sehr«, bat Adam. Auch Eva schaute ganz gespannt auf den Nachbarn. Sie beneidete ihn ein wenig, weil er sich schon von Berufs wegen mit solchen Fragen beschäftigen konnte.

Dieser begann: »Ich will Ihnen den Grundgedanken bringen, ohne auf die schwierigen Details einzugehen. Er geht von dem Bauplan des Lebens aus, der in jedem Zellkern als sogenannter ›genetischer Code‹ enthalten ist. Es ist so etwas wie ein Programm – etwa vergleichbar mit dem in einem Computer –, das die Lebensprozesse steuert. Seine Frage lautet nun: Kann ein solches Programm, ein solcher Plan nur durch Zufall entstehen? Um darauf eine Antwort zu finden, vergleicht er diesen Code mit einem sinnvollen Satz auf einem Stück Papier. Diesen Vergleich haben übrigens seinerzeit schon die Darwinisten verwendet, um die Möglichkeit einer zufälligen Entstehung des Lebens zu beweisen. Wenn man – so sagten sie – auf einer Schreibmaschine viele Millionen Jahre blind herumtippt, wird einmal zufällig ein sinnvoller Satz auf das Papier kommen, etwa: ›Die Rose ist schön.‹ Ebenso sei der genetische Code in die Materie gekommen. Ihr entspricht im Vergleich das Papier.

Hier hakt nun Prof. Wilder Smith ein und sagt sinngemäß folgendes: Erstens braucht es für einen solchen sinnvollen Satz eine Schreibmaschine, er kommt nicht von selbst auf das Papier. Und diese Schreibmaschine müßte so lange in Betrieb sein können, bis der Zufall einmal einen sinnvollen Satz ergibt. Zweitens müssen sowohl das Farbband als auch das Papier so beschaffen sein, daß die Schrift erhalten bleibt, nicht gleich wieder zerfließt – auf eine chaotische Materie kann man nicht schreiben. Drittens braucht es für lange Zeit eine Energiequelle, welche die Schreibmaschine betreibt, damit diese in Bewegung bleibt. Viertens wäre es zu wenig, wenn dabei bloß ein Satz herauskäme, der nur für die Menschen einer Sprache verständlich ist. Es müßte ein Satz herauskommen, den alle Menschen verstehen können.«

»Warum das?« fragte Adam.

»Weil der Satz ›Die Rose ist schön‹ auf dem Papier nur aus einigen von Menschen erfundenen Zeichen besteht, die nicht aus sich heraus etwas bedeuten, sondern für die Menschen einer anderen Sprachgruppe völlig sinnlos sind. Der Sinn ist also von außen hineingelegt. Ein genetischer Code hingegen ist für alle Naturwissenschaftler auf der Welt zu lesen und bringt ihnen neue Erkenntnisse über das Leben, die sie vorher nicht hatten.« Er schaute Adam fragend an, ob er das jetzt verstanden hätte. Als dieser nickte, fuhr er fort: »Aber es geht noch weiter. Fünftens müßte dieser Satz die Fähigkeit haben, auch die Materie rundherum zu prägen, d. h. sie so zu beeinflussen, daß auf ihr derselbe Satz zumindest in abgeschwächter Schriftstärke aufscheint.« Als ihn seine beiden Gäste fragend anschauten, erklärte er das näher: »Weil der genetische Code ja der Bauplan für die ganze Materie des Lebewesens ist und sich in all seinen Zellen wiederholt. Sechstens müßte aber dieser Satz die Anleitung zur Herstellung und zum Gebrauch von Maschinen sein, welche selbst solche Schreibmaschinen herstellen, die das alles können, was wir bisher besprochen haben.«

»Wieso das?« unterbrach diesmal Eva.

»Weil das Leben ja sich selbst reproduzieren, den Code auch einer Zelle einprägen kann, die zur Keimzelle eines neuen Lebewesens wird.« Eva hatte offensichtlich verstanden, und er setzte fort: »Siebtens schließlich müßte sich das alles vielfach wiederholen können. Nicht nur deshalb, weil das Leben wahrscheinlich an vielen Orten zugleich entstanden ist, sondern auch deshalb, weil bei jeder sogenannten Makromutation, wenn eine neue Art von Lebewesen entstanden ist, ein ganz neuer genetischer Code in die Materie eingeprägt werden mußte. Denn die Anpassung der Lebewesen, durch die auch eine gewisse Entwicklung – die sogenannte Mikroevolution – geschieht, ist nur innerhalb bestimmter Grenzen möglich. Die Makroevolution, die Entwicklung neuer Arten kann nur durch Sprünge geschehen, die durch den Zufall allein genauso wenig zu erklären sind wie die Entstehung des Lebens überhaupt.«

All das hatte die beiden Zuhörer sehr nachdenklich gemacht. Vor allem Adam, der bisher überzeugt gewesen war, daß die Entstehung des Lebens nur Zufall sei.

»Ist damit nicht doch bewiesen, daß das Leben von einem Geist, von Gott geschaffen sein muß?« fragte Eva.

»Die Naturwissenschaft forscht immer nach den natürlichen Ursachen. Sie als solche kann überhaupt nicht entscheiden, ob Gott ist oder nicht. Aus allem, was ich bisher gesagt habe, folgt nur, daß der Zufall allein zur Erklärung des Lebens nicht genügt. Deshalb muß man nicht gleich einen Geist annehmen, der das alles geschaffen hat. Es genügt zunächst durchaus, die Gesetzmäßigkeiten der Materie zu erforschen, welche die Voraussetzung für das Entstehen des Lebens waren. Durch einen glücklichen Umstand bin ich auf das Buch des Biologen Rupert Riedl gestoßen. Er vereint meiner Ansicht nach ohne Vorurteile die verschiedenen Gesichtspunkte in dieser Frage.«

»Haben Sie dieses Buch? Was schreibt er denn?« wollte Adam wissen.

Der Nachbar holte das Buch vom Regal und zeigte es den beiden. „Strategie der Genesis« war als Titel zu lesen. »Ich will Ihnen gern den Grundgedanken erklären, soweit ich ihn selbst verstanden habe. Die Welt ist, wie er schreibt, ›weder ein reines Produkt des Zufalls, noch ist sie vorgeplant‹. Seine Auffassung von der Entstehung des Lebens läßt sich mit dem Wirken eines Erfinders vergleichen, dem ›zufällig‹ einfällt, wie man eine neue Maschine konstruieren kann. Diese Idee kann ihm nur kommen, weil er um viele Gesetzmäßigkeiten der Natur weiß, die er hier in neuer Kombination zusammenfügt. Die neue, höhere Ordnung der Maschine lebt also von schon vorhandenen Ordnungen. Genauso ist es mit dem Leben, sagt er. Schon in den kleinsten Teilchen der Materie, in den Quanten, sind alle Gesetzmäßigkeiten enthalten, die in immer neuen und höheren Kombinationen die Entstehung des Lebens ermöglicht haben. In der Materie ist also eine gesetzmäßige Dynamik vorhanden, die gleichsam auf dem Sprung ist, das Leben und immer wieder höhere Formen von Leben in ihrem Rahmen hervorzubringen. So wie der einzelne Organismus davon lebt, daß er bestehende Ordnung in Form von Nahrung zu sich nimmt, so ›lebt‹ das Leben davon, daß es Schicht für Schicht die Ordnung der Materie in sich aufnimmt. Der Sinn des Lebens wird dabei zugleich mit dem Leben geschaffen. Wenn ich Ihnen zum Abschluß noch einige Sätze vorlesen darf: ›Gewiß, das Verändernde der

Erbinformation sind Druckfehler, aber ein ordnendes System, und nicht der Zufall ihrer Auslese, muß das notwendig Ordnende an der Sache sein. Der Zufall allein schafft gar nichts. Je größer seine Freiheit, um so geringer wird seine Chance, etwas zu treffen. ... Nur ein Plan kann die Auslese leisten; ohne daß wir einen Planer fänden.‹«

»Er nimmt also selbst keinen Schöpfergott an«, bemerkte Adam.

»Nein, zumindest nicht als eine von der Welt getrennte Wirklichkeit. Für ihn ist Gott wohl das Gesetz der Welt.«

»Gibt es denn keine gläubigen Naturwissenschaftler?« fragte Eva.

»Doch, es gibt heute schon viele. Aber sie begründen ihren Glauben nicht mit ihrer Wissenschaft.«

»Wie können sie sonst zu der Auffassung gelangen, daß Gott ist?« schaltete sich Adam ein.

»Offensichtlich durch persönliche Erfahrungen oder Erziehungseinflüsse, auf Grund derer sie das Leben religiös deuten. Oder durch philosophische Überlegungen.«

»Sie sind ja auch Philosoph. Halten Sie das für möglich?« fragte Eva.

»Ich habe Ihnen schon gesagt, daß ich Agnostiker bin. Ich meine, daß der Mensch über seine Grenzen nicht hinausschauen kann und daher keine Antwort findet auf die letzten Fragen des Lebens. Dennoch muß ich zugeben, daß mir dies manchmal gefühlsmäßig gar nicht so leicht fällt, wenn ich wieder einmal über die Wunder in der Natur nachdenke. Allerdings fallen mir dann auch viele Dinge ein, die gegen einen Weltenplaner, zumindest gegen einen gütigen Gott sprechen: die vielen Arten von Lebewesen, die wieder ausgestorben sind, der grausame Kampf ums Überleben unter den Tieren und ähnliches. Da fällt es mir auch gefühlsmäßig wieder leichter, die Frage nach Gott als unbeantwortbar anzusehen.«

»Das meine ich auch«, sagte Adam. Er war froh, keine Konsequenz in die Richtung des Glaubens ziehen zu müssen.

»Vielen Dank für diese Hinweise«, sagte Eva. »Schade, daß wir nicht mehr weiter darüber nachdenken können. Jetzt haben wir erst einen der von Ihnen aufgezählten Standpunkte näher kennengelernt. Können Sie uns auch helfen, die anderen zu verstehen?«

»Wenn es Ihnen recht ist, borge ich Ihnen fürs erste einmal das wichtigste Werk von Camus: ›Der Mythos von Sisyphos‹.«

Eva und Adam bedankten sich sehr für diese Bereitschaft.

10. Die Hoffnung auf eine Antwort

»Nun steht uns ja einiges bevor«, sagte Adam zu Eva, als sie allein waren.

»Ich bin dir so dankbar, daß du dich auch für diese Fragen interessierst.«

»Das mache ich schon dir zuliebe«, war seine Antwort.

Sosehr sich Eva darüber freute, noch angenehmer wäre es für sie gewesen, wenn er so wie sie diese Fragen als seine persönlichen erlebt hätte. Aber dazu war er offensichtlich nicht in der Lage, weil er im tiefsten der Überzeugung war, sein Leben selbst in der Hand zu haben.

»Du denkst wohl immer noch, daß jeder seines eigenen Glückes Schmied ist, daß er sein Glück selbst machen muß«, meinte Eva.

»Sicher. Stimmt es vielleicht nicht? Freilich kann einer auch Pech haben. Und dann soll man ihm helfen; wie man ja auch Hilfe erwartet, wenn man in Not ist.«

»Also auf Gegenseitigkeit.«

»Ist das etwas Schlechtes?«

»Schlecht nicht, aber ein bißchen wenig. Das läuft auf einen Tauschhandel hinaus. Aber lassen wir das. Ich würde mich dauernd überfordert fühlen, wenn alle Grundlagen meines Glückes von mir abhingen. Wenn ich nicht einmal die leise Hoffnung haben dürfte, daß mein Leben von vornherein etwas Gutes ist, daß ich eigentlich für das Glücklichsein geschaffen bin.«

»Du hast ja gerade gehört, daß es in dieser Grundsatzfrage für uns Menschen keine Antwort gibt.«

»Ich frage mich, wie unser Nachbar mit dieser Auffassung leben kann. Auch er hofft doch, daß das Leben etwas Gutes ist, er hat Kinder in die Welt gesetzt und sich wohl etwas dazu überlegt. Ich würde zumindest weiterhin eine Antwort suchen.«

»Aber er meint ja, daß der Mensch nicht über sich hinausgelangen und sich gleichsam von außen anschauen kann.«

Eva dachte lange nach. Dann sagte sie: »Dann müssen wir die Antwort eben in unserem menschlichen Bereich suchen. Nicht selbst die Antwort geben, sondern die Antwort suchen.«

»Was soll das heißen?«

»Das weiß ich selbst noch nicht so genau. Aber vielleicht muß uns die Antwort genauso gegeben werden wie das Leben selbst. Vielleicht können wir sie im Leben entdecken, wenn wir suchen und warten.«

»Ich verstehe dich nicht.«

»Ich mich selbst auch nicht ganz. Aber mir fällt wieder der Religionsunterricht ein. Da haben wir auch vom Alten Testament gehört, von der Zeit vor Christus. Wie die Juden auf den Messias gewartet haben, auf einen Boten, den Gott ihnen irgendeinmal in ihrer Geschichte schicken wird. Und wie es bei ihnen streng verboten war, sich von Gott ein Bild zu machen. Vielleicht ging es da genau um das, was ich gerade gemeint habe.«

»Wenn ich dich einigermaßen richtig verstehe, bist du zwar auch für ein Offenlassen der Frage nach dem Woher und Wohin unseres Lebens, aber in einem anderen Sinn als unser Nachbar. Der erwartet keine Antwort mehr, weil wir sie aus eigener Kraft nicht finden können. Du dagegen läßt auch nochmals offen, ob wir nicht doch einmal eine Antwort erhalten können.«

»Du kannst mich besser ausdrücken als ich mich selbst. Genau das meine ich. Mir fällt ein Vergleich ein: Wenn ich einen komplizierten Apparat erhalte, den ich selbst nicht zusammenbauen kann, brauche ich eine Gebrauchsanweisung vom Erzeuger. Dann erst kann ich seinen Sinn erkennen. So müssen auch wir vielleicht zum Leben erst die Gebrauchsanweisung suchen, um es richtig entfalten und dann deuten zu können.«

»Fangen wir einmal an, die von unserem Nachbarn genannten ›Gebrauchsanweisungen‹ auf ihre Tauglichkeit zu prüfen«, meinte Adam.

Und Eva war gerne damit einverstanden.

11. Die Ablehnung jeder Hoffnung

Am nächsten Abend brachte der Nachbar das Buch von Camus. Gleich nach dem Abendessen schaute Eva hinein. Sie mußte feststellen, daß es sich nicht so leicht las wie ein Roman. Daher wollte sie es zum Wochenende in Ruhe lesen.

Am Samstag abend nahm sie es wieder her und war schnell fasziniert. Vor allem gefiel ihr der Vergleich, mit dem der Autor seine Ansicht deutlich machte. Der Mensch war demnach von den Mächten, von denen er abhängig war, so geschaffen, daß er immer wieder ein sinnvolles Leben versuchen mußte, ohne daß dies jemals zum Erfolg führen konnte. Ähnlich wie Sisyphos, der Held der griechischen Sage, von den Göttern dazu verurteilt war, einen Stein immer wieder auf einen Berg hinaufzuwälzen, der dann gleich wieder herunterrollte. Das sinnlose Spiel mußte von neuem beginnen.

Eva nahm einen Zettel und schrieb einige Sätze aus dem Buch ab: »Leben heißt: das Absurde leben lassen. Das Absurde leben lassen heißt: ihm ins Auge sehen... Eine der wenigen philosophisch stichhaltigen Positionen ist demnach die Auflehnung. Sie ist eine ständige Konfrontation des Menschen mit seiner eigenen Dunkelheit. Sie ist die ständige Anwesenheit des Menschen bei sich selbst. Sie ist kein Sehnen, sie ist ohne Hoffnung.«

»Ich verlasse Sisyphos am Fuße des Berges. Seine Last findet man immer wieder. Nur lehrt Sisyphos uns die größere Treue, die die Götter leugnet und die Steine wälzt... Der Kampf gegen Gipfel vermag ein Menschenherz auszufüllen. Wir müssen uns Sisyphos als einen glücklichen Menschen vorstellen.«

Während Eva wie gebannt in dem Buch gelesen hatte, hatte Adam seine Zeit vor dem Fernsehapparat verbracht. Das tat er sonst auch. Nur war er diesmal etwas verärgert, daß sich seine Frau nicht für den Nachtkrimi interessierte. Als sie ihm anschließend die Sätze vorlas, die sie sich herausgeschrieben hatte, sagte er nur leicht zynisch: »Nun, bist du jetzt gescheiter geworden?«

So blieb Eva nichts übrig, als allein über das Gelesene nachzudenken. Lange lag sie noch wach im Bett. Dieser Camus war jedenfalls konsequent gewesen. Kein oberflächlicher Mensch. Aber ob Sisyphos und damit Camus wirklich glücklich sein konnten? Ob man im Trotz gegen eine Übermacht auf die Dauer seine Erfüllung finden konnte? Ihr fiel der Satz am Anfang des Buches ein: »Es gibt nur ein wirklich ernstes philosophisches Problem: den Selbstmord.«

Woher wußte Camus überhaupt, daß das Leben so grundsätzlich sinnlos ist? Sicher gibt es furchtbares Leid in der Welt. Aber konnte man deshalb sagen, daß das Leben grundsätzlich sinnlos sei? Dann wäre auch jedes Ankämpfen gegen das Leid sinnlos. Ist die Sehnsucht nach Glück im Menschen auch nur die Quälerei eines absurden Geschikkes? Mußte der Mensch das nicht zumindest offenlassen, anstatt eigenmächtig eine negative Antwort zu geben?

Eines wurde Eva klar: Auf diesen radikalen Standpunkt konnte sie sich nicht stellen. Nicht, weil sie nicht konsequent sein wollte, sondern weil ihr die Auffassung von Camus zu kurzschlüssig erschien. Hier hielt ein Mensch die Fraglichkeit des Lebens nicht aus und beantwortete sie negativ. Das schien ihr im Wesen gleich unrichtig wie eine vorschnelle positive Antwort, zum Beispiel in der Religion. Sie wollte die Frage offenlassen. Allerdings im Unterschied zu ihrem Nachbarn schon mit einer gewissen Hoffnung, vielleicht doch eine Antwort zu finden.

Als ihr so die eigene Position klargeworden war, konnte Eva endlich einschlafen.

12. Die Verneinung

Als Eva in der nächsten Woche zum Nachbarn ging, machte ihr dieser einen Vorschlag: »Demnächst wird im Gedenken an den jüngst verstorbenen Philosophen Jean-Paul Sartre in einem Theater in der Stadt sein Stück ›Die geschlossene Gesellschaft‹ gespielt. Das ist eine gute Gelegenheit, die Ansichten dieses Denkers kennenzulernen. Er steht einerseits Camus nahe, insofern er das Dasein auch als absurd ansieht. Andererseits aber stellt er den Menschen ähnlich wie Nietzsche an die Stelle Gottes. Ich denke, Sie werden es nicht bereuen, wenn Sie diese Aufführung ansehen. Meine Frau und ich gehen auf alle Fälle. Vielleicht geht auch Ihr Mann mit.«

Eva war ganz begeistert von diesem Vorschlag. Auch Adam gefiel der Gedanke, sich einmal auf diese Weise mit philosophischen Ansichten befassen zu können. So gingen sie zu viert ins Theater. Es war keine leichte Unterhaltung. Drei Personen bestritten das ganze Stück. Sie waren in einen Raum gesperrt, von dem aus sie auf ihr Leben zurückblickten. Nun konnten sie der Wirklichkeit nicht entrinnen. Und da zeigte sich, wie sehr jeder auf sich bedacht war, den anderen nur für sich gewinnen wollte. So kam es zu dauernder Rivalität, ja zum gegenseitigen Haß. Das Stück mündete in den Satz: »Die Hölle, das sind die anderen.«

Tief erschüttert verließ Eva das Theater. Sie war persönlich betroffen. Adam beachtete mehr die schauspielerische Leistung und die Inszenierung. Den Nachbarn ging es mehr um die philosophische Aussage. Sie luden Eva und Adam noch zu sich in die Wohnung ein. Da konnte Eva sagen, was sie bewegte: »Nach dieser Philosophie ist ja offensichtlich keine Liebe möglich.«

»Da haben Sie völlig recht«, sagte der Nachbar und holte ein Buch aus seinem Schrank. »In seinem philosophischen Hauptwerk ›Das Sein und das Nichts‹ schreibt Sartre von der Liebe: ›Ihrem Wesen nach ist sie eine Betrügerei und nicht eine Verweisung auf die Unendlichkeit, denn Liebe ist wollen, daß man mich liebt.‹ Er erklärt also die Liebe als einen versteckten Egoismus. Wenn der Mensch, jeder einzelne, die Stelle Gottes einnimmt, dann gibt es keine gemeinsame Basis für die Liebe, sondern nur Herrschsucht und Rivalität.«

»Ist also Sartre ein ganz extremer Atheist gewesen?« fragte Adam.

»Ja, insofern er grundsätzlich nicht bereit war, Gott anzuerkennen. Er schreibt in seinem Buch ›Ist der Existentialismus ein Humanismus?‹ – ich habe mir die Stelle angestrichen – folgendes: ›Selbst wenn es einen Gott gäbe, würde das nichts ändern; das ist unser Standpunkt. Nicht als ob wir glaubten, daß Gott existiert, aber wir denken, daß die Frage nicht die seiner Existenz ist; der Mensch muß sich selbst wieder finden und sich überzeugen, daß ihn nichts vor sich selber retten kann, wäre es auch ein gültiger Beweis der Existenz Gottes.‹ Das erinnert sehr an Friedrich Nietzsche, der Zarathustra sagen läßt: ›Tot sind alle Götter, nun wollen wir, daß der Übermensch lebe.‹ «

»Und welche Auswirkungen hat das auf die Einstellung zum Leben?« wollte Eva noch wissen.

Darauf gab die Frau des Nachbarn die Antwort. Sie hatte einige Zeit vorher in einem anderen Stück von Sartre, das »Bariona oder der Donnersohn« heißt, folgende Stelle gefunden und sich angezeichnet. Die Titelfigur sagt dort zu seiner Frau: »Weib, dieses Kind, das du gebären willst, es ist gleichsam eine Neuauflage der Welt! Seinetwegen werden die Wolken und das Wasser und die Sonne und die Häuser und die Qual der Menschen einmal mehr existieren. Du wirst die Welt neu erschaffen, die sich wie eine dicke schwarze Kruste schließen wird um ein kleines empörtes Gewissen, das hier bleiben wird, als Gefangener, mitten in dieser Kruste, wie eine Träne. Begreifst du, welch gewaltige Ungeheuerlichkeit, welch schreckliche Gefühllosigkeit es wäre, diese mißlungene Welt gleichsam in neuen Exemplaren erscheinen zu lassen? Ein Kind erschaffen heißt die Schöpfung aus tiefstem Herzen bejahen, heißt dem Gott, der uns quält, sagen: ›Herr, alles ist gut, und ich sage dir Dank, daß du das Weltall gemacht hast.‹ Willst du wirklich ein solches Lied singen? Erträgst du es zu sagen: Wenn diese Welt neu zu schaffen wäre, ich möchte sie genauso, wie sie ist? Laß ab, meine liebe Sarah, laß ab! Die Existenz ist ein fürchterlicher Aussatz, der an uns allen nagt. Und unsere Eltern haben uns ihm ausgeliefert! Bewahre deine Hände rein, Sarah, damit du auf deinem Sterbelager sagen kannst: Keinen lasse ich nach mir zurück, um das menschliche Leid fortzusetzen.«

Alle blieben eine Weile stumm. Dann sagte Adam: »Also dürfte ein konsequenter Atheist nie Kinder zeugen.«

Der Nachbar gab ihm recht und holte noch »Die fröhliche Wissenschaft« von Nietzsche herbei, um folgende Stelle vorzulesen: »Es gibt keine Vernunft in dem mehr, was geschieht, keine Liebe in dem, was dir geschehen wird – deinem Herzen steht keine Ruhestatt mehr offen.«

»Damit kann ich jedenfalls nicht leben«, sagte Eva. »Da muß ich noch weitersuchen. Aber jedenfalls vielen Dank für den Einblick, den Sie uns da gewährt haben.«

Adam schloß sich diesem Dank an, und sie verließen ihre Gastgeber.

13. Die kollektive Selbstherrlichkeit

Vorläufig hatte Eva genug von der Literatur. Die letzte der vom Nachbarn genannten Richtungen wollte sie wieder durch persönliche Gespräche kennenlernen. Ihr Nachbar konnte ihr dabei behilflich sein. Einige seiner ehemaligen Schüler gehörten einem maoistischen Kreis an, der sich bemühte, das marxistische Gedankengut in seiner chinesischen Spielart zu verbreiten. Sie lebten teilweise in einer Kommune zusammen. Eva konnte hinkommen. Adam wollte sie nicht allein lassen und ging mit. Sie wurden von einer Medizinstudentin und einem Philosophiestudenten empfangen.

Sie hatten das Gefühl, von den beiden nicht recht ernstgenommen zu werden, als Eva die Frage stellte, worin Marxisten den Sinn des Lebens sehen.

Die Antwort war kurz und bündig: »Im Kampf für die klassenlose Gesellschaft.«

Worin die besteht, wollte Adam wissen.

»Daß keiner über den anderen herrscht oder andere ausbeutet, sondern jeder nimmt sich nur, was er braucht, und trägt zum Gemeinsamen bei, was er kann.«

Wie diese neue Ordnung zustande kommen sollte, fragte Eva.

»Wir müssen davon ausgehen, daß der Mensch ein soziales Wesen ist. Nur in den bürgerlichen Weltanschauungen wird er als einzelner gesehen. In Wirklichkeit ist er das Produkt der Gesellschaft, in der er lebt. In der derzeitigen Gesellschaft – außer in China – ist er entfremdet. Er versteht sich nicht als Glied der Gesellschaft, der er sich unterzuordnen hat, sondern als einzelner. Das hängt mit dem kapitalistischen Wirtschaftssystem zusammen. Weil beim Übergang zum Industriezeitalter einige die Produktionsmittel, das heißt die Maschinen, in Besitz nahmen, mußten die anderen ihre Arbeitskraft verkaufen. Daher kam es zur Ungleichheit und zur Ausbeutung. Das wurde noch untermauert durch einen ideologischen Überbau, zum Beispiel durch die Religion. Sobald alle die Produktionsmittel gemeinsam besitzen, ist das Übel beseitigt.«

Und warum das in Rußland nicht schon lange gelungen sei, wandte Eva ein.

Dort habe eine Funktionärsclique die Macht an sich gerissen und sei zum neuen Ausbeuter geworden.

Wieso das in China nicht auch passieren kann, fragte Adam.

Weil dort die Revolution permanent sei und solche neue Klassenbildungen verhindere.

Ob das nach den jüngsten Entwicklungen in China auch noch zutreffe, wollte Eva wissen.

»Dies müssen wir erst studieren«, hieß es.

Offensichtlich waren die beiden Maoisten von einem solchen Sendungsbewußtsein geprägt, daß jede kritische Frage an ihnen abprallte. Bei der Verabschiedung erhielten sie noch eine Schrift, welche die Medizinstudentin verfaßt hatte: »Der Bluthochdruck als Folge des kapitalistischen Systems.« – Diese lasen sie später daheim.

Darin wurde ganz einseitig die Ansicht vertreten, daß nur die gesellschaftlichen Zustände am Bluthochdruck und seinen üblen Folgen schuld seien (durch Streß usw.). Falls diese geändert würden, käme von selbst alles in Ordnung. Als ob nicht die sozialen Verhältnisse selbst wieder von Menschen geprägt wären, als ob es keine persönlichen oder familiären Ursachen für Bluthochdruck gäbe. Der Zusammenhang, die wechselseitigen Auswirkungen zwischen dem Verhalten der einzelnen oder den kleinen Gruppen einerseits und den Zuständen in der Gesellschaft andererseits wurde in keiner Weise gesehen.

Eva und Adam wußten nicht recht, was sie von alldem halten sollten, was sie da gehört hatten. Einerseits waren sie beeindruckt von der Überzeugung, die man den beiden angemerkt hatte. Sie setzten sich auch für ihre Ideen ein. Die Studentin verteilte gelegentlich am frühen Morgen Flugzettel auf dem Bahnhof, beide nahmen es auf sich, als »rote Studenten« angesehen zu werden. Vor allem Eva leuchtete es ein, daß es ungerecht sei, auf Kosten anderer zu leben. Es war ihr noch nie so deutlich bewußt geworden, wie sehr in der Gesellschaft alle gegenseitig abhängen, der einzelne oft durch seine Herkunft behindert ist, nicht die gleichen Chancen hat wie ein anderer. Die beiden Maoisten hatten auch berichtet, wie sich die Chinesen in den Entwicklungsländern für die Menschen dort einsetzen, während die Entwicklungshilfe der kapitalistischen Länder ihrer Ansicht nach nur der

Exportförderung diene, gar nicht den wahren Bedürfnissen entspreche und diese notleidenden Menschen nur noch mehr abhängig mache.

Andererseits waren Eva und Adam aber erschrocken über die Härte, mit der die beiden das Recht des Kollektivs verteidigten, Abweichler zu verurteilen und sogar hinzurichten. Wie leicht war es doch, in einer Gruppe irgendwelche Instinkte anzusprechen. Wieviel unschuldige Opfer hatte die Kulturrevolution in China gefordert. Das hatten auch die beiden Maoisten zugegeben. »Das sind die notwendigen Opfer auf dem Weg in das Paradies der klassenlosen Gesellschaft«, hatten sie gesagt. Außerdem hatte manches sehr unrealistisch geklungen, wie ein künstliches Ideengebäude, eine Ideologie. Im kommunistischen Staat der Zukunft sollte es keine staatliche Gewalt mehr geben, nicht einmal ein Verkehrs- oder Wirtschaftsministerium. Wie das funktionieren sollte?

Die beiden Studenten hatten immer wieder den Satz von Bert Brecht zitiert: »Zuerst kommt das Fressen, dann die Moral.« Sie vertraten die Ansicht, daß bei Erfüllung der Grundbedürfnisse die Menschen von selbst zu einer so idealen Einstellung fähig werden, daß sie ohne jede Autorität miteinander auskommen. Eva und Adam hatten den Eindruck, daß dieses kommunistische System von einem Extrem ins andere gefallen war. In den kapitalistischen Ländern wurde die Freiheit des einzelnen allein gesehen und deshalb individualistisch und egoistisch mißverstanden. Als Reaktion darauf wurde diese Freiheit im Kommunismus überhaupt gestrichen und durch den Zwang des Kollektivs ersetzt. Da das Kollektiv in Wirklichkeit aber auch wieder nur aus einzelnen besteht, braucht es notwendig eine Leitung: d. h. es werden einige im Namen des Kollektivs, ohne jedoch die Freiheit der einzelnen zu berücksichtigen, die Macht über die anderen ausüben. An die Stelle der Ausbeutung durch einzelne tritt dann die Unterdrückung durch Funktionäre.

Als Eva und Adam ihrem Nachbarn von dem Besuch berichteten, stimmte dieser ihren Überlegungen zu. Er hatte mit diesen Studenten schon früher stundenlang diskutiert, aber ohne Erfolg. Er verwies auch auf den Roman »Die Farm der Tiere« von George Orwell, worin dieser in Form einer Fabel beschreibt, wie in einem solchen kollektiven System dann doch eine Gruppe die Macht an sich reißt. Eva borgte sich dieses Buch von ihm aus und las es mit großem Interesse. Dabei stellte sie sich immer wieder die Frage, wie denn die Spannung zwischen dem einzelnen und der Gesellschaft wirklich ohne Zwang in gerechter Weise überbrückt werden kann.

14. Adam macht nicht mehr mit

Als Eva sich wieder einmal mit diesen Fragen beschäftigte, anstatt sich um den Haushalt zu kümmern, kam es zu einer heftigen Auseinandersetzung zwischen Adam und ihr. Ausgelöst wurde sie von Adam. Er meinte: »Ich hoffe, du wirst jetzt wieder vernünftig und hörst auf, die Antwort auf alle Lebensfragen zu suchen.«

Sie darauf: »Wenn ich aber nicht mehr so dahinleben kann wie früher. Ich muß einfach wissen, wozu ich da bin und was meine Aufgabe in der Welt ist.«

»Genügt es dir nicht, für mich und einmal auch für deine Kinder zu sorgen? Denkst du überhaupt nicht mehr an deine Familie?«

»Was hilft es, wenn wir glücklich sind, wenn die ganze Welt in der Krise ist? Wir leben doch nicht auf einer Insel. Bist du denn blind für die Probleme rundherum? Was du willst, ist ein Egoismus zu zweit, der mich wirklich nicht befriedigt.«

»Wenn du nicht mit mir zufrieden bist, dann mußt du dir eben einen anderen suchen«, sagte Adam und wandte sich ab. Er hatte offensichtlich genug.

Nun erschrak Eva. Sie hatte nicht damit gerechnet, daß es ihm so ernst war. Aber was sollte sie tun? Nur ihm zuliebe auf die Klärung der vielen Fragen verzichten, die in ihr aufgebrochen waren? Damit erwies sie doch auch ihm keinen wahren Dienst. Denn früher oder später mußte doch auch er erkennen, daß es nicht genügt, alles zu haben, was man sich wünscht. Wenn das Leben nicht sinnvoll ist, dann ist auch das Haben sinnlos. Und was die Kinder betrifft: Sie wollte ihren Kindern nicht dasselbe antun, was an ihr geschehen war: einfach in die Welt gesetzt zu werden ohne eine bewußte Überlegung, ob man dem Kind damit etwas Gutes tut, ohne die feste Überzeugung, daß das Leben lebenswert sei; und ohne das ernste Bemühen, diese Überzeugung dem Kind mitzugeben. Sie geriet in eine leichte Verzweiflung. Die Tränen kamen ihr in die Augen. Was sollte sie wirklich tun? Um des lieben Friedens willen nachgeben? Dann müßte sie dauernd Theater spielen. Oder riskieren, daß Adam sie verläßt? Ob eine Ehe einen Sinn hat, wenn man sich in diesen grundlegenden Fragen nicht mehr einig ist oder wenigstens miteinander eine Antwort sucht? Sie wußte weder aus noch ein.

Nach einiger Zeit sagte Adam zu ihr: »Ich habe es mir überlegt: Du solltest zu einem Psychotherapeuten gehen. Vielleicht kann der dir helfen. Irgend etwas muß doch mit dir los sein, daß du auf einmal so anders bist.«

»Meinst du wirklich, daß ich nicht normal bin?«

»Ganz normal ist das jedenfalls nicht; ich kenne niemanden, der sich so plötzlich und so intensiv mit solchen Problemen beschäftigt. Daß man sich dafür interessiert, das würde ich ja noch einsehen. Schließlich gehört es ja auch zur Bildung, daß man in diesen Dingen die verschiedenen Ansichten kennt. Aber du ...«

Er konnte nicht fertigsprechen, denn Eva fiel ihm ins Wort: »Ich möchte nicht nur die verschiedenen Ansichten kennen, sondern wissen, was die Wahrheit ist.«

»Das ist es ja, was mir Sorgen macht. Damit kommst du nie ans Ende. Darum haben sich schon gescheitere Leute bemüht.«

»Natürlich kann ich mich auch irren, aber ich will soviel als möglich tun, um mir klar zu werden.«

»Ich kann dich nur bitten, einmal mit einem Psychotherapeuten zu reden, ob dein Verhalten noch normal ist. Wenn du schon auf mich nicht hörst.«

»Wenn es dich beruhigt, werde ich zu einem gehen«, sagte Eva.

15. Beim Psychotherapeuten

»Was führt Sie zu mir?« wollte der Psychotherapeut wissen, den Eva aufsuchte. Er war ihrem Mann empfohlen worden.

»Ich beschäftige mich seit einiger Zeit so stark mit der

Frage, ob mein Leben einen Sinn hat und welchen, daß ich meinem Mann damit schon auf die Nerven gehe. Außerdem frage ich mich immer wieder, ob unsere Ehe auf wahrer Liebe beruht. Ich bin dabei selbst manchmal verzweifelt. Mein Mann hält das nicht mehr für normal. Er gab mir den Rat, einen Psychotherapeuten aufzusuchen. Deshalb bin ich heute da. Können Sie mir helfen?«

»Sie dürfen nicht soviel von mir erwarten«, antwortete der Arzt. »Als Psychotherapeut bin ich weder für die Frage zuständig, ob das Leben einen Sinn hat und worin der liegt, noch dafür, worin die wahre Liebe besteht. Freilich weiß die Psychologie heute schon, daß diese Fragen den Menschen bewegen und daß dieser auch seelisch krank werden kann, wenn er darauf keine Antwort findet. Aber ich als Psychotherapeut befasse mich nicht direkt mit diesen letzten philosophischen oder religiösen Fragen.«

»Wofür sind Sie dann eigentlich zuständig?« wollte Eva wissen. »Ich habe einmal im Fernsehen ein Gespräch mit dem Psychotherapeuten Frankl gehört. Da war sehr viel vom Sinn die Rede.«

»Frankl wurde durch seine psychologische Tätigkeit auf die Sinnfrage aufmerksam. Wenn er sie aber zu beantworten versucht, verläßt er das eigentliche Gebiet der Psychotherapie. Diese befaßt sich mit der seelischen Krankheit als solcher, vor allem mit jenen Formen, die in der frühen Kindheit grundgelegt wurden.«

»Das verstehe ich nicht. Eben sagten Sie doch selbst, daß man seelisch krank werden kann, wenn man keinen Sinn im Leben findet. Wie soll man dann gesund werden, ohne eine Antwort auf diese Frage zu erhalten?«

»Natürlich brauchen Sie eine Antwort auf Ihre Fragen, aber es ist nicht einfach meine Aufgabe als Arzt, Ihnen diese zu geben. Ich möchte nur Ihre seelische Gesundheit stärken, daß Sie diese Antwort – auch mit Hilfe anderer – selbst finden können. Wenn ich Ihnen einen Vergleich bringen darf: Gesundheitliche Schäden durch schlechte Arbeitsbedingungen (ungenügendes Licht, schlechte Luft usw.) festzustellen und womöglich zu beheben, ist Sache des Arztes, die Beseitigung der Ursachen ist Sache der Firma, der Techniker bzw. der Gewerkschaft. Den schlechten Arbeitsbedingungen entsprechen bei Ihnen Ihre ungeklärten Lebensfragen, die von Ihrer Umgebung nicht ernstgenommen werden, durch die Sie vielleicht seelisch krank werden. Es ist nicht einfach meine Aufgabe, sie Ihnen zu beantworten, sondern ich möchte, wie gesagt, als Arzt Ihre eigenen seelischen Kräfte stärken, damit Sie selbst Klarheit gewinnen können.«

»Wenn ich Sie richtig verstehe, dann sind meine Fragen also nicht deshalb da, weil ich nicht normal bin, sondern sie sind durchaus berechtigt und belasten mich eben so stark, daß ich darunter leide.«

»Das würde ich zunächst einmal annehmen. Ich muß aber noch etwas hinzufügen. Es könnte auch sein, daß Sie überhaupt von vornherein eine schwache seelische Gesundheit haben oder psychisch krank sind; daß Sie deshalb diesen Fragen nicht gewachsen sind und so erst recht durch sie übermäßig belastet werden. Wenn ich wieder den Vergleich von vorhin bringen darf: Es kann jemand mit so schlechter Gesundheit in einen Betrieb kommen, daß er auch bei normalen Bedingungen für die Arbeit dort nicht tauglich ist, ohne daß seine jetzige Umgebung daran schuld ist.«

»Was ist dann schuld?« wollte Eva wissen.

»Das läßt sich nicht immer so leicht feststellen. Meistens sind es frühere negative seelische Erfahrungen, also Kränkungen, vor allem aus der ersten Phase der Kindheit. ›Was kränkt, macht krank‹, sagt das Sprichwort mit Recht. Vor allem als Kind kann man solche Enttäuschungen nicht verarbeiten und muß sie deshalb verdrängen. In den tieferen Schichten der Seele bleiben sie aber bestehen und wirken sich auf das ganze Leben aus, wenn sie nicht später doch einmal an die Oberfläche kommen und aufgearbeitet werden. Dabei kann wieder der Arzt helfen. Aber auch eine liebevolle Umgebung kann dazu führen, daß man über diese Kränkungen hinwegkommt, daß sie ausheilen, vielleicht ohne daß man es ausdrücklich merkt. Man muß auch aufpassen, daß man sich nicht später immer wieder auf solche negative Erfahrungen ausredet.«

»Ist eine solche seelische Krankheit eine Geisteskrankheit? Ist man dann noch normal?«

»Was ich Ihnen gerade geschildert habe, nennen wir eine Neurose. Sie muß von der eigentlichen Geisteskrankheit, der Psychose, unterschieden werden. Letztere bedeutet eine schwere Störung des Denkens bzw. der Person, z. B. in der

Schizophrenie. Natürlich ist manchmal die Grenze schwer zu ziehen. Normal im vollen Sinn ist beides nicht. Aber welcher Mensch ist schon ganz normal?«

»Können Sie mir die Neurose noch genauer erklären? Vielleicht durch ein Beispiel?«

»Stellen Sie sich einmal vor, ein Kind wird von seiner Mutter innerlich abgelehnt, weil sich diese einen Buben gewünscht hat, aber ein Mädchen zur Welt brachte. Das Kind spürt diese Ablehnung, kann aber seine Enttäuschung weder ausdrücken noch verarbeiten. Es hat ja niemand anderen, zu dem es flüchten könnte. Es ist ganz auf die Mutter angewiesen. So muß es seine Enttäuschung verdrängen. Das kann natürlich auch von anderen Wünschen gelten, z. B. für den Wunsch nach Zärtlichkeit, dem eine gehemmte Mutter nicht nachkommt. Und diese Enttäuschungen machen das Kind seelisch krank. Es kann zu sich nicht ganz ja sagen, wird ein pessimistischer oder mißtrauischer Mensch werden. Vielleicht wird es einmal Magengeschwüre oder Herzbeschwerden bekommen, die seelische Ursachen haben.«

»Das ist ungeheuer interessant. Aber wie kann sich das auf die Suche nach dem Lebenssinn und nach Liebe auswirken?«

»Zunächst einmal dadurch, daß man den Belastungen, die diese Fragen mit sich bringen, nicht gut gewachsen ist, unruhig, hektisch wird und auch andere damit mehr als nötig belastet. Dann aber kann noch etwas eintreten: der betreffende Mensch will seine schwache seelische Gesundheit nicht wahrhaben und sucht die Ursache dafür nur in den ungeklärten Lebensfragen. Anstatt zuerst seine seelischen Wunden auszuheilen, erwartet er sich die Heilung durch die Antwort auf seine Fragen. Im Vergleich von vorhin: statt zum Arzt zu gehen, will ein solcher Mensch nur bessere Arbeitsbedingungen. Dann wäre die Suche nach dem Lebenssinn und nach der Liebe selbst krankhaft, neurotisch.«

»Können Sie mir das nochmals erklären?«

»Ich will es versuchen. Mein Gedankengang ist folgender: Eine seelische Kränkung in der frühen Kindheit, die nicht aufgearbeitet wurde, kann dazu führen, daß ein Mensch sein Leben nicht positiv erlebt und deshalb keinen Sinn in seinem Leben finden kann. Er hat auch einen Nachholbedarf an Liebeserfahrung und ist selbst noch nicht voll fähig zur Liebe.

Dann wäre es nötig, zuerst diese seelische Wunde zu erkennen und womöglich zu heilen. Sonst bleibt die Suche nach dem Sinn und nach Liebe zumindest zu einem Teil selbst krankhaft, nur ein Ersatz, wir sagen eine ›Kompensation‹, für die mangelnde positive Erfahrung des Lebens.«

»Das heißt also, ich müßte mich zuerst fragen, ob meine Suche nach dem Sinn und nach Liebe nicht eine Art Flucht ist: weil ich mein Leben zuwenig positiv erfahren habe, suche ich Ersatz woanders.«

»Das muß nicht der Fall sein, aber es könnte zutreffen. Man muß sehr ernsthaft mit dieser Möglichkeit rechnen. Der Begründer der Psychotherapie, Freud, war zum Beispiel noch der Meinung, daß jede Form von Religion aus solcher seelisch krankhafter Sinnsuche entspringt. Er sah in der Religion eine Art ›kollektiver Neurose‹, in der die Menschen unerfüllte kindhafte Wünsche nach Geborgenheit dadurch befriedigen, daß sie einen Vatergott erfinden.«

»Sind Sie auch dieser Ansicht?« fragte Eva.

»Ich habe eben unterschieden zwischen seelisch gesunder und seelisch krankhafter Sinnsuche. Ebenso gibt es eine seelisch gesunde und eine seelisch krankhafte Religiosität.«

»Woran kann man die zweite erkennen?«

»Wenn keine außergewöhnlichen äußeren Belastungen vorliegen, so daß es sich um eine vorübergehende Erscheinung handelt, dann gibt es folgende Kennzeichen eines wirklich krankhaften Seelenzustandes: Angstzustände, die einen ohne ersichtlichen Grund überkommen, Zwangshandlungen, mit denen man sich und andere quält, unbegründete Schuld- oder Haßgefühle, übertriebener Ehrgeiz oder große Willensschwäche usw. Auch der Fanatismus wäre ein Zeichen seelisch krankhafter Lebenseinstellung, selbst wenn es sich um hohe Ideale handelt. Wenn solche Merkmale mit der Sinnsuche verbunden sind, ist sie krankhaft.«

»Einiges von dem, was Sie jetzt gesagt haben, finde ich schon in mir«, sagte Eva etwas betroffen. »Ist nun alles, was mich in der letzten Zeit so bewegt, nur seelisch krankhaft?«

»Wohl kein Mensch ist seelisch ganz gesund. Wer sich dafür hält, verdrängt sicher sehr viel. Aber es ist wichtig, daß wir unsere seelischen Wunden eingestehen und mit ihnen umgehen lernen. Dann werden sie vielleicht auch vernarben. Und was die Sinnsuche und den Wunsch nach Liebe betrifft:

die sind jedenfalls berechtigt, sie gehören zum Menschen dazu. Nur sollten sie nicht in der Flucht vor sich selbst erfolgen, sondern gerade zu einer besseren Selbstfindung und damit Heilung beitragen.«

»Sie meinen also nicht, daß ich nun länger zu Ihnen in Behandlung kommen müßte?«

»Das kann ich auch nicht so schnell sagen. Ich würde zunächst davon absehen. Vielleicht können Ihnen diese Gedanken schon helfen, die wir jetzt besprochen haben.«

»Können Sie mir nicht noch etwas mitgeben, worüber ich weiter nachdenken sollte?« Eva spürte, daß es hier um wesentliche Grundlagen ging.

Nach einigem Nachdenken sagte der Arzt: »Fragen Sie sich einmal, ob Ihre Eltern, vor allem Ihre Mutter, Sie wirklich geliebt haben. Ich rede hier nicht von Schuld, vielleicht waren sie gar nicht dazu imstande.«

»Ich war sicher ein Wunschkind.«

»Wunschkind ist nicht gleich geliebtes Kind.«

»Wieso?«

»Weil dieser Wunsch mit einer geheimen, unbewußten Ablehnung des Kindes durchaus verbunden sein kann. Man wünscht es sich, weil alle eines haben, um den Ehepartner nicht zu verlieren, aber in Wirklichkeit will man das Kind im tiefsten nicht. Es ist einem im Weg. Dieser innere Zwiespalt kann beim Kind zu schwersten seelischen Schäden führen.«

»Da fällt mir ein, daß sich meine Mutter nach mir ein Kind nehmen ließ, ›damit sie mehr für mich tun kann‹, wie sie sagte. Als ich das vor kurzem hörte, bin ich allerdings erschrocken.«

»Sehen Sie, darüber sollten Sie weiter nachdenken. Welche Auffassung von Liebe da bei Ihren Eltern dahintergestanden ist. Selbst wenn diese alles für Sie getan haben. Wenn eine Mutter ›alles für ihr Kind tut‹, dann sage ich immer: ›das arme Kind‹. Denken Sie selbst darüber weiter nach. Wenn Sie meinen, daß ich Ihnen weiterhelfen kann, dann kommen Sie wieder.«

Eva hatte den Kopf voll mit den neuen Erkenntnissen, die sie eben gewonnen hatte. Sie war Adam dankbar, daß er sie zu diesem Arzt geschickt hatte. Nun würde sie ihm auch nicht mehr so ungeduldig mit ihren Fragen kommen. Vielleicht sollte sie lieber einmal mit jemandem anderen sprechen. Mit jemandem, der sicher seelisch gesund war und sich doch mit diesen Fragen befaßte. Jemand, der nicht nur nach außen hin eine starke Rolle spielte, sondern von innen her einen festen Stand hatte. Da fiel ihr eine Freundin ein, die Maria hieß, und von der sie immer sehr beeindruckt gewesen war.

16. Begegnung mit Maria

»Maria, bist du es? Hier Eva.«

»Ja, daß man von dir wieder etwas hört. Wie geht es dir?«

»Gut; das heißt nicht so besonders. Wenn ich es gleich sagen darf; es ist auch der Grund meines Anrufes: In der letzten Zeit bewegen mich manche Fragen, die ich gerne einmal mit dir besprochen hätte.«

»Ja, meinst du, daß ich dir helfen kann? Um welche Fragen geht es denn?«

»Eigentlich möchte ich gerne wissen, wozu ich auf der Welt bin. Und was eigentlich wahre Liebe ist. Ich bin mir so unsicher geworden.«

»Das kann ich verstehen. Aber wieso kommst du auf die Idee, daß ich dir da helfen kann?«

»Du hast immer einen so starken Glauben gehabt, seit ich dich kenne. Und der schien mir immer so echt, weißt du, so von innen heraus. Nicht so aufgesetzt wie bei vielen religiösen Menschen, die so fromm tun. Ich kann es nicht besser sagen. Ich habe dich da immer im stillen bewundert und es für eine glückliche Veranlagung gehalten. Vielleicht kann ich doch etwas von dir lernen. Können wir uns nicht einmal treffen?«

»Von mir aus gerne.«

»Ich würde vorschlagen: morgen ist Samstag, da habe ich vormittag frei und du hoffentlich auch. Wie wäre es, wenn wir uns in dem Café treffen, wo wir früher nach der Schule manchmal hingegangen sind? Etwa um 10 Uhr.«

»Einverstanden.«

»Danke vielmals, also bis morgen.«

Am nächsten Tag war Eva schon sehr pünktlich dort. Sie blätterte in den Zeitungen. Aber mit ihren Gedanken war sie beim kommenden Gespräch. Sie überlegte, wie sie eigentlich anfangen sollte. Doch als Maria kam, wurde sie innerlich ruhiger. Die schaute sie so freundlich an und nahm ihr gleich die Sorge ab, wie sie beginnen sollte. »Am besten, du erzählst mir einfach, wie du auf diese Fragen gestoßen bist«, sagte sie.

Eva begann gerne damit. Sie erzählte, wie ihr auf einmal ihr eigenes Leben fraglich geworden war: ob es überhaupt einen Sinn hat, dauernd zu arbeiten, um immer mehr zu haben, was einen doch nicht befriedigt. Ob der Mensch nur soviel wert ist, wie er leisten kann. Ob man nur deshalb geliebt wird, weil man etwas leistet oder sympathisch ist. Wie es dann zu den einzelnen Gesprächen gekommen war, bei denen sie sich mit verschiedenen Ansichten in diesen Fragen auseinandersetzte. Sie berichtete auch von den Büchern, die sie gelesen hatte. Schließlich vom Konflikt mit ihrem Mann und vom Besuch beim Psychotherapeuten.

Maria hörte aufmerksam zu. Dann sagte sie: »Nun weiß ich nicht recht, was ich sagen soll.«

»Am besten, du erzählst mir einfach, welche Ansichten du in diesen Fragen hast und wie du dazu gekommen bist.«

»Gut. Ich habe eigentlich im Grunde immer die Überzeugung gehabt, daß mein Leben etwas Gutes ist. Ich habe es als ein Geschenk erfahren. Das verdanke ich sicher meinen Eltern: sie haben mich von Anfang an geliebt, allerdings ohne mich zu verwöhnen, und sie haben auch zu allen anderen Menschen eine solche Ehrfurcht und Liebe gezeigt. Dadurch habe ich gespürt, daß sie mich nicht nur lieben, weil ich ihr Kind bin, weil ich zu ihnen gehöre, sondern als einen Menschen. Daß sie wirklich mich meinen. Und sie haben mich dauernd aufmerksam gemacht, daß ich das alles, auch ihre Liebe, letztlich nicht ihnen verdanke, sondern Gott, von dem alles kommt. Das ist der Grund meines Glaubens an Gott, von dem du am Telefon gesprochen hast. Schon als Kind haben sie mit mir gebetet, um Gott dafür zu danken. Dadurch wurde mir klar, daß hinter allem die Liebe Gottes steht. Und durch diesen Glauben wurde meine grundsätzliche Lebensbejahung nochmals vertieft und ausgedehnt auf alles Geschaffene, vor allem auf die anderen Menschen. Ich sehe in jedem Menschen etwas Liebenswertes, selbst wenn er nicht diesen Eindruck macht, also unabhängig von Leistung und Sympathie.«

»Also war ich doch auf der richtigen Spur. Das klingt von dir alles ganz anders, als ich es im Religionsunterricht immer verstanden habe.«

»Das mag schon damit zusammenhängen, daß eben der Religionsunterricht ohne entsprechende Erfahrung in der

Luft hängt. Das wäre genauso, wie wenn man durch zwei Wochenstunden in der Schule den Kindern erklären müßte, was Liebe in der Familie ist, ohne daß diese es daheim erleben können. Der Glaube ist meiner Meinung nach kein Gerüst, an das man sich anhalten kann. Oder ein Gebäude, in dem man sich sicher fühlt, dessen Schlußstein dann Gott ist. Ich meine eher, daß der Glaube ein Geschenk ist wie das Leben selbst. Daß er aus entsprechenden Erfahrungen kommt.«

»Und wie kommt man zu diesen Erfahrungen, wenn man sie in der Kindheit nicht gehabt hat?«

»Indem man die Gemeinschaft von Menschen sucht, die in diesem Geist leben. Sonst wüßte ich keinen Weg. Auch meine Eltern haben es ja von anderen erfahren, und einmal hat es überhaupt erst richtig begonnen.«

»Was meinst du da?«

»Ich denke an Jesus Christus, dem wir diesen Glauben verdanken.«

»Hat Jesus denn geglaubt?«

»Selbstverständlich, er ist ja unser Anführer im Glauben.«

»Aber er war doch Gott in Menschengestalt.«

»Das wird auch leider von den meisten falsch verstanden. Jesus war der Mensch, durch den Gott seine Liebe mitteilen konnte. Daher ist er das Wort Gottes an uns.«

»Woher hast du das alles?« wollte Eva wissen.

»Ich darf in einer Gemeinschaft leben, die den Glauben so versteht, wie ich es eben angedeutet habe. Dort machen wir uns viele Gedanken über alle diese Fragen. Und auch wenigstens anfanghafte Erfahrungen, wie das Leben und die Liebe dann neu werden.«

»Kann ich einmal hinkommen?« fragte Eva.

»Selbstverständlich, gerne«, sagte Maria. »Am besten, du gehst einmal mit mir in den Gottesdienst. Die Gemeinde, zu der ich gehöre, hat sich nämlich in einer Pfarre gebildet. Wir wollen nicht am Rande oder außerhalb der Kirche stehen, in der die Christen normalerweise leben, sondern mitten in ihr. Daher feiern wir auch am Sonntag die Messe in der Pfarre mit.«

»Das verstehe ich aber nicht«, wandte Eva ein. »Ist nicht jede Pfarre eine Gemeinde?«

»Leider nein. Deswegen, weil man als Kind einmal getauft

wurde und in einem bestimmten Gebiet wohnt, gehört man noch nicht zu einer Gemeinde. Die bildet sich erst, wenn einige Christen bewußt füreinander und gemeinsam für das Leben und Wirken der Kirche Verantwortung übernehmen. Dafür genügt es auch nicht, wenn einer jeden Sonntag die Messe mitfeiert. Aber das wirst du dann alles noch sehen.«

»Ich bin schon recht gespannt«, sagte Eva zum Abschied.

III. Eine alte Botschaft – neu verstanden

17. Was heißt Erlösung?

Adam war gar nicht recht glücklich, daß Eva jetzt auf einmal am Sonntag in die Messe gehen wollte. Sie hatten zwar in der Kirche geheiratet, aber so wie die meisten: weil es eben Brauch und schöner als nur am Standesamt war. Beim Brautgespräch hatte freilich der Priester ausdrücklich gesagt, daß dies nicht genüge, daß eine kirchliche Trauung auch das Versprechen beinhalte, als gläubige Menschen die Ehe in der Gemeinschaft der Christen zu führen, miteinander zu beten und am Gottesdienst teilzunehmen. Aber damals hatten sie noch beide gedacht: »Der Priester muß ja so reden. Das ist eben sein Beruf.« Und jetzt wollte Eva auf einmal damit Ernst machen. »Aber vielleicht hört sie damit ohnehin wieder auf, wenn sie merkt, daß das alles mit dem Leben nichts zu tun hat«, dachte er sich. »Am besten, ich lege ihr nichts in den Weg, sonst macht sie es erst recht.«

Maria und Eva trafen sich vor der Kirche. Eva fiel gleich auf, daß offensichtlich viele der Gottesdienstteilnehmer einander kannten und recht herzlich begrüßten. Auch der Priester stand beim Eingang und begrüßte alle.

Bei der Messe selbst war manches anders, als Eva es von früher in Erinnerung hatte. Es war vielleicht nicht mehr so feierlich, sondern eher ein wenig nüchtern. Dafür war es viel verständlicher, und man hatte den Eindruck, daß alle miteinander feierten. Vorne beim Priester standen nicht mehr Ministranten in besonderen Gewändern, sondern Kinder und Erwachsene in normaler Kleidung. Auch Mädchen und Frauen waren darunter, stellte Eva mit Erstaunen fest. Als sie noch ein Kind war, hatte sie es immer als ungerecht empfunden, daß sich nur Buben beim Altar befinden durften.

Gleich beim Hereingehen war Eva der Adventkranz aufgefallen, der in der Kirche hing. Eine Kerze brannte schon. Da erinnerte sich Eva an ihre Kindheit, an die Zeit vor Weihnachten. Sie hatten zwar daheim nie gemeinsam gebetet, aber einen Adventkranz hatte die Mutter jedes Jahr besorgt, mit den vier Kerzen für die vier Adventsonntage. Heute mußte also der erste Adventsonntag sein.

Darauf wies auch der Priester bei der Einführung am Beginn des Gottesdienstes hin: »Wir wollen uns auf Weihnachten vorbereiten, auf das Fest der Geburt Jesu Christi. Damit wir seine Botschaft besser verstehen können, wollen wir an diesem und an den kommenden Sonntagen überlegen, was Advent für uns heute bedeutet; inwiefern wir auch jetzt noch – bald 2000 Jahre nach Christi Geburt – auf das warten, was er uns bringen wollte: auf die Erlösung.«

»Was heißt eigentlich Erlösung?« dachte Eva bei sich. Am liebsten hätte sie Maria gefragt, die neben ihr saß. Doch der Priester kam in der Predigt ohnehin darauf zu sprechen. Er begann mit einem Vergleich: »In der Welt sieht es manchmal aus wie in einer Wüste, öde und leer. Daran sind nicht nur die Umweltverschmutzung oder eine rücksichtslose Ausbeutung der Natur schuld, auch nicht die furchtbaren Zerstörungen durch Kriege, die es immer wieder gibt, sondern in erster Linie die Oberflächlichkeit vieler Menschen und ihre Unfähigkeit zu wirklicher Begegnung, der Mangel an Leben und Liebe. Deshalb muß die Welt, müssen wir Menschen vielfach erst befreit werden zu wahrer Menschlichkeit. Wir liegen gefangen in den persönlichen und gesellschaftlichen Zwängen. Beginnen wir bei den persönlichen: Wir haben Angst um unser Leben und fühlen uns oft im Grunde einsam. Beides hängt nochmals zusammen: Aus der Angst, dabei etwas zu verlieren, wagen wir die Liebe nicht. Weil wir uns einsam fühlen, haben wir noch mehr Angst. Ein richtiger Teufelskreis! Eine Gesellschaft, die zum größten Teil aus solchen Menschen besteht, verstärkt nochmals diese Angst und Einsamkeit: Jeder will über andere herrschen, damit er sich sicher fühlt. Jeder will möglichst viel haben und meint dann, etwas zu sein. Es entsteht ein Leistungsdruck, an dem viele zerbrechen. Es kommt zu Gruppenbildungen, nicht aus Liebe der Menschen zueinander, sondern aus Egoismus, um stärker zu sein. So entstehen Klassen, die einander mißtrauisch oder sogar feindlich gegenüberstehen. Statt diese Gruppen zu versöhnen, werden der Klassenkampf und -haß gepredigt.

Die Befreiung aus diesen Zwängen und den von ihnen geprägten Zuständen in der Gesellschaft nennt die Bibel Erlösung. Erlösung heißt einfach Befreiung zum wahren Mensch-Sein, zu dem wesentlich die richtige Beziehung zu Gott gehört. Es geht um die Menschwerdung des Menschen.

Leider wurde dieser zentrale Inhalt des christlichen Glaubens auch in der Kirche von vielen durch lange Zeit mißverstanden: Erlösung wurde aufgefaßt als Befreiung aus dieser Welt überhaupt, als ob die Welt an sich böse wäre. Der Mensch wollte aus dieser Welt weg in den Himmel, in die Welt Gottes gelangen, anstatt diese Erde im Sinne Gottes zu gestalten und auf ihre Vollendung zu hoffen. Das von Jesus verheißene Reich Gottes wurde als ganz jenseitig aufgefaßt, nicht als gottgeschenkte Zukunft dieser Welt. So hatten es die Kritiker der Kirche leicht, den Christen Weltflucht, falsche Vertröstung auf das Jenseits vorzuwerfen und die Religion als Opium des Volkes zu bezeichnen.

Jesus hatte es anders gelehrt. Er betet zu Gott: ›Dein Reich komme.‹ Er wollte diese Welt so umgestalten, wie es dem Willen Gottes entspricht. Jesus ging es nicht um eine Vergöttlichung des Menschen, sondern um sein wahres Menschsein, das unter der Herrschaft Gottes zustande kommt. Er wollte aus der Wüste blühendes Land machen, das Eigentliche in uns Menschen wecken, das nicht an der Oberfläche zu finden ist, sondern in der Tiefe. Etwa im Sinne des Wortes von Angelus Silesius: ›In jedem ruht ein Bild des', was er werden soll. Solang' er das nicht ist, ist nicht sein Friede voll.‹ «

Eva spürte deutlich, daß hier das Christentum anders verstanden wurde, als sie es bisher aufgefaßt hatte. Auch wenn sie diese Gedanken nicht alle hätte wiedergeben können, hatten sie doch etwas in ihr angerührt. So wollte sie auch gerne wieder kommen, um die weiteren Predigten zu hören. Auf dem Heimweg sprach sie noch mit Maria über das Gehörte. Sie wollte wenigstens die Grundgedanken ihrem Mann erzählen. Doch der war nicht recht bereit, sie anzuhören. Er war leicht verärgert, daß Eva am Vormittag nicht daheim gewesen war, und wartete auf das Mittagessen. So ging Eva gleich in die Küche.

18. Das wahre Menschsein

Am nächsten Sonntag kam Eva wieder mit Maria zum Gottesdienst. Sie war schon auf die Predigt gespannt. Vom letzten Mal hatte sie sich noch gemerkt, daß Erlösung – richtig verstanden – Befreiung der Menschen zu wahrem Menschsein bedeutet. »Aber worin besteht das genau?« dachte sie sich.

Wieder begann der Priester mit einem Vergleich: »Das wichtigste bei einer mechanischen Uhr ist die Feder. Diese treibt das ganze Werk. Ohne Feder ist die Uhr praktisch wertlos. Auch beim Menschen gibt es eine Triebfeder: die Sehnsucht nach Glück, nach einem geglückten Leben und nach Liebe, die den Menschen antreibt. Ohne diese Sehnsucht wäre der Mensch praktisch tot, er würde auch körperlich krank werden. Und er wird das Glück nur dann finden können, wenn er zu dieser Sehnsucht steht, wenn er auf der Suche bleibt. Ein Mensch, der wirklich Mensch werden will, darf sich nicht einfach treiben lassen oder sich mit etwas abfinden, was seine tiefste Sehnsucht nicht erfüllen kann.

Und wie läßt sich dieses Glück finden? Worin besteht es genau? Worauf richtet sich die tiefste Sehnsucht? Hier muß zunächst einmal folgendes beachtet werden: Der Mensch sehnt sich im Grund nach einem geglückten Leben in Liebe, das heißt nach dem ganzen und wahren Menschsein in guter Gemeinschaft. In der Bibel heißt es einfach: das Heil. Die Erlösung soll uns das Heil bringen. Geglücktes Leben ist aber nicht dasselbe wie Glücksgefühl. Es gibt viele vorübergehende Glücksgefühle, die nichts mit geglücktem Menschsein zu tun haben. Und je mehr einer dem Glücksgefühl nachjagt, desto mehr verjagt er es. Der Mensch sehnt sich danach, einen Grund zu haben, glücklich zu sein. Findet er ihn, dann stellt sich das Glücksgefühl von selbst ein. Darin liegt der Unterschied zwischen dem wahren Glück und der Lust, der es nur um das eigene Wohlbefinden geht. Das wahre Glück liegt im gelungenen Menschsein, zu dem wesentlich die Liebe gehört.

Wie kann aber das Menschsein in Liebe gelingen? Was sind die Maßstäbe dafür? Auch diesbezüglich hat der Mensch eine Anlage, ein Gespür; man könnte es als einen ›geistigen Instinkt‹ bezeichnen oder es auch mit einer Gebrauchsanweisung vergleichen. Es ist das Gewissen, das in ihm schlummert, wie ein Same im Erdboden. Freilich muß dieser Same erst zum Keimen gebracht werden, er braucht eine gute Umgebung. Sonst verkümmert diese Fähigkeit. So wie der Same gute feuchte Erde braucht, um aufgehen zu können, so muß das Gewissen des Menschen geweckt, angesprochen werden. Dennoch ist das Gewissen nicht die Summe von anerzogenen Regeln, wie eine oberflächliche Psychologie meinte, sondern die Fähigkeit des Menschen zu unterscheiden, welche der äußeren Einflüsse dem Menschsein entsprechen und welche nicht.«

Anschließend berichtete der Prediger noch von einem Erlebnis, das ihn einmal sehr erschüttert hatte. Bei einem Elterngespräch hatte er von der Gewissenserziehung gesprochen und dabei das Beispiel gebracht, das auch den Kindern der betreffenden Eltern in den Gruppenstunden erzählt wurde: Ein junger Mann mußte im zweiten Weltkrieg einrücken und erhielt den Befehl, auf unschuldige Zivilisten zu schießen. Weil er den Befehl aus Gewissensgründen verweigerte, wurde er selbst erschossen. Ob diese Gewissensentscheidung richtig war, hatte die Frage an die Eltern gelautet. Von den anwesenden 40 Personen hatten 38 nein gesagt, weil es Befehl gewesen sei und der Befehlende die Verantwortung getragen hätte; weil die Zivilisten ohnehin vom nächsten Soldaten erschossen worden seien usw. Nur zwei Personen hatten die Entscheidung für richtig gehalten, aber gemeint, daß sie selbst den Mut dazu nicht aufgebracht hätten.

»Dieses Beispiel zeigt ein Doppeltes: Erstens, was Gewissen überhaupt ist: Der junge Mann mußte gegen die Meinung seiner ganzen Umgebung handeln, er stand ganz allein da. Freilich hatte er eine entsprechende Erziehung erhalten. Aber wer sagte ihm, daß seine Eltern recht hatten und nicht das galt, was alle taten? Zumal ihn seine Entscheidung das Leben kostete. Aber er wußte: ›Ich darf mein Leben nicht auf Kosten des Lebens unschuldiger Menschen retten, sonst verstoße ich gegen das Menschsein in Liebe.‹ Zweitens zeigt uns diese Begebenheit, wie wenige Menschen heute wie damals wirklich aus ihrem Gewissen heraus leben. Dürfen wir uns dann wundern, daß es in der Welt so unmenschlich zugeht?

Die Welt wird also nur menschlich werden, wenn wir die

Sehnsucht nach Glück nicht mit dem Wunsch nach Lust verwechseln und wenn wir dieses Glück in einer Weise suchen, wie es dem Gewissen entspricht.«

Eva war von dem Beispiel der Predigt so tief betroffen, daß sie dem weiteren Gottesdienst nicht recht folgen konnte. Immer mußte sie denken: »Was hätte ich getan, wenn ich an der Stelle jenes Soldaten gewesen wäre?« Auf dem Heimweg sprach sie mit Maria darüber. Ob das Opfer dieses Soldaten nicht doch sinnlos gewesen sei, meinte sie. Maria war vom Gegenteil überzeugt: »Wenn alle so nach ihrem Gewissen handelten, dann gäbe es keinen Krieg und keine Not in der Welt. Wer das erkennt, muß damit beginnen, auch wenn er der einzige ist. Sonst wird sich die Welt nie ändern.«

Zu Hause angekommen, erzählte Eva das Beispiel gleich ihrem Mann. Der hatte da eine klare Meinung: »Wenn Leben gegen Leben steht, ist mir mein Leben wichtiger als das anderer Menschen. Jeder ist sich selbst der Nächste, sagt das Sprichwort. Bevor ich selbst schuldlos erschossen werde, muß ich eben andere Unschuldige erschießen.« Eva wußte: Hier hat ein weiteres Gespräch keinen Sinn.

19. Glaube und Liebe

Am dritten Adventsonntag sprach der Priester in der Predigt genauer über die zwei Beziehungen, die für das Gelingen des Menschseins ausschlaggebend sind: die Beziehung zu Gott und die zum Mitmenschen. Er hatte dazu einen Tageslichtprojektor mitgebracht, um die Überlegungen durch einige schematische Darstellungen zu verdeutlichen.

Er ging dabei von der fundamentalen Feststellung aus, daß der Mensch das eigene Leben und die Beziehung zum anderen nicht in den Griff bekommen, daß er deshalb das menschliche Ganzsein nicht machen oder herstellen kann. »Denn alles«, führte er aus, »was der Mensch beherrschen kann, ist notwendig kleiner als er selbst. Er muß ja darüberstehen können. Der Mensch steht aber nicht über dem Menschen, sondern nur über den Dingen, über die er verfügen kann. Der Mensch hat keinen Standort außerhalb seiner selbst oder über dem Mitmenschen, von dem aus er sich, den anderen und die Beziehung zu ihm nochmals begreifen und beherrschen könnte. Besonders deutlich wird das dem Menschen an den Grenzen seiner Möglichkeiten, vor allem an der Grenze des Todes. Schematisch sieht das so aus:

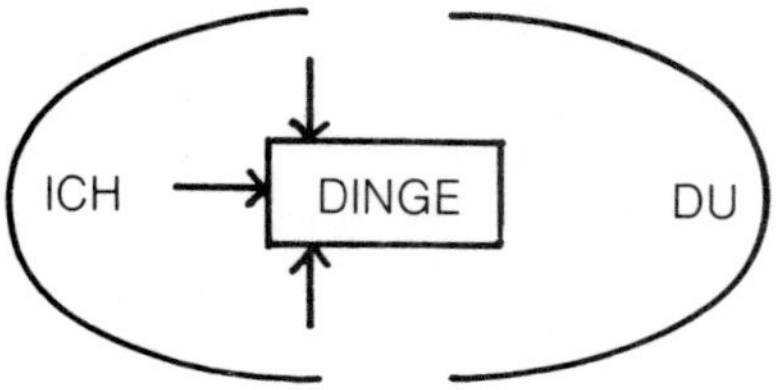

Ich zeichne das Ich nicht als geschlossenen Kreis, sondern als halbe Ellipse, weil der Mensch für die Wirklichkeit, die ihm begegnet, offen ist. Vor allem ist er auf die Beziehung mit dem Mitmenschen, dem Du, angelegt, das gleichsam die andere Hälfte der Ellipse ist. Sowohl ich als auch der andere sind begrenzte Wesen. Wir können nicht auf das Unendliche ausgreifen. Das ist durch die Grenzlinie der Ellipse angedeutet. Wesentlich enger als diese mit-menschliche Wirklichkeit ist die Welt der Dinge. Der Mensch kann sie erfassen und über sie verfügen. Das sollen die Pfeile rundherum andeuten. Der Bereich der Dinge ist begreifbar und beherrschbar.

Wenn der Mensch nun aus eigenem, d. h. eigenmächtig, seinem Leben und der Liebe Sinn geben, sie selbst begründen will, gibt es für ihn zwei Möglichkeiten:

Entweder er erklärt sich selbst zum Herrn aller Wirklichkeit, des geistigen und des natürlichen Lebens und der Beziehungen zwischen den Menschen. Er will alles in den Griff kriegen und zwingt es deshalb in den engen Bereich der Dinge hinein. Er behauptet, früher oder später alles begreifen und beherrschen zu können. Er wird ein Materialist, der sich auf das Faßbare und Machbare beschränkt. Er zerstört damit das Leben, die Liebe und die Natur. Und er wird von den Dingen abhängig, in denen er sein Heil sucht. Er macht sie zu Götzen. Er verfällt dem Haben-Wollen und verliert seine Freiheit. Sein eigentliches Menschsein kann sich nicht entfalten. Er preßt auch den anderen in sein System hinein und bringt ihn um seine Freiheit.

Oder der Mensch, der nur auf seine eigene Macht bauen

will, erkennt, daß er nicht fähig ist, alles zu begreifen und zu beherrschen. Wenn er dennoch diesen Anspruch nicht aufgibt, bleibt ihm nur noch die Möglichkeit, sich dem Leben und der Liebe zu verweigern. Er flüchtet vor jedem Wagnis, riskiert nichts, verkriecht sich in sich selbst. Er läßt sich auf keine Beziehungen ein, gibt keinen Vorschuß an Vertrauen. Damit verfehlt er die Liebe und das Leben. In letzter Konsequenz bringt er sich um, damit er diesem Dilemma eines nicht bejahten Lebens entkommt. Er lehnt die Annahme eines von ihm nicht gemachten und nicht beherrschbaren Daseins ab. Diese Haltung ist ebenso eigenmächtig wie die des Materialisten, auch wenn sie nach außen hin zu sehr passiv erscheint. In beiden Formen will der Mensch die Stelle Gottes einnehmen.

Wie kann der Mensch aber frei werden von dem Wunsche, sein Leben selbst zu sichern und die Beziehungen zu den anderen selbst zu regeln? Muß er sich nicht schützen und behalten? Darauf gibt es nur eine Antwort: Er kann sich nur loslassen, ansatzweise oder ganz, wenn er leise hofft oder fest überzeugt ist, daß er nochmals getragen ist von einem sinngebenden Grund seines Daseins, den wir Gott nennen. Der Mensch weiß, daß er ganz abhängig ist von Kräften, die vor ihm wirksam sind, und angewiesen ist auf anderes, was er nicht gemacht hat, sowie auf andere, über die er nicht verfügen kann. Er kann das ganze Leben und die Beziehung zum anderen Menschen daher nur verwirklichen, wenn er darauf vertrauen kann, daß die Kräfte, von denen er schlechthin abhängig ist, das Leben und die Liebe auf ihr Gelingen hin angelegt haben. Dann kann er sich in das Leben und die Liebe hineinfallen lassen. Schematisch sieht das so aus:

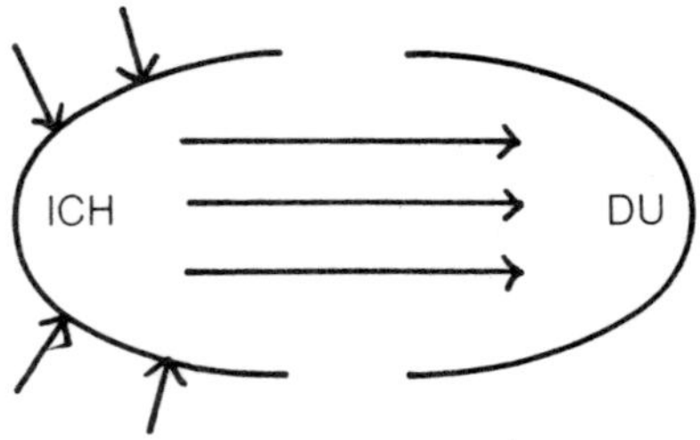

Das Ich hofft oder weiß sich getragen und gehalten von der größeren Liebe Gottes und findet so den Mut zum Leben und zur Liebe. Dieses Vertrauen auf Gott als den sinngebenden Grund unseres Daseins nennen wir den Glauben. Je stärker dieser Glaube ist, desto vorbehaltloser kann sich der Mensch auf das Leben und die Liebe einlassen. Eine Glaubensbereitschaft, die Suche nach dem Glauben und damit eine leise Hoffnung, daß das Leben und die Liebe grundsätzlich, von ihrem Grund her, sinnvoll sind, sind unbedingte Voraussetzungen für die Menschwerdung des Menschen. Der volle Glaube in endgültiger Entscheidung ist die Grundlage des ganz gelungenen Menschseins.«

»Kann dann ein ungläubiger Mensch gar nicht richtig leben und lieben?« dachte Eva im stillen.

Dem Prediger schien diese Frage schon oft gestellt worden zu sein. Denn offensichtlich wollte er ihr zuvorkommen, als er fortfuhr: »Dabei ist freilich zu beachten, daß diese leise Hoffnung auf bzw. dieser Glaube an Gott nicht immer ausdrücklich bewußt sein muß. Es gibt so etwas wie eine unausdrückliche Hoffnung oder einen unausdrücklichen Glauben, dessen sich der betreffende Mensch gar nicht bewußt ist. Im Extremfall kann es sogar sein, daß er den Glauben an Gott bewußt ablehnt, z. B. auf Grund eines falschen Gottesbildes, obwohl er im Grunde seines Herzens ein gläubiger Mensch ist. Freilich ist dieser unausdrückliche Glaube nicht überall gegeben, wo einer das Leben und die Liebe bejaht. Denn diese Bejahung könnte ja auch selbstherrlich erfolgen, etwa in dem Sinn: ich erkläre das Leben und die Liebe für sinnvoll. Das ist das genaue Gegenteil jedes Glaubens: der Mensch setzt sich an die Stelle Gottes und zerstört damit sich und die anderen; denn alles, was der Mensch begründen oder machen kann, ist kleiner als er selbst. Im Unterschied dazu ist die unausdrückliche Glaubensbereitschaft, die leise Hoffnung, kein Unglaube im strengen Sinn, keine Ablehnung Gottes, sondern ein (Noch-) Nicht-glauben-Können, ein Vor-Glaube. Ebenso ist auch der unausdrückliche Glaube eben Glaube, d. h. der Mensch bejaht sich als abhängig, sieht im Leben und in der Liebe ein Geschenk, freilich ohne bewußt nachzudenken, wem er es verdankt. Wir sehen damit auch: je stärker der Glaube ist, desto weniger wird er unausdrücklich bleiben können; das kann eher dort der Fall sein, wo es sich erst um die leise Hoffnung auf Gott, um die Glaubensbereitschaft, handelt.

In dem Maß, in dem der Mensch so an Gott glaubt und ihn liebt, wird er auch zu mitmenschlicher Liebe fähig. Denn die Beziehung zum Nächsten kann nur gelingen, wenn keiner Herr des anderen bleiben will, indem er den anderen nur als seine Ergänzung sucht oder weil er ihn sympathisch findet oder ihn gar nur als Macht- oder Lustobjekt betrachtet. Dazu muß er sich loslassen können, ohne selbst dem Leben und der Beziehung zum anderen erst Sinn geben zu müssen; sonst müßte er sich ja wieder darüberstellen. Und dazu muß er hoffen oder überzeugt sein, daß der andere eine von keinem Menschen abhängige Liebenswürdigkeit hat, die nicht erst er ihm zuerkennt; womit er sich ja wieder über den anderen stellen würde. Die mitmenschliche Beziehung setzt also – ausdrücklich oder unausdrücklich – die leise Hoffnung oder das Vertrauen voraus, daß das eigene Dasein und das der anderen sowie die Beziehung zwischen den Menschen von vornherein, von einem gemeinsamen größeren Dritten her, sinnvoll sind. Nur dann kann die Liebe gelingen.«

Anschließend versuchte der Priester noch, einem Mißverständnis vorzubeugen: Dieser Rückbezug der mitmenschlichen Liebe auf Gott bedeute absolut nicht, daß der andere um Gottes willen und nicht um seiner selbst willen geliebt werde. Das wäre keine Liebe zum anderen mehr. Denn jede Liebe bejahe den anderen als solchen. Diese falsche Auffassung habe das Christentum vielfach in Mißkredit gebracht, weil der Mitmensch demnach nur das Betätigungsfeld oder Objekt der Gottesliebe wäre.

Dann schloß er: »Weil der Mensch offensichtlich auf mitmenschliche Liebe angelegt ist, ist eine Liebe die Grunddimension des Lebens. Der Mensch ist gleich ursprünglich einzelner und Mitmensch. Er ist ein soziales Wesen nicht nur aus und bei Bedarf, sondern auf Liebe angelegt. Daher ist das Gelingen der mitmenschlichen Beziehung von ausschlaggebender Bedeutung für das Gelingen des Menschseins. Somit ist der Glaube die Grundlage des Menschwerdens in einem doppelten Sinn: weil er das Leben und die Liebe – beides im wechselseitigen Zusammenhang – ermöglicht.«

Eva hatte den Kopf ganz voll mit diesen schwierigen

Gedanken, als sie die Kirche verließ. Aber sie meinte doch, das Wesentliche verstanden zu haben. Vor allem wußte sie jetzt, warum ihr ihre Liebe zu Adam so fragwürdig geworden war. Doch hielt sie es für besser, vorläufig nicht mit ihm darüber zu sprechen.

20. Die Sünde als Hindernis

In der letzten Predigt der Adventserie sprach der Prediger über die Sünde als Hindernis für die Menschwerdung des Menschen. Er ging dabei von einer Bibelstelle des Alten Testaments aus: »So spricht Gott, der Herr: Ich führe euch aus allen Völkern zusammen, sammle euch aus den Ländern, in die ihr zerstreut seid, und gebe euch das Land Israel. Und sie werden dorthin kommen und alle ihre abscheulichen Götzen aus dem Land entfernen. Ich schenke ihnen ein anderes Herz und schenke ihnen einen neuen Geist. Ich nehme das Herz von Stein aus ihrer Brust und gebe ihnen ein Herz von Fleisch, damit sie nach meinen Gesetzen leben und auf meine Rechtsvorschriften achten und sie erfüllen. Sie werden mein Volk sein, und ich werde ihr Gott sein« (Ez 11,17–20). Dann begann er mit einem Vergleich: »Stellen Sie sich vor, Sie erhalten von jemandem ein Geschenk. Wenn Sie dem Geber vertrauen und ihn lieben, werden Sie es ehrfürchtig behandeln und in seinem Sinn damit umgehen. Wenn Sie den Geber ablehnen oder ihm mißtrauen, werden Sie das Geschenk wegwerfen bzw. achtlos liegenlassen; oder Sie werden es zwar annehmen, aber damit tun, was Ihnen paßt, ohne sich um die Absicht dessen zu kümmern, der es Ihnen gab; und ohne ihm dafür dankbar zu sein.

Genauso ist es mit dem Leben, das wir erhalten haben; das auf Liebe angelegt ist, wie wir das letzte Mal überlegt haben. Es wurde uns gegeben. Wenn wir darauf vertrauen, daß ein sinngebender Grund dahintersteht, werden wir es in Liebe entfalten. Wenn wir mißtrauen, werden wir – je nach Veranlagung – die Annahme verweigern oder damit tun, was uns paßt. Dieses Mißtrauen ist der Unglaube. Wenn er auf ungenügende Erfahrung des Lebens als eines Geschenkes zurückzuführen ist, ist nicht der betreffende Mensch daran schuld, sondern der Mangel an Glaube und Liebe in seiner

Umgebung. Dieses Böse in der Welt, für das der einzelne zumindest nichts kann, bezeichnen wir mit dem leider irreführenden Wort ›Erbsünde‹. Wirkliche Sünde ist immer etwas Persönliches und kann nicht vererbt werden. Vererbt werden die Versuchbarkeit und die Versuchung zur Sünde, etwa durch das schlechte Beispiel der Eltern. Daher sollte man statt ›Erbsünde‹ besser sagen: ›Die Sünde in der Welt und ihre Folgen.‹ Wo hingegen ein Mensch trotz genügender Erfahrung des Lebens als eines Geschenkes dieses nicht als solches annimmt, weil er sich aus Stolz dieser Erfahrung verschließt, ist der Unglaube schuldhaft und damit die Wurzel jeder Sünde. Der wirklich Ungläubige will sich nicht beschenken lassen. Sünde heißt also: sich dem Leben und der Liebe verweigern, weil man deren Herr sein will und es nicht sein kann, oder sie wider besseres Wissen doch beherrschen wollen und damit zerstören.

›Wer sein Leben retten will, wird es verlieren‹, sagt Jesus zu dieser Haltung. ›Retten‹ heißt hier soviel wie ›als Besitz betrachten, für sich behalten, beherrschen wollen‹. Das größte Hindernis für die Menschwerdung des Menschen ist also der Unglaube im einzelnen und in der Welt. Freilich gibt es schon so etwas wie eine natürliche Erlösungsbedürftigkeit, d. h. die Menschwerdung ist nicht nur biologisch, sondern auch geistig ein mühevoller Prozeß. Aber diese Entwicklung wird nochmals aufgehalten, gleichsam gebremst durch meine eigene Sünde, die sich wieder nachteilig auf mich und auf andere auswirkt, sowie durch die Schuld der Menschen vor und neben mir und ihre Folgen. Durch diese Auswirkungen der Sünden unserer Vorfahren und durch unsere persönliche Schuld wird die Erlösungsbedürftigkeit der Menschheit nochmals unnötig verschärft. Diese Verschärfung ist die Erlösungsbedürftigkeit im engeren Sinn, d. h. die Notwendigkeit von der Befreiung von der Sünde in der Welt und ihren Folgen.

Was das konkret heißt, darüber brauchen wir z. B. nur die Ärzte zu fragen: Die wissen heute, daß ein Großteil aller inneren Krankheiten und auch eine größere Anfälligkeit für Ansteckungskrankheiten aller Art sowie für Unfälle seelisch verursacht oder zumindest mitverursacht sind. Die moderne Medizin weiß wieder um die tiefen Zusammenhänge zwischen Seele und Leib, d. h. um die Auswirkungen der tieferen, chemisch-physikalisch nicht mehr erfaßbaren Schichten im Menschen auf sein körperliches Befinden. Es gibt auch sehr fundierte Ansichten, daß der gefürchtete Krebs seelische Ursachen hat oder zumindest haben kann. ›Was kränkt, macht krank‹, sagt ein bekanntes Sprichwort. Und der Volksmund drückt sein Wissen um solche Zusammenhänge aus, wenn er sagt: ›Es ist jemandem etwas über die Leber gelaufen, es drückt ihm aufs Herz, es hat sich auf seinen Magen gelegt, es steigt ihm die Galle hoch, er ist verschnupft‹ usw.

All dies wird durch die wechselseitige Abhängigkeit der Menschen voneinander noch verschärft. Wir sind im Guten aufeinander angewiesen und schaden uns daher durch unser Versagen gegenseitig. Um diese gesellschaftliche Verflochtenheit im Bösen, diese Sünde in der Gesellschaft hat die Kirche schon lange vor Karl Marx gewußt; freilich wurde diese Lehre oft mißverstanden. Diese Sünde in der Welt mit ihren Folgen kann nur überwunden werden durch eine Umkehr des einzelnen und der Gesellschaft. Es genügt also nicht, auf eine Änderung der Gesellschaft zu warten. Diese wird sich nur ändern, wenn viele einzelne sich bekehren. Die ersten werden es daher am schwersten haben. Advent heißt also Sehnsucht nach der vollen Menschwerdung und damit auch nach Befreiung von der Sünde in der Welt und von persönlicher Schuld.«

Eva war froh, daß die Predigt vorüber war. Das war ja fast wie eine Religionsstunde gewesen. Aber es war ihr wieder manches klarer geworden. Vor allem hatte sie mit der Lehre von der Erbsünde bisher nie etwas anfangen können. Nun wußte sie, daß damit keine vererbte persönliche Schuld gemeint war. Außerdem hatte sie bisher Sünde immer als Übertreten eines Gebotes aufgefaßt, das man – aus Angst vor der Strafe – hätte halten sollen. Daß es dabei um ein schuldhaftes Verfehlen des Menschseins ging, war ihr nicht bewußt gewesen.

Nun war sie ganz gespannt auf die Weihnachtspredigt. Sie wollte Adam dazu bringen, wenigstens zur Mette mit ihr zu gehen.

21. Kirche als neue Gesellschaft

Auf die übliche Frage ihres Mannes, was sie sich zu Weihnachten wünsche, hatte Eva neben einigen Dingen auch eine Bitte geäußert: daß Adam ausnahmsweise mit ihr in die Weihnachtsmette gehen möge. Da konnte er schwer nein sagen. Außerdem wollte er ganz gerne selbst einmal sehen und hören, wie es dort zugeht; denn Eva hatte ihm doch einiges erzählt.

Die Mette wurde bereits um 22.30 Uhr gefeiert, nicht erst um Mitternacht. Maria hatte ihnen geraten, etwas früher zu kommen, damit sie nicht während des Gottesdienstes stehen müßten. Sie wartete auch beim Eingang auf sie. Als Eva ihren Mann mit Maria bekanntgemacht hatte, schaute dieser sich in der Kirche um, als ob er etwas suche. Dann sagte er: »Wo ist denn da die Krippe?«

Jetzt fiel auch Eva auf, daß es in dieser Kirche zu Weihnachten keine Krippe gab. Fragend schaute sie Maria an. Diese gab eine kurze Erklärung: »Weihnachten ist das Fest der Geburt Jesu. Dieser ist aber kein Kind geblieben, sondern erwachsen geworden. Daß wir seine Geburt heute noch feiern, hat seinen Grund in dem, was er in seinem Leben gewirkt hat. Sonst wüßten wir nicht einmal etwas von ihm.«

»Aber die Krippe ist doch gerade die Darstellung seiner Geburt«, wandte Adam ein. »Und als wir klein waren, hieß es einfach: ›Zu Weihnachten kommt das Christkind.‹ «

»Und heute glauben Sie weder an das Christkind, das die Geschenke bringt, noch an Christus. Weil Sie selbst auch erwachsen geworden sind und in Weihnachten nur das Fest der Kinder sehen, die noch an das Christkind glauben«, antwortete Maria etwas energisch, aber durchaus freundlich. Und fuhr fort: »Das ist es ja gerade, was wir vermeiden wollen: daß der Glaube auf der Ebene des Märchens vom Christkind bleibt; damit wird er vom erwachsenen Menschen nur als eine Sache für Kinder betrachtet. Wenn er aber bloß für die Kinder wichtig ist, ist er auch für diese nur von vorübergehender, oberflächlicher Bedeutung.«

Nun schaltete sich auch Eva in das Gespräch ein: »Aber ihr nehmt doch damit dem Fest die ganze Romantik. Die Leute kommen doch deshalb, weil sie sich so gerne an diese Kinderzeit zurückerinnern.«

»Deshalb wird auch das Weihnachtsfest im Leben nicht wirksam. Es gibt auch eine falsche Romantik, die eigentlich nur Flucht von der Wirklichkeit ist. Wenn man den Geburtstag von jemandem feiert, wird man doch auch nicht gerade seine Babyfotos anschauen. Abgesehen davon, daß die Geburt Jesu in einem Stall ja nicht romantisch war, sondern eine sehr schmerzliche und unsoziale Angelegenheit. Wenn man heute eine Krippe aufstellt, müßte das eher eine Darstellung sein, die zeigt, wie auch jetzt Menschen unter ähnlichen Umständen geboren werden.«

»Das ist sehr hart«, sagte Eva. Nun mußten sie aber Platz nehmen, weil immer mehr Leute kamen. Adam wollte hinten stehenbleiben, um alles besser beobachten zu können. So setzten sich Eva und Maria miteinander in eine Bank. Viele nickten den beiden freundlich zu.

Als sie saßen, erklärte Maria noch leise: »Wir hatten vor einigen Jahren eine Adventpredigtserie mit dem Thema ›Erwachsenwerden im Glauben‹. Da wurde uns bewußt, daß wir wenigstens für einige Zeit die Krippe weglassen müssen. Wir haben anstelle dessen ein Bild eines bekannten Künstlers mit dem Thema ›Das Licht leuchtet in der Finsternis‹. Das drückt aus, was mit Weihnachten begonnen hat.«

Jetzt erst schaute Eva bewußt das Bild an, das vorne in der Kirche angebracht war. Zuerst hatte sie vor allem den Kirchenschmuck bewundert, der im ganzen Raum verteilt war. Als sie einen der aufgelegten Liedertexte zur Hand nahm, merkte sie zu ihrem Erstaunen, daß für den Gottesdienst nicht die alten vertrauten Weihnachtslieder vorgesehen waren, die sie als Kind so gern gehört hatte und die jetzt sogar in den Kaufhäusern gespielt wurden.

Maria merkte ihre Verwunderung und erklärte: »Wir verwenden auch bei der Mette moderne Lieder mit eigens gedichteten Texten, weil die üblichen Weihnachtslieder auch nur das liebe Kind in der Krippe besingen.

Wir meinen nämlich, daß auch diese Lieder mit schuld sind, daß viele zu Weihnachten Jesus nur als Kind sehen. Zu einem Kind kann man leicht lieb sein, der erwachsene Jesus ist eine ganz andere Herausforderung an uns.«

Eigentlich mußte Eva Maria recht geben. Aber dennoch war sie ein wenig enttäuscht, daß sie sich nicht einfach in ihre Kindheit zurückversetzen konnte. Allerdings dachte sie im stillen: »Dann kann wenigstens Adam nicht mehr sagen, daß der Glaube nichts mit dem Leben zu tun hat.« Als die ersten Lieder von allen mit großer Begeisterung gesungen wurden, stimmte sie auch bald ein. Die Melodien gefielen ihr.

Nach all dem, was Maria zuvor gesagt hatte, war Eva etwas erstaunt, als der Priester seine Predigt mit einem Märchen begann. Es lautete so:

»Als der Krieg zwischen den beiden benachbarten Völkern unvermeidlich war, schickten die feindlichen Feldherren Späher aus, um zu erkunden, wo man am leichtesten in das Nachbarland einfallen könnte. Und die Kundschafter kehrten zurück und berichteten ungefähr mit den gleichen Worten ihren Vorgesetzten: Es gäbe nur eine Stelle an der Grenze, um in das andere Land einzubrechen. ›Dort aber‹, sagten sie, ›wohnt ein braver kleiner Bauer in einem kleinen Haus mit seiner anmutigen Frau. Sie haben einander lieb, und es heißt, sie seien die glücklichsten Menschen auf der Welt. Sie haben ein Kind. Wenn wir nun über das kleine Grundstück in Feindesland einmarschieren, dann würden wir das Glück zerstören. Also kann es keinen Krieg geben.‹ Das sahen die Feldherren denn auch wohl oder übel ein, und der Krieg unterblieb, wie jeder Mensch begreifen wird.«

Dann fuhr er fort: »Wahrscheinlich haben Sie jetzt gedacht: Das ist eine wunderschöne Weihnachtslegende. In Wirklichkeit stammt dieses Märchen aus China und hat mit der Geburt Jesu direkt überhaupt nichts zu tun. Aber es zeigt uns eines: Wie groß bei allen Menschen zu allen Zeiten die Sehnsucht nach einem glücklichen Leben in Liebe und Friede ist. Dieses Verlangen ist durchaus nicht spezifisch christlich, sondern allgemein menschlich. Deswegen singen auch zu Weihnachten Menschen aus allen Religionen und selbst Ungläubige mit uns das Lied ›Stille Nacht, heilige Nacht‹.

Diese Sehnsucht nach Liebe und Frieden wird auch immer brennender. Denn noch nie war die Möglichkeit eines totalen Krieges größer als jetzt. Zwei Machtblöcke stehen in der Welt einander gegenüber und bedrohen sich gegenseitig mit Waffengewalt. Auf der einen Seite der freie Westen, in dem Freiheit aber vielfach als individualistische Freiheit von jeder Bindung verstanden wird und mit dem Recht des Stärkeren verwechselt wird, der auf Kosten anderer lebt, auf Kosten der

Armen und Zurückgebliebenen in den reichen Ländern und der Millionen Menschen, die in den Entwicklungsländern, in der sogenannten dritten Welt, im größten Elend leben oder vor Hunger sterben. In diesem Verständnis von Freiheit kommt es zu Rivalität und Machtkämpfen zwischen verschiedenen Gruppen, die das Miteinanderleben zerstören. Manchmal wird mit Polizei- oder Militärgewalt eine ungerechte Ordnung aufrechterhalten. Diese Auffassung von Freiheit macht auch die einzelnen unfähig zur Liebe, die immer Bindung bedeutet. An die Stelle der Liebe tritt die Überlegung, was mir der andere an Vorteilen für meine Karriere oder an Lustgewinn bringt. Diese falsch verstandene Freiheit schränkt sich nur dann ein, wenn das noch größere Vorteile bringt. Diese Unfähigkeit zur Liebe führt dann wieder vor allem junge Menschen in die Versuchung, entweder am Leben zu verzweifeln oder die Welt mit Gewalt menschlich machen zu wollen.

Das Paradies auf Erden mit Gewalt herbeizuführen ist die Absicht im zweiten großen Machtbereich, im kommunistischen Osten. Hier tritt an die Stelle des Individualismus der Kollektivismus. Der einzelne wird nur als Rädchen im großen Getriebe der Gesellschaft gesehen, in das er sich einfügen muß. An die Stelle der mißverstandenen Freiheit tritt der Zwang oder der Gruppendruck. Dadurch wird zwar der Egoismus der einzelnen gebändigt, aber auch ihre Persönlichkeit zerstört. Die meisten beugen sich aus Angst, schieben die eigene Verantwortung auf die Gesellschaft ab, d. h. aber in Wirklichkeit auf eine Gruppe von Funktionären, die ihre innere Einstellung auch nicht verändert haben und deshalb früher oder später zu neuen Ausbeutern werden. Das Leben erstarrt in Mißtrauen, falschen Parolen und im Zwang der Politik und der Wirtschaft.

Diese beiden Positionen stehen einander feindlich und bewaffnet gegenüber. Und mitten drinnen bricht gerade zu Weihnachten die Sehnsucht auf nach einer menschlichen Welt, in der die Liebe mehr gilt als die Macht. Die Sehnsucht ist allen Menschen gemeinsam. Warum bricht sie aber gerade zu Weihnachten auf? Wohl deshalb, weil viele ahnen, daß wir da die Geburt eines Menschen feiern, der nicht nur von dieser Sehnsucht getrieben war, sondern auch den Weg zu ihrer Erfüllung gefunden und gewiesen hat: Jesus hat sein Leben als erster ganz entfaltet, ohne jeden inneren und gegen jeden äußeren Zwang. Er war weder der Fanatiker eines selbstgesetzten Ideals, noch paßte er sich der Gesellschaft seiner Zeit an. Er ließ sich ganz auf den Willen Gottes ein, den er als Liebe erfuhr und deshalb ›Vater‹ nannte, wobei er die vertrauliche Anrede ›Abba‹ gebrauchte, die unserem ›Papa‹ entspricht. So wurde er selbst zu einer Liebe fähig, mit der er in den Menschen seiner Umgebung das Bewußtsein ihrer Würde und Menschlichkeit wecken konnte. Er konnte heilend wirken, weil er selbst heil war. Er konnte in den Menschen die Überzeugung wecken, daß das Leben von vornherein sinnvoll ist, weil nicht er es für sinnvoll erklären wollte, sondern weil er vom Glauben an die Liebe Gottes durchdrungen war.

So hat er nach dem Willen Gottes die erste Bresche in die Mauer geschlagen, die uns von einer wirklich menschlichen Welt trennt. Er ist der Bahnbrecher oder der Erstbesteiger, der das Ziel erreicht hat, das bisher im Nebel lag. An ihm können wir erfahren: Menschsein ist möglich, Liebe kann gelingen. Die frohe Botschaft von Weihnachten lautet: Das, wonach sich alle Menschen im tiefsten sehnen, ist kein bloßer Traum, sondern kann Wirklichkeit werden. Darin liegt der wahre Grund des Festes. Darin besteht erst das unterscheidend Christliche, daß wir nicht bei der Sehnsucht stehenbleiben, die uns mit allen gemeinsam ist, sondern auf ihre Erfüllung hinwirken und von ihrer Möglichkeit Zeugnis geben.

Deswegen ist auch nur der ein Christ, der Jesus nicht nur bewundert – das tun auch viele Ungläubige –, sondern der, der ihm nachfolgt. Der so wie Jesus auf Gott vertraut und sich auf die Liebe einläßt. Der also nicht bei Weihnachten stehenbleibt, sondern den Lebensweg Jesu teilt. Das heißt ganz praktisch: wer freiwillig mit anderen eine neue Gesellschaft aufbaut, in der man ohne Zwang füreinander Verantwortung trägt und mitsammen auf eine menschliche Welt hinwirkt. Diese neue Gesellschaft im Kontrast zu den beiden geschilderten Machtblöcken in der Welt ist die Kirche oder besser: sollte die Kirche sein. Ob sie es wird, das liegt an den Christen, auch an uns, die wir jetzt hier Weihnachten feiern.«

Während die Musik wieder spielte, fragte Eva ganz leise Maria: »Meint er mit Kirche in diesem neuen Sinn das, was Ihr hier versucht?«

»Ja«, antwortete Maria, »jede Gemeinde sollte diese neue

Gesellschaft im kleinen verkörpern, in der es menschlich zugeht und die anderen Mut macht, sich auf dasselbe einzulassen.«

»Eine solche Gemeinde möchte ich aber genauer kennenlernen«, dachte sich Eva.

Nach dem Gottesdienst wurden noch alle Teilnehmer aufgefordert, beisammenzubleiben. Eine Kindergruppe der Gemeinde hatte Keks gebacken, dazu gab es heißen Tee. Viele blieben noch da und sprachen in kleinen Gruppen miteinander. So etwas hatte Eva noch nie erlebt. Sie war ganz begeistert von der Herzlichkeit, mit der die Leute in der Kirche miteinander redeten. Auch ihre Nachbarn begrüßten sie. »Wie kann man die Gemeinde näher kennenlernen?« fragte sie Maria, sobald sich eine Gelegenheit ergab.

Diese schaute sie überrascht an: »Wenn du das willst, dann kommst du am besten zum Gemeindeabend.«

»Was ist der Gemeindeabend?«

»Da treffen sich alle, die zur Gemeinde gehören oder in sie hineinwachsen wollen; und dabei sind auch Gäste gerne gesehen, die sie näher kennenlernen wollen.«

»Wie oft findet dieser Gemeindeabend statt und wann?«

»Bei uns derzeit einmal im Monat, immer an einem Freitag abends. Da wird es oft sehr spät. Weil es bei uns in dieser Pfarre zwei solche Gemeinden gibt, findet er in zwei verschiedenen Räumen statt, meistens zur gleichen Zeit. Am besten, du kommst zu der Gemeinde, der ich angehöre. Da kann ich dich ein wenig einführen.«

»Danke«, sagte Eva, »jetzt muß ich aber schnell zu Adam.« Sie mußte ihren Mann erst suchen. Er stand hinten etwas abseits und beobachtete alles, was sich in der Kirche abspielte. »Wie hat es dir gefallen?« fragte sie ihn.

»Ich weiß nicht recht, was ich sagen soll. Einerseits war ich immer dagegen, daß die Kirche sich in die Politik einmischt. Andererseits hat der Priester viel Wahres gesagt. Aber ich fürchte, er ist doch nur ein Träumer. Auch wenn er es ehrlich meint und von dem überzeugt ist, was er sagt.«

»Willst du nicht einmal mit mir zum Gemeindeabend gehen, um eine solche Gruppe von Christen kennenzulernen, die das ernsthaft zu leben versuchen, wovon der Priester in der Predigt gesprochen hat?« Eva wunderte sich selbst über ihren Mut, ihn das zu fragen.

Aber Adam war gar nicht verärgert: »Ich gehe nicht mit, aber du kannst ja hingehen und mir erzählen, was dort geschieht. Es interessiert mich schon.«

Diese Weihnachten beschränkten sich bei Eva und Adam nicht auf den Austausch von Geschenken und ein gutes Essen. Sie führten noch manche Gespräche über den eigentlichen Inhalt des Festes und darüber, was dieser für das Leben bedeuten könnte.

22. Zum ersten Mal beim Gemeindeabend

Voller Erwartung kam Eva mit Maria erstmals zum Gemeindeabend. Es waren erst wenige in dem Raum, in dem sich die Gemeinde versammelte. Alle begrüßten sie freundlich. »Die zum ersten Mal kommen, sind immer am pünktlichsten«, sagte einer ein wenig ironisch. Eva war recht froh darüber. So stand sie nicht auf einmal allen gegenüber. Allmählich füllte sich der Saal. Und Eva konnte sich beim besten Willen nicht mehr die Namen all derer merken, mit denen sie bekanntgemacht worden war. Ihr fiel auf, daß viele der Anwesenden du zueinander sagten, andere wieder nicht. »Sind alle per du, die zur Gemeinde gehören?« fragte sie Maria.

»Nein«, sagte diese etwas überrascht, »da gibt es keine Regel. Wir wollen natürlich alle miteinander möglichst vertraut sein, aber das muß in voller Freiheit geschehen. Manche sprechen einander nach einiger Zeit mit dem Vornamen an und sind dennoch per Sie; bis es dann zu einer Begegnung kommt, in der auch gefühlsmäßig die Beziehung ganz geglückt ist. Dafür soll das Du-Wort eigentlich ein Zeichen sein. Wir wollen es nicht entwerten, indem wir es voreilig verwenden.«

Eva gefiel diese Antwort, der anscheinend eine große Achtung vor der Freiheit des einzelnen und ein Gespür für Echtheit zugrunde lagen.

Inzwischen war auch die Gemeindeleiterin gekommen. Eva war ganz erstaunt, daß es eine Frau war. Sie hatte gemeint, der Priester der Pfarre müsse auch Leiter der Gemeinde sein. Doch da fiel ihr gerade noch ein, daß sie von Maria gehört hatte, es gäbe schon eine zweite solche Gemeinde in derselben Pfarre. Dann konnte der Priester nicht beide leiten. Die Gemeindeleiterin plauderte etwas länger mit ihr, um sie näher kennenzulernen. Sie notierte auch ihren Namen und ihre Adresse, damit sie alle Mitteilungen erhalten könne.

Eva nahm mit Maria an einem Tisch Platz. Überall waren schon lebhafte Gespräche im Gang. Nur mit Mühe konnte sich die Gemeindeleiterin Gehör verschaffen. Sie begrüßte alle Anwesenden und jene, die zum ersten Mal da waren, auch namentlich. Eva erhielt ebenso wie ein anderes Ehepaar, das erstmals teilnahm, einen freundlichen Applaus. Dann folgten einige Namen von Leuten, die sich entschuldigen ließen. »Aha«, dachte Eva, »da kann man nicht so ohne weiteres wegbleiben, wenn man dazugehört.« Sie selbst fühlte sich vorläufig als Gast.

Dann folgte eine lange Reihe von Mitteilungen. Da war die Rede von Mitarbeitern bei den Elterngesprächen im Rahmen der Erstkommunionvorbereitung, von einer Vorbesprechung für den gemeinsamen Schiurlaub; ein Gemeindemitglied suchte einen gebrauchten Kühlschrank, eine Familie hatte eine Sitzgarnitur abzugeben. Der Sozialkreis der Gemeinde bat um Mithilfe bei der Verbesserung der Wohnung eines Gemeindemitgliedes. Der Kreis, der die Faschingsparty vorbereitete, suchte noch weitere Helfer für das Buffet. Eine Familie lud zu einem neugegründeten Gebetskreis ein. Eine lange Liste von Terminen stand auf einem Bogen Packpapier, der an der Wand befestigt war: Kindergruppen, Theologischer Arbeitskreis, Leitungsteam u. a. m. Eva wollte nachher fragen, was diese Begriffe bedeuteten. Auch der Gottesdienst am Aschermittwoch wurde schon angekündigt und danach ein Termin, bei dem Eva besonders aufhorchte: nach dem Aschermittwoch begann ein Glaubensgesprächskreis für alle, die neu zur Gemeinde gekommen sind und sich überlegen, ob sie ganz zu ihr gehören wollen. Eva warf Maria einen fragenden Blick zu. Diese nickte aufmunternd zurück. Eva freute sich, daß sie sich immer an Maria wenden konnte.

Nach diesen Mitteilungen folgte vor dem Beginn des eigentlichen Themas des Abends das Gebet. Da es um die Verantwortung für die Menschen in den Entwicklungsländern gehen sollte, wurde zuerst das Gleichnis vom Barmherzigen Samariter vorgelesen. Dann folgte eine längere Stille, offensichtlich zum Nachdenken und zum persönlichen Gebet.

Dann sprach einer ein selbstformuliertes Gebet, in dem von der gerechten Verteilung der Güter dieser Erde die Rede war. Erst nach einer neuerlichen Gebetsstille begann der Hauptteil des Abends.

Ein Sprecher des sogenannten Dritte-Welt-Kreises, der sich in der Gemeinde gebildet hatte und sich mit den Problemen der Entwicklungsländer befaßte, stellte ein neues Anliegen vor: es ging um die Unterstützung eines Menschenrechtszentrums in Südamerika. Im Laufe des Vortrags erfuhr Eva vieles über Folterungen, Unterdrückung, Vertreibung und politischen Mord in diesem Kontinent, wovon sie bisher keine Ahnung gehabt hatte. Die Gemeindemitglieder waren offensichtlich schon vorinformiert durch einen Vortrag, den eine Frau namens Hildegard Goss-Mayr vor einiger Zeit zum Thema »Gewaltlose Befreiung in Südamerika« gehalten hatte. In jenem Zentrum versuchen einige Rechtsanwälte, diesen Menschen zu helfen, die von ihrem Grund und Boden vertrieben werden sollen oder ohne Gewalt um den gesetzlichen Mindestlohn kämpfen und deshalb als Kommunisten verfolgt werden. Sie brauchen finanzielle Unterstützung, um die der Dritte-Welt-Kreis die ganze Gemeinde bat. Zahlscheine für ein entsprechendes Konto wurden verteilt.

Eva war ziemlich beeindruckt und auch erschöpft von der Vielfalt der Themen und Aktivitäten, mit denen sie da konfrontiert worden war. Daher war sie recht froh, daß nun der »gemütliche Teil« folgte, wie Maria ihr vorher erklärt hatte. Verschiedene Aufstriche, Brot und Getränke wurden auf die Tische gestellt, und überall begann ein lebhaftes Gespräch.

Eva wollte zunächst wissen, was der Theologische Arbeitskreis und das Leitungsteam zu tun hätten. Maria erklärte es, unterstützt von den anderen am Tisch: »Die Gemeinde ist in Runden von höchstens zwölf Personen untergliedert. Das hat sich sehr bewährt, um die persönlichen Beziehungen entsprechend pflegen zu können. In der ganzen Gemeinde von etwa 70 Erwachsenen würde der einzelne wieder leicht untergehen. Außerdem können so alle an den Entscheidungsprozessen in der Gemeinde besser teilhaben. Je ein bis zwei Vertreter von jeder Runde bilden zusammen den Theologischen Arbeitskreis, in dem die geistigen Grundlagen der Gemeinde erarbeitet oder immer wieder auftauchende Glaubens- und Moralfragen besprochen werden.«

»Worum geht es da derzeit?« wollte Eva wissen.

»Um die Entscheidung zum Glauben in der Gemeinde und um die Zugehörigkeit zu ihr. Vorher ging es um die Frage der richtigen Zuordnung von Sexualität und Ehe.«

»Da würde ich gerne zuhören«, dachte Eva, wagte aber nicht, danach zu fragen.

So fuhr Maria fort: »Auch das Leitungsteam setzt sich aus je einem Vertreter der verschiedenen Runden zusammen. Dort geht es vor allem um die Gestaltung des Gemeindelebens und um schwerwiegende Probleme einzelner Gemeindemitglieder, die von der jeweiligen Runde allein nicht gelöst werden können. Im Leitungsteam werden die Gemeindeabende geplant und die Themen der größeren Gemeindetreffen im Herbst und zu Pfingsten besprochen. Die eigentliche Gemeindeleitung liegt bei diesem Team.«

»Jetzt möchte ich noch gerne wissen, wie sich die Runden zusammensetzen und was in diesen Runden geschieht.«

»Die Runden bestehen aus Verheirateten und Unverheirateten. Leider ist es kaum gelungen, auch die verschiedenen Altersstufen zu mischen. Diese Runden treffen sich durchschnittlich vierzehntägig. Da wird die persönliche Situation einzelner besprochen, die irgendwelche Nöte haben. Man betet mitsammen und führt ein Glaubensgespräch. Und dann nehmen die Anliegen der Gesamtgemeinde einen breiten Raum ein, die durch die Vertreter in den verschiedenen Kreisen und im Leitungsteam eingebracht werden.«

Eva wußte vorläufig genug. Sie hatte den Kopf ganz voll mit den vielen neuen Informationen. Ein wenig Angst hatte sie vor der Vielfalt der Aktivitäten in der Gemeinde. Dennoch wollte sie wenigstens am Glaubensgesprächskreis teilnehmen. Sie hoffte, weitere Antworten auf ihre Fragen zu erhalten.

IV. Im Glaubensgesprächskreis

23. Warum fragen wir nach Gott – was meinen wir mit Gott?

Der Glaubensgesprächskreis, zu dem Eva sich einfand, wurde vom Priester der Pfarre geleitet. Zuerst stellten sich die Teilnehmer gegenseitig vor. Vier Ehepaare und vier Alleinstehende waren gekommen. Jeder erzählte ein wenig von seinem Leben und erklärte, was ihn hierhergeführt hatte. Auch der Gesprächsleiter berichtete von sich: warum er Priester geworden sei und welche Entwicklungen und Krisen er im Glauben erlebt habe. Dann bat er alle, sich still zu überlegen, welche Fragen sie gerne besprochen haben wollten. Die würde man sammeln und nach ihrem inneren Zusammenhang ordnen.

Nach einer längeren Pause nannte jeder seine Wünsche. Im gemeinsamen Gespräch wurden sie aufeinander abgestimmt. Daraus ergaben sich schließlich folgende Themen:

»Warum fragen wir nach Gott – was meinen wir mit Gott?«
»Was heißt an Gott glauben?«
»Wie kommen wir zum Glauben?«
»Was bedeutet uns Jesus Christus – wer war Jesus Christus?«
»Der Glaube angesichts von Leid und Tod«
»Auferstehung und ewiges Leben«
»Leben aus dem Glauben«
»Warum Kirche und wie?«
»Gnade und Sakramente«
»Bibel, Dogma und Unfehlbarkeit«
»Gebet und Gottesdienst in der Gemeinde«
»Das Leben und Wirken der Gemeinde«

Nach dieser ersten Gesprächsrunde wurde gleich das erste Thema behandelt. Wieder trug jeder bei, was er dazu meinte. Als Gründe dafür, daß wir nach Gott fragen, notierte der Gesprächsleiter dann folgende:

»Frage nach dem letzten Woher des Lebens«
»Warum bin ich auf der Welt?«
»Hat das Leben Sinn?«
»Gibt es ein Fundament für die Liebe?«

Auf die Frage, was wir dabei mit Gott meinen, wurde geantwortet:

»Liebe in jeder Form«
»Das ganze Universum«
»Schöpfer der Welt«
»Gott der Bibel, Gott Jesu Christi«
»Der, dem ich für alles verantwortlich bin«

In einem ausführlichen Gespräch wurden die verschiedenen Ansichten miteinander verglichen und kritisch geprüft. Eva konnte sich gar nicht alle Einzelheiten merken. So war sie sehr dankbar, daß der Leiter des Abends am Schluß eine Zusammenfassung und Weiterführung der vorgebrachten Ansichten versuchte:

»Wir fragen nach Gott, weil wir in unserem Erfahrungsbereich keine Antwort auf die Frage finden, warum diese Welt und wir Menschen überhaupt sind. Wir haben uns vielleicht schon daran gewöhnt, daß wir und unsere Welt sind. Aber es ist nicht selbstverständlich. Viel näherliegend wäre es, daß nichts ist, überhaupt nichts. Vielleicht schließen wir einmal die Augen und denken der Reihe nach alles weg, was ist: die anderen Menschen, die Dinge, die Pflanzen und die Tiere, schließlich uns selbst, dann die Materie und die Energie überhaupt. Wir nehmen einmal an: das alles ist nicht. Dann öffnen wir die Augen wieder und sehen alles neu: es ist. Es ist ein Wunder, daß alles ist, was ist. Wir können nicht genug darüber staunen. Woher kommt es? Warum ist überhaupt etwas und nicht vielmehr nichts? Die Antwort auf diese erste und wichtigste Frage suchen wir, wenn wir nicht oberflächlich in den Tag hinein leben wollen. Allerdings können wir nicht von vornherein sagen, daß diese Frage überhaupt eine Antwort finden kann. Sie bleibt zunächst eine denkbare Frage, die eventuell ins Absurde führt. Auch das müssen wir vorläufig offenlassen.

Wir können auch nicht annehmen, daß wir bei weiterem Forschen in unserem Erfahrungsbereich die Antwort auf diese Frage finden können. Denn wir erfahren uns und alles andere in der Welt als schlechthin abhängig. Wir sind angewiesen auf anderes, das wir nicht gemacht haben, und auf andere, die wir nicht geschaffen haben. Wir haben das Leben von den Eltern erhalten. Damit wir leben können, benötigen wir Luft und Nahrung sowie vieles andere. Damit wir Menschen werden können, brauchen wir die Zuwendung anderer. Erst in den sozialen Bezügen kann sich das Leben ganz entfalten. Aber das andere und die anderen sind nicht der Grund dafür, daß ich existiere; auch die Eltern haben das Leben nur weitergegeben. Daher sind wir abhängig von Kräften, die allem anderen und uns Menschen vorausliegen, die unsere erfahrbare Welt tragen und damit an Mächtigkeit übersteigen. Wir fragen nach dem, was dahintersteht. Dabei kann es sich durchaus um tiefere, uns nicht zugängliche Schichten oder Dimensionen einer einzigen Wirklichkeit handeln, an der dann unsere Welt nur Anteil hat. Aber jedenfalls müssen wir über unsere erfahrbare Welt hinaus fragen: Was steht dahinter?

Schon aus dieser Frage nach dem Warum und Woher unseres Lebens in der Welt können wir ein provisorisches Verständnis von Gott, sozusagen ein erstes Vorverständnis von ihm gewinnen: Mit Gott wäre demnach der letzte Grund aller Wirklichkeit gemeint, das Unbedingte, der Anfang von allem, das Höhere, das hinter allem steht, von dem wir abhängig sind. Jeder Mensch, der diese Abhängigkeit annimmt, ist daher auch überzeugt, daß Gott in diesem Sinn, also ›etwas Höheres‹, existieren muß. Aber wer Gott nur so als das Höhere anerkennt, weiß noch nicht, ob dieses absolute Wesen eine blinde und damit absurde, eine böse oder eine gute Kraft ist. Daher muß der Mensch noch weiter fragen (wobei dieses genauere Fragen zugleich ein weiterer Grund für die Frage nach Gott überhaupt ist). Er fragt nach Gott, weil er nach seinem und seiner Mitmenschen Wohin und Wozu fragt, falls er sein Leben als Mensch gestalten, sich nicht nur wie ein Tier treiben lassen will. Dann muß er fragen:

›Gibt das, wovon ich letztlich abhängig bin, meinem Leben Sinn? Kann ich mich in das Leben hineinfallen lassen? Bin ich jemandem für die Gestaltung meines Lebens verantwortlich oder kann ich tun, was mir gerade gefällt? Habe ich einen Grund, in allen Situationen des Lebens die Hoffnung zu bewahren (auch dort, wo ich nicht sehe, wie es weitergehen soll)? Zahlt es sich aus, sich im Alltag zu plagen wegen ein paar glücklicher Augenblicke im Leben? Bejahe ich das Leben oder bin ich nur zu feig, Schluß zu machen?

Hat der Mitmensch eine unbedingte Würde, die ich von vornherein respektieren muß, oder ist er – so wie ich – nur das Zufallsprodukt einer blinden oder launischen Natur? Muß erst ich dem anderen und der Beziehung zu ihm ihren Wert geben oder haben sie einen solchen unabhängig von mir? Kann ich mit der Natur umgehen, wie es mir paßt, oder habe ich auf die Absichten einer höheren Macht dahinter zu achten?‹

Aus dieser zweiten Art von Fragen ergibt sich schon eine genauere Bestimmung von dem, was mit Gott gemeint ist: Gott, der auf diese Fragen eine positive Antwort bedeutet, kann nicht irgendein Höheres sein, sondern mit Gott im engeren Sinn ist eine sinngebende Macht gemeint, die jeden Menschen bejaht und die Menschen in Liebe aufeinander hin geschaffen hat.«

Hier dachte sich Eva im stillen: »Ja, das möchte ich, daß hinter allem ein liebender Gott steht. Dann wären alle meine Fragen und Probleme gelöst. Dann bräuchte ich keine Angst um meine Zukunft zu haben, und auch die Liebe zwischen den Menschen wäre sinnvoll und möglich.«

Als ob der Leiter ihre Gedanken erraten hätte, fuhr er fort: »Ganz wichtig ist allerdings, daß aus der Frage nach Gott im engeren Sinn und aus dem Wunsch nach einer positiven Antwort nicht gleich die Existenz Gottes als einer sinngebenden höheren Macht abgeleitet wird. Das wäre ein ›religiöser Kurzschluß‹, über den wir noch sprechen werden.«

Anschließend brachte der Leiter des Abends noch ein Gleichnis, das das Gesagte verdeutlichen sollte: »Eines Tages kam jemand heim und fand vor seiner Tür ein Paket, das am Morgen nicht da gelegen war. Also mußte es von irgendwoher stammen. ›Was steht dahinter?‹ dachte er. ›Liegt es nur zufällig da, weil es irgendwer verloren hat? Oder hat es jemand hergelegt, der mich ärgern oder mir etwas antun will? Oder ist es vielleicht gar ein Geschenk?‹ Gar zu gern hätte er gewußt, was dahintersteht. Damit er wisse, wie er richtig damit umgehen solle. In seiner Verlegenheit wollte er die Nachbarn fragen. Aber auch die hatten ein ähnliches Paket vor der Türe und wußten nicht recht, was sie damit anfangen sollten. Keiner wußte, wie er mit dem Paket der anderen, die es noch nicht an sich genommen hatten, umgehen dürfe. Durfte man es liegenlassen, sollte man bei ihnen anläuten und es ihnen geben oder konnte man es einfach wegräumen? Endlich wurden wenigstens ein Mann und eine Frau ausgeforscht, die bei jemandem das Paket hingelegt hatten. Aber auch sie konnten keine Auskunft geben. Sie hatten selbst das Paket auch nur vorgefunden und einfach weitergegeben.«

Gemeinsam wurde das Gleichnis gedeutet: Das Paket ist das Leben, die Überbringer sind die Eltern. Übrigens zeigt gerade dieser Vergleich, wie wichtig das Verhalten der Eltern für die Einstellung zum Leben ist: Ob die Überbringer das Paket hinwerfen oder liebevoll überreichen, ob sie selbst davon überzeugt sind, daß etwas Gutes drinnen ist bzw. ein liebevoller Absender dahintersteht oder nicht, das wird die Auffassung des Empfängers von diesem Paket, d. h. vom Leben, weitgehend bestimmen. Der Urheber des Paketes, also das, was dahintersteht, entspricht dem »Höheren«, dem ersten Vorbegriff von Gott, Gott im weiteren Sinn. Nur wenn Liebe dahintersteht, kann man annehmen, daß in dem Paket etwas Gutes ist. Aber der Wunsch allein, es möge etwas Schönes drinnen sein, darf noch nicht der Grund sein, einen liebevollen Absender anzunehmen. Diese »Liebe dahinter« ist ein genaueres Verständnis von Gott; Gott nicht als irgend etwas Höheres, sondern als sinngebende Macht. Die Frage nach dem, was hinter den Paketen steht, ist sehr wichtig; denn die Antwort darauf bestimmt das richtige Verhalten zu meinem Paket und zu denen der anderen, d. h. zu meinem Leben und zu dem der anderen.

Dieses Gleichnis schien allen verständlich. Damit zufrieden, waren sie der Meinung, das Gespräch sei schon zu Ende. Doch der Leiter des Abends hatte noch ein Anliegen. Er wollte verhindern, daß unabsichtlich bestimmte menschliche Vorstellungen auf Gott übertragen werden, daß man sich von Gott ein Bild macht, etwa das eines großen »Machers«. Er betonte nachdrücklich, daß man von Gott nur »anzielend« sprechen könne, wie er es formulierte, ohne ihn in sich zu erreichen: durch eine Art Verlängerung oder »Extrapolation«, wie sie in den Begriffen »Höheres« oder »Liebe dahinter« zum Ausdruck kommt.

»Können Sie das genauer erklären?« bat ein Teilnehmer. »Jetzt wird es ein wenig schwierig.«

»Gerne. Wenn ein Wesen einem anderen überlegen ist, kann das Niedere das Höhere nie richtig verstehen. Z. B. kann das Tier nicht den Menschen erkennen in dem, was eigentlich das Menschsein ausmacht. Ähnlich kann ja schon ein normalbegabter Mensch das Genie nicht verstehen; aber da ist ein Einholen wenigstens noch denkbar. Wenn ein solcher wesentlicher Unterschied besteht, kann das niedere Wesen – sofern es denken kann – vom höheren sagen: ›Das muß mächtiger, gescheiter usw. sein als ich‹, ohne diese größere Macht oder Gescheitheit erreichen oder teilen zu können. Es vergrößert gleichsam gedanklich die eigene Macht oder Gescheitheit, zielt im Denken über seine Grenzen hinaus, ohne sie wirklich übersteigen zu können. Es peilt oder zielt die höhere Wirklichkeit an in einem ›Hinausverlängern‹ – so könnte man das Fremdwort ›Extrapolieren‹ übersetzen. Genau dies trifft in unserem Verhältnis zu Gott zu: er bleibt immer der Größere, für uns unerreichbar. Gott übersteigt oder umgreift sogar unseren Horizont nochmals. Es gilt nicht nur, daß er kein Gegenstand in unserem Horizont ist. Er ist vielmehr größer als unser Horizont. Die fundamentale Abhängigkeit des Geschöpfes kann von diesem nie überwunden werden. Der Mensch kann Gott in seinem eigentlichen Wesen nicht nur nicht fassen oder begreifen, sondern nicht einmal erreichen, nicht mit ihm auf eine Ebene gelangen. Es fehlt ihm die Fähigkeit dazu, weil er als Geschöpf keine Antenne, kein Organ hat, um erkennen zu können, was ungeschaffenes Sein bedeutet. Gott ist größer als die Erfüllung aller menschlichen Möglichkeiten. Im Vergleich: das aus der Quelle geschöpfte Wasser, also das Geschöpf, kann nie zur Quelle, also zu dem, aus dem es geschöpft ist, werden. Es bleibt eine begrenzte Menge Wasser. – War es jetzt etwas verständlicher?« wandte sich der Gesprächsleiter an den Teilnehmer, der sich vorhin gemeldet hatte.

»Ja, danke«, war die Antwort.

Darauf fuhr der Gesprächsleiter fort: »Daraus ergibt sich auch, daß wir uns über die genauere Natur des Verhältnisses

Gottes zur Welt keine Vorstellungen machen dürfen. Auch ein Begriff wie ›Schöpfer‹ sagt außer einer fundamentalen Abhängigkeit nichts aus. Die meisten stellen sich dabei Gott und Welt als zwei getrennte Wirklichkeiten vor, wobei Gott rein willkürlich die Welt gerade so geschaffen habe. Viel näherliegend ist es jedoch, Gott und Welt als eine Wirklichkeit zu denken, wobei Gott die tiefere Schicht oder die höhere Dimension derselben wäre. Jedenfalls muß der Mensch es offenlassen, welche von diesen beiden Vorstellungen der Wahrheit näherkommt, und darf nie vergessen, daß auf jeden Fall Gott die erfahrbare Welt dauernd trägt und im Sein erhält, insofern also keinesfalls nur weltüberlegen – welttranszendent – gedacht werden darf, sondern auch in ihr, sie durchdringend – ihr immanent – sein muß. Obwohl Gott das Höhere ist, sind wir auch in ihm. Wenn er die ›Liebe dahinter‹ ist, dann ist er auch die ›Liebe darin‹ – wie man ja auch schon bei einem Geschenk sagt: ›Da steckt aber viel Liebe drinnen.‹ «

»Das war jetzt wieder so schwierig«, sagte diesmal eine Teilnehmerin.

»Dann will ich es auch durch einen Vergleich verdeutlichen: Stellen Sie sich bitte vor, wir wären nur zweidimensionale Wesen, etwa wie dieses Blatt Papier hier; wobei wir jetzt davon absehen, daß dieses Papier auch eine gewisse Dicke, also eine dritte Dimension hat. Wenn ich dieses Blatt halte, befindet es sich an einem bestimmten Ort in der dritten Dimension. Wenn von oben ein Tropfen Wasser auf das Papier fällt, wird er sich dort verbreiten, es durchdringen. Das Papier hätte, selbst wenn es um sich oder um Gleichwertiges wüßte, keine Möglichkeit, seinen Ort in der dritten Dimension zu bestimmen oder zu erkennen, woher das Wasser kommt. Es könnte nur ›anzielend‹ von einer ›höheren Wirklichkeit oder Dimension‹ sprechen. Diese dritte Dimension ihrerseits ist nun keine von dem zweidimensionalen Papier total getrennte Wirklichkeit, sondern sie trägt und durchdringt es. So ähnlich können wir uns das Verhältnis Gott–Welt denken: Gott nicht nur jenseitig, die Welt übersteigend, d. h. transzendent, sondern auch in ihr, sie durchdringend, d. h. immanent.«

»Läuft das nicht darauf hinaus, daß Gott und Welt zusammenfallen, also auf einen Pantheismus?« fragte einer der Teilnehmer, der sich offensichtlich zu dieser Frage auch schon Gedanken gemacht hatte.

»So habe ich es nicht gemeint. Wenn ›alles Gott ist‹, wie der Pantheismus meint, dann wäre die Welt Gott, und Gott wäre nicht der Herr, von dem alles abhängt, was wir als Welt erleben. Ich habe ausdrücklich formuliert: ›Gott ist *auch* immanent, *auch* die Liebe darin usw.‹, um diese Auffassung vom Pantheismus abzugrenzen, nach dem Gott nur immanent ist. Was ich ausdrücken wollte, ist genau das, was der Apostel Paulus meinte, als er zu den Griechen in Athen sagte: ›In ihm (Gott) leben wir, bewegen wir uns und sind wir‹ (Apg 17,28).«

»Ist das nicht egal, wie man sich das Verhältnis Gott–Welt denkt? Wenn wir ohnehin nichts Genaues darüber wissen können«, fragte eine Teilnehmerin.

»Ich halte diese Überlegungen deshalb für wichtig, weil die weit verbreitete Vorstellung, daß Gott und die Welt zwei ganz getrennte Wirklichkeiten seien, nicht nur nicht begründbar ist, sondern auch noch viele Schwierigkeiten mit sich bringt: Sie läßt wenig Platz für eine echte Anteilnahme Gottes am Schicksal der Menschen, für ein wirkliches Mitleiden. Gott würde nur über allem thronen. Die Frage des Leids in der Welt, wie es mit dem Glauben an die Liebe Gottes ohne direkten Widerspruch in Einklang zu bringen sei, würde damit fast unlösbar werden.«

»Wenn das mit Gott gemeint ist und Gott auch in uns gedacht werden kann, ist dann Gott noch eine Person, die mir gegenübersteht, zu der ich sprechen oder beten kann?« fragte dieselbe Teilnehmerin wieder. Sie war dabei sehr nachdenklich.

»Wenn unser ganzes Sein in Gott grundgelegt ist, dann muß auch das Selbstbewußtsein und die Freiheit in ihm schon da sein, und zwar in einem höheren Maß, sicher damit auch nochmals auf andere Weise, die aber nicht zu unserer Erfahrung im Widerspruch stehen kann. Selbstbewußtsein und Freiheit sind aber die Merkmale des heutigen Personbegriffs. In diesem Sinn muß also Gott Person sein, freilich nochmals mehr als wir. Und ich möchte gleich dazusagen: Wenn mit Person das gemeint ist, dann ist Gott nur eine Person. Weil er eben die eine Grundwirklichkeit für alles ist und daher nur ein Selbstbewußtsein und eine Freiheit hat.«

»Was ist dann mit der Lehre von der Dreifaltigkeit? Wir haben doch gelernt, daß es in Gott drei Personen gibt«, wandte Eva ein.

»Genau deshalb habe ich ja betont, daß Gott nur eine Person im heutigen Sinn dieses Wortes sein kann. In der Lehre von der Dreifaltigkeit hat das Wort ›Person‹ eine ganz andere Bedeutung, auf die wir noch stoßen werden; es meint keinesfalls ein eigenes Wesen, so daß es sich dabei um drei Götter handeln würde, die miteinander engstens verbunden sind und zusammenwirken. Das ist ein Mißverständnis der Dreifaltigkeit, das leider weit verbreitet ist. Übrigens macht schon der Ausdruck ›Dreifaltigkeit‹ deutlich, daß es sich bei der Dreiheit in Gott nicht um drei verschiedene Wesen handelt. Ein Gewand, das drei Falten hat, ist ja auch nur ein Gewand. Oder ein anderes Beispiel: Ein Dreieck, das drei Ecken hat, ist nur ein Dreieck.«

Als damit fürs erste diese Frage beantwortet schien, fuhr der Leiter fort: »Aber lassen Sie mich noch etwas ergänzen: Selbstbewußtsein und Freiheit sind zwar wesentliche Merkmale der Person, aber nicht die einzigen. Heute sehen wir in der Psychologie, Philosophie und in der Theologie immer deutlicher, daß wir die Person nicht nur als Einzelwesen sehen dürfen, sondern ebenso als Beziehungswesen. Die Person ist von ihrem Wesen her auf Beziehung, auf Liebe angelegt, sie ist immer auch Träger und Gegenüber einer Beziehung. Man nennt das den dialogischen Personbegriff, im Unterschied zum individualistischen. Das kann freilich auch wieder übertrieben werden, indem man Person in Beziehung auflöst. Dann wäre niemand mehr da, der liebt oder geliebt wird. So meine ich es natürlich nicht. Aber wenn wir Gott eine ›Person‹ nennen, dann eben nicht in einem individualistischen Sinn, sondern in diesem besseren, dialogischen Verständnis von Person: In Gott muß schon Beziehung und Liebe grundgelegt sein. Er ist nicht nur bei sich und für sich, sondern ein liebender, sich mitteilender. Wie wir später sehen werden, liegt hier gerade der Ansatz für ein richtiges Verständnis von Dreifaltigkeit. Für uns jetzt ist aber eines wichtig: Gott im engeren Sinn muß auch in diesem Sinn Person, d. h. ein mich persönlich Liebender, sein. Gott ist nicht nur seiner selbst bewußt und souverän frei, sondern steht in Beziehung zu den Menschen. Erst das gibt jedem

Menschen seine letzte persönliche Würde. Sonst wäre er als einzelner austauschbar und damit letztlich überflüssig. Und darin gründet es auch, daß wir Gott, wenn wir an ihn glauben, auch ansprechen können.«

Diese Überlegungen machten alle sehr nachdenklich. Vielleicht hatten sie sich bisher viel zu unüberlegt Vorstellungen von Gott gemacht. Der Leiter des Abends spürte das und fügte noch hinzu: »Viele Schwierigkeiten mit dem Glauben kommen aus den allzu menschlichen Vorstellungen, aus einem unvorsichtigen Reden von Gott, an dem auch die Kirche weitgehend schuld ist. Wenn es im Alten Testament heißt ›Du sollst dir von Gott kein Bild machen‹, dann gilt das sinngemäß auch von geistigen Bildern, also von unseren Begriffen; und diese Vorsicht ist auch im Neuen Testament genauso notwendig.«

Eva hatte den Kopf ganz voll mit den Gedanken, die sie da gehört hatte. Vor allem die Vergleiche blieben ihr tief im Gedächtnis. An Hand derselben konnte sie Adam gut berichten. Der hörte so interessiert zu, daß Eva wieder Hoffnung schöpfte, er werde sich noch so wie sie mit diesen Fragen auseinandersetzen, die ihr keine Ruhe mehr ließen.

24. Was heißt an Gott glauben?

»Was heißt an Gott glauben?«, so lautete die Fragestellung für den zweiten Abend. Wieder sagte zuerst jeder, was ihm dazu einfiel. Folgende Stichworte wurden notiert:

»Glaube beginnt, wo das Wissen aufhört«
»Erkennen über Wissen hinaus«
»Glaube gründet sich auf Wissen«
»Grundeinstellung, Einlassen auf Wesentliches«
»Vertrauen«
»Nicht blind, sondern Zuversicht«
»Was mein Leben bestimmt«

Der Leiter des Abends ging in der Zusammenfassung der Ergebnisse davon aus, daß das Wort »glauben«, wie leider viele wichtige Begriffe, mehrere Bedeutungen haben kann:

»Die erste Bedeutung hat es z. B. in dem Satz ›Ich glaube, heute wird es noch regnen‹. Hier heißt ›glauben‹ soviel wie ›vermuten‹ oder ›meinen‹. Es geht um unsichere Tatbestände, wie es in dem Sprichwort zum Ausdruck kommt: ›Glauben heißt nichts wissen‹. Für manche liegt auch der Glaube an Gott auf dieser Ebene. Sie wenden das genannte Sprichwort darauf an oder sagen etwa: ›Es könnte ja etwas dran sein. – Wenn es nichts nützt, dann schadet es nichts. – Mein Kind soll es auf alle Fälle kennenlernen.‹ Es versteht sich von selbst, daß man auf einem so verstandenen Glauben an Gott nicht das Leben aufbauen und ihn so auch nicht überzeugend an andere, auch nicht an die eigenen Kinder, weitergeben kann.

Eine zweite Bedeutung von glauben heißt einfach ›fest überzeugt sein, für wahr halten‹. Meistens handelt es sich um Tatbestände, die man nicht selbst überprüfen oder beweisen kann. ›Das glaube ich einfach‹, sagt man dann. Sei es aus unmittelbarer innerer Einsicht oder auf Grund von Mitteilungen, denen man vertraut. Dieses Glauben ist auch ein Erkennen mit Gewißheit, aber nicht ein Wissen, das experimentell oder aus sinnlicher Wahrnehmung überhaupt oder von einem anderen gesicherten Wissen abgeleitet werden könnte. In diesem Zusammenhang muß aber sofort gesagt werden, daß dieses Erkennen durch unmittelbare eigene Einsicht durchaus als ein Wissen von höherer Art bezeichnet werden kann. Es ist die Grundlage jedes Wissens um bestimmte Gegenstände. Denn das beweisbare Wissen bezieht sich nur auf einen Teilbereich der Wirklichkeit, auf die faßbare, gegenständliche Welt der Dinge und auf abstrakte Sachverhalte, z. B. mathematische Gesetze. Schon die grundlegende Tatsache, daß ich selbst bin und daß die Dinge an sich, d. h. unabhängig von den Sinneseindrücken, die ich von ihnen habe, sind, läßt sich nicht beweisen, sondern wird geglaubt. Es gibt keine voraussetzungsfreie Wissenschaft. Das Wissen hat Grundlagen, die nicht überprüfbar sind, sondern als Axiome angenommen werden müssen. Der Mathematiker Goedel hat außerdem nachgewiesen, daß die Wissenschaft nie alle Fragen, die sie stellen kann, auch beantworten können wird und daß der Mensch sogar im rationalen Bereich des Verstandes mit unbeweisbaren Annahmen leben muß.«

»Hat diese Bedeutung von ›glauben‹ etwas mit dem Glauben an Gott zu tun?« fragte einer der Teilnehmer am Gesprächskreis. Der Leiter gab die Frage an den Kreis weiter.

Einem anderen fiel daraufhin der so oft gehörte Satz ein: »An etwas Höheres glaubt ein jeder.« Und ein weiterer ergänzte sofort: »Etwas Höheres muß es geben.«

»Solange man mit Gott nur irgend etwas Höheres meint«, griff der Gesprächsleiter diese Anregungen auf, »ist die Verwendung des Wortes ›glauben‹ im Sinn von ›fest überzeugt sein‹ im Zusammenhang mit Gott durchaus angebracht. Denn wenn Gott nur irgend etwas Höheres ist – das könnte auch die Materie, eine blinde Natur, ein dämonisches Schicksal sein –, kann ich nicht eine tiefere positive Beziehung zu ihm haben. Wenn aber Gott als liebende Macht hinter und in meinem Leben gesehen wird, dann wäre die bloße Überzeugung von seiner Existenz ein ungenügendes Glauben an Gott. Ich möchte Ihnen das durch eine sehr treffende Geschichte, die ich einmal irgendwo gelesen habe, deutlich machen:

Ein Seiltänzer kam in eine Stadt und spannte sein Seil zwischen zwei Häusern auf. Gleich blieben einige Menschen stehen, bald wurden es noch mehr. Denn der Akrobat zeigte immer schwierigere Kunststücke. Zuerst war er bloß über das Seil gegangen. Dann fuhr er mit einem Rad hin und her. Schließlich führte er noch einen Schubkarren über das Seil, den er dann auch mit einem Sack Zement belud. Der Applaus der Zuschauer wurde immer stärker. Da rief der Seiltänzer zur Menge hinunter: ›Glauben Sie, daß ich auch einen Menschen im Schubkarren über das Seil führen kann?‹ Alle schrien: ›Ja.‹ Da rief er wieder hinunter zu dem, der am lautesten geschrien hatte: ›Dann kommen Sie doch bitte gleich herauf!‹ Worauf dieser schleunigst in der Menge verschwand.«

Die Auslegung dieser Geschichte im Kreis war nicht schwierig: Der Mann aus der Menge war vom Können des Seiltänzers sicher fest überzeugt, aber eben so, wie man Sätze für wahr hält. Persönlich hat er sich aber nicht darauf verlassen, er hat sich dem Können des Seiltänzers nicht anvertraut.

»Damit sind wir bei der dritten und tiefsten Bedeutung des Wortes ›glauben‹, die für uns hier entscheidend ist. ›Glauben‹ heißt ›vertrauen‹. Wenn ein Mann zu seiner Frau sagt: ›Ich glaube dir‹, dann meint er – hoffentlich – nicht nur ›vermuten‹, auch nicht bloß ›von der Wahrheit‹ einer bestimmten Mitteilung überzeugt sein, die sie ihm gerade gemacht hat, sondern: ›Ich vertraue dir grundsätzlich, ich bin von deiner Liebe überzeugt, nehme sie dankbar an, richte danach mein Leben aus.‹ Glauben in diesem tiefsten Sinn ist eine zwischenpersonale Beziehung, die sich nicht nur auf Sachwahrheiten bezieht, sondern die andere Person, ihre Liebe, meint. Glauben im Sinne von vertrauen heißt: sich vom anderen lieben lassen, seine Liebe annehmen.

Je nachdem, wer dieser andere ist, ein Mitmensch oder Gott – dieser verstanden als Liebe dahinter und Liebe darin, sonst wäre Vertrauen nicht möglich –, besteht natürlich noch einmal ein Unterschied in der Art und Weise dieses Glaubens. Zum Mitmenschen sage ich: ›Ich glaube oder vertraue dir‹. Der Mitmensch steht mit mir auf einer Ebene, ist auch nur ein Mensch mit seinen Grenzen und Fehlern. Ich kann ihn nicht zum Fundament meines Lebens machen. Damit würde ich ihn überfordern, und ich würde ins Bodenlose stürzen, wenn er vor mir stirbt oder falls er versagen sollte. Insofern kann ich einem Menschen nicht einfach blind vertrauen. Bei Gott hingegen würde ich sagen, wenn ich zum Glauben an ihn komme: ›Ich glaube an dich, ich vertraue auf dich.‹ Gott ist die Wirklichkeit, die mein Leben trägt, von der ich umfangen bin und in der ich mich geborgen weiß. An Gott glauben heißt seine Liebe wirklich zur Grundlage meines Lebens machen, sich gleichsam in seinen Schubkarren setzen, um sich von ihm über alle Abgründe führen zu lassen, heißt auf ihn bauen, alles von ihm erwarten. Daraus ergibt sich dann natürlich auch: ihm dafür danken, ihn ehren und lieben. Der so verstandene Glaube ist die Wurzel und der Inbegriff der richtigen Beziehung des Menschen zu Gott, damit auch zum eigenen Leben, das er als Geschenk Gottes annimmt, und zum Mitmenschen, den er als Geschöpf Gottes sieht. Er vertieft eine bejahende Lebenseinstellung, indem er sie auf ihren Grund zurückführt; damit wird sie grundsätzlich und gilt auch für die Zukunft. Und er universalisiert die Lebensbejahung: sie gilt auch für die anderen und die Gemeinschaft mit ihnen. Er ist, wie richtig gesagt wurde, eine Grundeinstellung, die alle Bereiche des Lebens durchdringt und einschließt.«

»Wie verhalten sich aber nun Glaube und Wissen?« fragte eine Teilnehmerin.

»Um diese Frage beantworten zu können, muß man

zuerst klären, was mit ›Wissen‹ gemeint ist. Meistens wird darunter nur eine bestimmte Art von Erkennen verstanden, nämlich das begriffliche Erfassen von Gegenständen und das schlußfolgernde Denken. Wenn ›Wissen‹ so aufgefaßt wird, dann steht der Glaube darüber, auf einer höheren Ebene. Denn weder die Liebe eines Mitmenschen noch die Liebe Gottes lassen sich erfassen oder beweisen. Wenn ich mich der Liebe eines anderen versichern will, dann will ich ihm gerade nicht glauben.«

»Ist also der Glaube eine Sache des Willens ohne jedes Wissen? Dann wäre er doch unvernünftig«, wandte ein Teilnehmer ein.

»Außer dem Wissen im beschriebenen Sinn gibt es noch ein anderes Erkennen, das viel tiefer liegt: das unmittelbare Erfahren des Menschseins und seiner Beziehungen, zu dem der Mensch einen Zugang hat. Dieses tiefere Wissen ist zwar nicht so klar, es liegt nicht auf der Hand, ist aber in Wirklichkeit das wichtigere: es ist die Voraussetzung jedes Wissens um anderes. Dieses eigentliche Erkennen, das dem Wissen im engeren Sinn zugrunde liegt, ist mit dem Glauben engstens verbunden, ja geeint. Der Glaube ist also keinesfalls unvernünftig, wenn Sie die Vernunft nicht auf das beweisbare Wissen beschränken. Im Grunde des Menschen sind das Erkennen und die Fähigkeit zur Liebe nämlich eins. Sonst wäre die Liebe notwendig blind. Nur so läßt sich auch verstehen, daß sich der Mensch dieser wahren Erkenntnis seiner selbst und seiner Beziehung zum anderen auch verschließen kann: Er läßt sie dann gleichsam nicht hochkommen, nicht wirksam werden. Auf Grund dieses inneren Zusammenhangs von Erkennen und Liebe kann die Bibel auch die Begegnung von Mann und Frau ›Erkennen‹ nennen (Gen 4,1). Glaube ist also zugleich eine Sache des Erkennens und des Willens, wobei man unter Willen nicht das ›Machen- oder Beherrschen-Wollen‹ verstehen darf, sondern die Fähigkeit zu Vertrauen und Liebe. Im Glauben erkennt der Mensch erst wirklich den anderen und sich und damit zugleich nochmals die Wahrheit, die Angemessenheit des Vertrauens und der Liebe.«

»Aber man kann sich doch im Vertrauen auch täuschen und dann in der Liebe enttäuscht werden.«

»Das wird oft dort passieren, wo jemand vorschnell

vertraut. Aber auch sonst bleibt der Glaube immer ein Wagnis, freilich ein durchaus sinnvolles, ja für das Gelingen des Menschseins notwendiges. Weder im Vertrauen auf Gott noch in dem zum Mitmenschen gibt es eine Sicherheit, die jedes Risiko garantiert ausschließt, indem sie die Beziehung nochmals begreift und beherrscht. Beim Mitmenschen muß man außerdem mit der Möglichkeit des späteren Versagens rechnen, kann sie nie ganz außer acht lassen. Daher ist gerade hier auch eine Enttäuschung möglich. Auch die Liebe Gottes erfahren wir in diesem Leben nicht in einer solchen Weise, daß sie uns einfach für immer überwältigt. Dennoch gibt es in beiden Beziehungen eine Gewißheit, nach der man durchaus sein Leben ausrichten kann. Sie genügt für die Liebe zwischen den Menschen und für das Wagnis des Glaubens an Gott.«

»Jetzt habe ich noch eine Frage«, sagte die Teilnehmerin, die zuvor nach dem Verhältnis von Glaube und Wissen gefragt hatte. »Wie verhalten sich Glaube und Gefühl zueinander? Sie haben eigentlich nur von Erkennen und Wollen gesprochen. Spielt das Gefühl beim Glauben keine Rolle?«

»Das hängt ganz davon ab, was man unter Gefühl versteht. Hier liegt die eigentliche Schwierigkeit, eine Antwort auf Ihre Frage zu geben. Ich werde es aber versuchen. Unterscheiden wir bitte zwei Bedeutungen des Begriffes Gefühl: einmal meint es ungefähr dasselbe wie Stimmung oder Gestimmtheit, d. h. das, wie ich mich fühle, z. B. glücklich oder unglücklich, und das entweder allgemein oder gegenüber einer bestimmten Person oder Sache. Das so verstandene Gefühl könnte man deuten als mein inneres Mitschwingen bzw. Nicht-Mitschwingen. Das spielt in der Sympathie oder in der Verliebtheit die entscheidende Rolle. Davon zu unterscheiden ist das Gefühl in einem zweiten, ich würde sagen, tieferen Sinn: das Gespür für die Werte, für das Echte und Wahre. Das so verstandene Gefühl fällt praktisch zusammen mit dem Erkennen im tieferen Sinn, von dem ich vorhin gesprochen habe, das auch wieder mit dem Willen als Fähigkeit zur Liebe geeint ist. Gefühl im ersten Sinn ist wichtig und schön, aber es ist zweitrangig. Es wird dort von selbst dazukommen und sich halten, wo ein Mensch seinem Wesen entsprechend lebt; sonst wird es nur eine vorübergehende Lust sein. Je mehr ein Mensch nur dieses sein Glücksgefühl sucht, desto mehr verfehlt er es. Unter Umständen muß er sogar manchmal gegen dieses Gefühl handeln, etwas tun, was ihm keine Freude macht. Ganz anders ist es beim Gefühl im zweiten Sinn. Dieses ist ein Zugang zum eigentlichen Menschsein, daher von erstrangiger Bedeutung. Dabei kann es sein, daß dieses Gespür für das Gute dem Gefühl im ersten Sinn widerspricht, wenn z. B. die Treue in der Liebe den Verzicht auf die Erfüllung einer Verliebtheit verlangt. Die Wahrheit liegt dann beim Gefühl im tieferen Sinn. Gerade dieser Widerspruch zeigt, wie sehr verschieden diese beiden Ebenen im Menschen sind, die mit dem gleichen Wort Gefühl bezeichnet werden. Daher ist die Verwendung dieses Begriffes so gefährlich.«

»Aber jetzt ist meine Frage noch nicht beantwortet«, meldete sich die Teilnehmerin wieder zu Wort. »Allerdings kann ich mir schon denken, wie sie etwa lauten wird.«

»Ich wäre froh, wenn Sie sagen, was Sie jetzt meinen. Ich rede ohnehin soviel.«

»Gefühl im ersten Sinn ist auch für den Glauben zweitrangig. Wenn der Glaube echt ist, wird es wohl einmal dazukommen. Gefühl im zweiten Sinn – man sollte dabei vielleicht nicht von ›Gefühl‹ sprechen, um eine Verwechslung zu vermeiden – ist für den Glauben wesentlich, ist geradezu eine Grundlage desselben.«

»Ich danke Ihnen. Wenn ich noch ergänzen darf: Natürlich kann auch ein Gefühl im ersten Sinn ein Anstoß sein, sich über den Glauben Gedanken zu machen: Negative Gefühle werfen die Frage nach Gott auf, positive sind Hinweise, daß der Mensch auf Glück angelegt sein könnte. Aber auf solche momentane Gefühle allein läßt sich der Glaube nicht aufbauen, ebenso wenig wie die Liebe auf die Verliebtheit.«

»Jetzt interessiert mich nur eines: Wie man zu diesem Glauben kommen kann«, sagte einer der Teilnehmer.

»Das ist ja die Frage für das nächste Mal«, meinte Eva. Auch sie konnte es kaum erwarten, darauf eine Antwort zu erhalten.

25. Wie kommen wir zum Glauben?

Trotz der großen Erwartung, die vom letzten Treffen noch im Raum stand, wollte der Gesprächsleiter wieder die Meinungen der Teilnehmer auf die Frage »Wie kommen wir zum Glauben?« hören. Folgende wurden genannt:

»Durch andere Menschen.«
»Durch die Eltern, die Kirche, das Evangelium.«
»Durch innere Erfahrung, Hineinhören.«
»Durch Bereitschaft dazu und Gebet.«
»Nur Wunschvorstellung?«
»Durch innere Einsicht, Intuition.«
»Durch Jesus Christus, der um Gott wußte.«
»Durch Erfahrung der Liebe anderer.«

Der Gesprächsleiter bat um Verständnis, daß er diesmal kein längeres Gespräch über die verschiedenen Ansichten führen, sondern gleich mit der Antwort auf die gestellte Frage beginnen wolle. Weil sonst die Zeit zu kurz werde, sagte er. Außerdem komme alles, was genannt worden war, in dem vor, was er sagen wolle.

»Vielleicht sollen wir nochmals festhalten«, begann er, »wovon wir ausgehen. Wir setzen voraus, daß der Mensch sich als schlechthin abhängig erfährt, daß er also etwas annehmen muß, wovon er abhängig ist, ohne daß er dieses erfassen oder erreichen kann. Unser Leben und das der anderen Menschen, das Dasein der Dinge, der Pflanzen und Tiere und der ganzen Welt verstehen sich nicht von selbst, sondern sind das größte Wunder und Geheimnis. Wir haben uns nur schon daran gewöhnt, daher merken wir es nicht. Oder wir wollen es nicht wahrhaben, weil es uns in Frage stellt und wir nicht darüber nachdenken wollen. Wenn wir uns dieser Erfahrung der totalen Abhängigkeit stellen, erhebt sich die Frage: Was steht dahinter, was ist dieses Höhere? Nur eine absurde oder blinde Macht? Dann wäre die Frage selbst sinnlos, aber ebenso unser Dasein. Dann wären wir das Opfer einer kalten, erbarmungslosen Kraft, der wir einfach ausgeliefert sind. Oder ist es eine launische bzw. dämonische Macht, auf die unser Dasein zurückgeht: das ›Schicksal‹ oder irgendwelche willkürliche Kräfte, die uns hervorgebracht haben? Dann sind wir bedauernswerte Geschöpfe, die von der Angst vor dieser Übermacht gejagt sind. Oder dürfen wir annehmen, daß eine sinngebende, das Dasein der Menschen bejahende Macht hinter unserem Leben steht? Dann können wir zu uns selbst und zueinander grundsätzlich ja sagen, ohne daß dies eine eitle Wunschvorstellung wäre. Dann hätten auch unsere Beziehungen zueinander einen Sinn, den nicht erst wir ihnen geben müßten. Liebe wäre nicht nur Mittel zum Zweck, sondern hätte ihre Berechtigung in sich.

Nur im letzten Fall können wir auf dieses Höhere vertrauen, uns ihm anvertrauen. Nur wenn wir es so sehen, ist es Gott, der Grund unseres Glaubens sein kann. Die Frage ›Wie kommen wir zum Glauben?‹ ist also zunächst gleichzusetzen mit der Frage ›Wie können wir zu der Überzeugung gelangen, daß die höhere Macht, die hinter unserem Leben steht, ein liebender Gott ist?‹.

Sowohl bezüglich der grundlegenden Abhängigkeit selbst als auch bezüglich der genauen Bestimmung dessen, wovon wir abhängig sind, kann es keine Beweise geben. Man kann Gott als das Höhere oder gar als liebendes Wesen nicht beweisen, wie man in der Mathematik oder in der Naturwissenschaft etwas beweist. Gott ist kein faßbarer Gegenstand in unserem Horizont. Wenn die sogenannten Gottesbeweise so verstanden werden, setzen sie in Wirklichkeit bereits voraus, was sie erst beweisen sollten: daß alle Wirklichkeit bis auf ihren letzten Grund hin erkennbar sei, daß es auf die Frage, warum die Welt ist und warum sie so ist, wie sie ist, eine sinngebende Antwort gibt, daß diese Frage also nicht absurd sei. Ein Beweis Gottes im naturwissenschaftlichen Verständnis von Beweis würde aus Gott einen Gegenstand des menschlichen Geistes machen, den der Mensch begreifen kann, würde also den Menschen über Gott stellen. Nebenbei gesagt: man kann natürlich genausowenig beweisen, daß Gott nicht ist, daß die Welt prinzipiell absurd und sinnlos sei. Das würde ebenfalls voraussetzen, daß der Mensch einen weltüberlegenen Standpunkt einnehmen und von diesem aus alles beurteilen könnte.«

»Also hat der Philosophielehrer doch weitgehend recht gehabt, den Adam damals eingeladen hatte«, dachte sich Eva im stillen. Sie wollte nicht unterbrechen, denn sie merkte, wie sehr sich der Leiter bemühte, dieses schwierige Thema möglichst prägnant und verständlich zu bringen.

»Das soll allerdings nicht heißen«, fuhr dieser fort, »daß

die sogenannten Gottesbeweise ohne jede Bedeutung wären. Nur sollte man sie eben nicht Beweise nennen. Außerdem sollte man mit ihnen nicht zuviel erkennen wollen, nämlich Gott als eigene, ganz von der Welt getrennte Wirklichkeit; dann erhebt sich nämlich mit Recht der Einwand, daß der so angezielte Grund von allem genausogut in einer tieferen, uns unbekannten Schicht oder Dimension der gesamten Wirklichkeit liegen kann. Wenn man hingegen den sogenannten Kontingenzbeweis aus der Zufälligkeit der Welt richtig versteht, dann setzt er bei der Vielheit aufeinander angewiesener Menschen, Tiere, Pflanzen und Dinge in der erfahrbaren Welt an und zeigt die damit gegebene Abhängigkeit derselben auf, ohne daß er schon eine Antwort geben will, wie das, was dahintersteht, beschaffen sein muß und in welchem Verhältnis es zur Welt steht. Er sagt dann eigentlich nur, wo der Mensch die Erfahrung der Abhängigkeit macht, ohne begründen zu können, warum es diese Abhängigkeit gibt oder sie von anderen Voraussetzungen her beweisen zu können. Wenn man den sogenannten Finalitätsbeweis aus der sinnvollen Ordnung in der Natur richtig versteht, dann ist er bereits ein Versuch, die genauere Eigenart des Höheren zu deuten, von dem wir abhängig sind: als sinngebende Macht. Er ist dann nicht ein zweiter Zugang neben dem Kontingenz›beweis‹, sondern dessen Weiterführung. Freilich kann er in der üblichen Form nicht zu einer liebenden Macht vordringen. Außerdem deutet er meist das Verhältnis Gott–Welt als das von zwei ganz getrennten Wirklichkeiten, was keineswegs die einzig mögliche Deutung dieser Abhängigkeit ist. Schließlich gibt er keine Antwort auf die Tatsache des vielen Leids in der Welt, das ihm ja zu widersprechen scheint. Trotz aller dieser Bedenken zeigt er auf, wo der Mensch erste Erfahrungen machen kann, daß sein Leben vielleicht doch von einer sinngebenden Macht getragen ist. Wenn der Mensch sich nicht von vornherein gegen diese Erfahrung sperrt, wird er doch irgendeinmal betroffen sein von der Schönheit einer Blume, vom Wunderwerk des Lebens, von der Größe menschlicher Fähigkeiten. Das verweist ihn dann nicht nur auf irgendein Höheres, sondern auf eines, dem er danken kann. Was wir später als Zugang zum Glauben überlegen werden, ist im Grund eine Weiterführung dieses Gedankengangs ohne die oben genannten Mängel. Aber es handelt sich dabei nicht um einen Beweis im eigentlichen Sinn, sondern um einen Verweis, d. h., wir werden auf Gott verwiesen, oder noch besser: Gott erweist sich durch das, was er in uns, zwischen uns und für uns wirkt.

An die Stelle des Beweisen-Wollens muß also die Bereitschaft treten, Gott wirken zu lassen, auf ihn zu hören, also das genaue Gegenteil. Deshalb kann man zweitens Gott als höhere oder als liebende Macht, die uns trägt, meiner Ansicht nach auch nicht als das eigentliche Ziel des menschlichen Geistes, um das der Mensch immer schon wisse, aufweisen, wie es eine neuere Theologie im Anschluß an den Philosophen Hegel versucht. Demnach hätte der Mensch eine Art Vorwissen von Gott, weil sein Erkennen und Wollen über alles Endliche hinaus auf das Unendliche gehe. Wer eine Begrenztheit dieses geistigen Horizontes behaupte, widerspreche sich selbst, weil er ja um das Jenseits der Grenze wisse, und hebe damit die Grenze wieder auf, wird als Begründung angeführt. Wer diesen Vorgriff des Geistes über alles Erfahrbare hinaus auf einen sinnvollen absoluten Grund der Wirklichkeit ablehne, müßte sich konsequenterweise selbst das Leben nehmen, falls er nicht – im Mißbrauch seiner Möglichkeiten – sich selbst mit diesem Grund – mit Gott – verwechselt, wird gesagt; wobei er indirekt nochmals bestätigen würde, daß er auf einen absoluten Sinn angelegt ist. Wer hingegen sein Leben bejaht und leben will, glaube zumindest anonym oder unausdrücklich an einen Sinn des Lebens und damit an Gott, selbst wenn er sich ausdrücklich als ungläubig bezeichnet und Gott ablehnt.«

»Warum halten Sie das für unrichtig?« wollte Eva wissen. Sie erinnerte sich lebhaft an die Ausführungen ihres ehemaligen Religionslehrers.

»Zunächst möchte ich einmal sagen, was ich an diesen Gedankengängen für richtig halte: Der Mensch geht in seinem Erkennen und Wollen, in seinem geistigen Horizont über alles Konkrete, einzelne, was er in dieser Welt erfahren kann, hinaus. Er kann diese Reichweite seines Geistes nicht selbst überblicken und bestimmen, weil er ja keinen höheren Standort hat, von dem aus er seine Möglichkeiten beurteilen könnte. Daher kann der Mensch aus eigenem auch nicht behaupten, daß sein Horizont begrenzt sei, daß es also über diesen hinaus noch erkennbare, sinnvolle Dimensionen der

Wirklichkeit gibt, die ihm aber nicht zugänglich seien. Wenn er das tut, widerspricht er sich selbst. Aber daraus folgt nun meiner Ansicht nach nicht, daß er von sich aus sagen kann oder sogar sagen muß, daß er grundsätzlich alle Wirklichkeit bis auf ihren Grund erkennen kann, daß sein geistiger Horizont nicht nur ihm unbegrenzt erscheint, sondern es auch tatsächlich ist. Er muß vielmehr zunächst die Frage offenlassen, ob sein Geist eine endliche oder unendliche Reichweite hat. Wenn er eine solche Endlichkeit nur vermutet, nicht behauptet, verfällt er keinem Selbstwiderspruch. Denn vermuten kann er eine solche Begrenztheit schon auf Grund der Erfahrungen in seinem Horizont: weil es da Wesen gibt, die in ihren Möglichkeiten nochmals begrenzter sind als er, etwa die Tiere; weil er sich als abhängig erlebt und daher die Frage nach dem Woher stellt. Bei dieser Vermutung denkt er anzielend über sich hinaus, ohne jedoch über etwaige höhere Wirklichkeiten etwas von sich aus zu erkennen, diese zu erreichen. Er kann nicht aus eigenem entscheiden, ob er vom Absurden umgeben ist, ob also auch seine Sehnsucht nach Sinn nochmals die Quälerei eines absurden Geschickes ist, oder ob er getragen ist von der ihm überlegenen Macht eines liebenden Gottes. Eine Antwort darauf kann er nur durch das erhalten, was Gott in seinem Bereich, in seinem Horizont, wirkt.«

»Können Sie das nicht noch etwas einfacher sagen«, bat Eva. »Das war so schwierig zu verstehen.«

»Ich will es gerne versuchen. Vielleicht gehe ich am besten von einer Erfahrung aus, die hoffentlich jeder von uns schon einmal gemacht hat. Es gibt Augenblicke in unserem Leben, in denen wir geneigt sind, zu sagen: ›Ich bin unendlich glücklich.‹ Natürlich wissen wir, daß wir schon deshalb nicht wirklich unendlich glücklich sind, weil diese Augenblicke vorübergehen, während das Glück Ewigkeit will. Aber dennoch haben wir uns im Moment so erlebt, waren ganz erfüllt von Freude. Bei dieser Gelegenheit möchte ich sagen, daß ich es ablehne, diese Erfahrungen, die meist in der mitmenschlichen Liebe gemacht werden, im nachhinein als unbefriedigend hinzustellen, sie schlecht oder ›madig‹ – so nennt es der evangelische Theologe Dietrich Bonhoeffer, der auch nicht damit einverstanden ist – zu machen. Man sagt dann etwa – in Anlehnung an den französischen Dichter Paul

Claudel –, daß jede menschliche Liebe mehr verspricht, als sie halten kann. Das stimmt natürlich insofern, als diese Liebe durch das Versagen eines oder beider Liebenden bedroht ist und zumindest durch den Tod beendet zu sein scheint. Aber daraus folgt keineswegs, daß der Mensch ein größeres, ihn übersteigendes göttliches Du als eigentliches Gegenüber sucht. Er will vielmehr, daß das Glück seiner menschlichen Liebe ganz und von ewiger Dauer sei. Weil dies nicht in seiner Macht steht, fragt er nach Gott. Ebenso, wenn er überlegt, ob er jemandem und wem er das Glück seiner menschlichen Liebe verdankt.

Nun aber zurück zu jener Erfahrung von Augenblicken, in denen man sich unendlich glücklich fühlt. Diese Unendlichkeit, die der Mensch da erlebt, bedeutet einfach, daß ihm im Moment nichts auf sein Glück fehlt, daß er in diesem Sinn unbeschränkt glücklich ist. Aber daraus läßt sich doch nicht ableiten, daß es über das, was er da erfährt, hinaus nichts gibt. Das heißt mit anderen Worten: Der Mensch erlebt dieses Glück als unendlich, weil es wenigstens im Augenblick alle seine Möglichkeiten, seinen Horizont ausfüllt. Aber er muß es zunächst offenlassen, ob es ein höheres Wesen oder eine tiefere Dimension der Wirklichkeit gibt, für die noch ein größeres Glück möglich ist. Er darf also aus der Erfahrung, daß er sein Glück als grenzenlos erlebt, nicht schließen, daß darüber hinaus nichts möglich ist, daß sein Horizont tatsächlich unbegrenzt ist. Weil ihm sein Horizont unendlich vorkommt, darf er diese von ihm erlebte, scheinbare Unendlichkeit also nicht mit der Unendlichkeit Gottes gleichsetzen und daraus folgern, daß er Gott erreichen könne. In einem gewissen Sinn kommt sich jedes Wesen unendlich vor, weil es über seine Grenzen nicht urteilen kann. Der Mensch zunächst auch. Er kann jedoch – anzielend – die Frage nach höherer Wirklichkeit stellen, seine Unendlichkeit in Frage stellen, ohne deshalb über sich hinauszureichen.«

»War es jetzt ein wenig verständlicher?« wandte sich der Gesprächsleiter an Eva. Als sie nickte, fuhr er fort: »Der menschliche Geist kann sicher über alles Erfahrbare hinaus fragen, und er tut es auch. Aber er kann aus der Frage nicht die Antwort ableiten, nicht einmal die reale – nicht bloß denkbare – Möglichkeit einer Antwort.

Wenn der Mensch aus der Frage sofort die Antwort, aus

der Sehnsucht gleich ihre Erfüllbarkeit ableitet, setzt er die Ebene des Denkens gleich mit der Ebene des Seins, unterscheidet er nicht zwischen Denkmöglichkeit und Seinsmöglichkeit. Das ist der Grundfehler einer bestimmten, nämlich der idealistischen Philosophie. Außerdem stellt er sich – theologisch gesehen – letztlich auf eine Ebene mit Gott selbst, hält sich für Gottes fähig. Das Größer-Sein, das Geheimnis Gottes wird nicht gewahrt. Der Mensch wäre gleichsam ein werdender Gott, was mit seiner radikalen, bleibenden Abhängigkeit nicht vereinbar ist. Er wäre letztlich ein geschaffener Gott, was ein Widerspruch in sich ist. Der Mensch kann auf Gott nicht geistig vorgreifen und deshalb auch kein Vorwissen von Gott haben, aus dem er ihn aufweisen könnte. Sein ›Vorwissen‹ ist nur eine Vorahnung, eine leise Hoffnung. Diese gründen in der anzielenden Frage nach Gott und in der Sehnsucht nach einem grundsätzlich sinnvollen Leben, die aber nur als Hinweis gelten kann – ähnlich wie ein Wegzeichen keine Sicherheit gibt; es könnte ja auch zufällig oder aus absichtlicher Irreführung zustande gekommen sein.

Wenn der Mensch sich so seine Frage nach Gott selbst beantwortet und aus der Sehnsucht nach einem grundsätzlich sinnvollen Leben deren Erfüllbarkeit ableitet, indem er aus ihr auf Gott schließt, begeht er einen ›religiösen Kurzschluß‹. Dieses ›kurzschlüssige‹ Sprechen von Gott ist in allen Religionen immer wieder vorgekommen, auch und gerade im Christentum, weil sich dieses sehr eng an die idealistische griechische Philosophie angelehnt hat. Es ist der Hauptangriffspunkt für alle Religionskritik, die dann sogar mit gewissem Recht feststellen kann, daß die Religion dem Wunschdenken des Menschen entspringt; daß der Mensch sich Gott in der Religion nach seinem – des Menschen – Bild zurechtlegt und seine Wünsche nach Unendlichkeit auf Gott überträgt oder projiziert, wie Ludwig Feuerbach sagt; daß der Mensch in der Religion nur seinen Trost sucht, weil er dem Leid dieser Welt entkommen will, daß die Religion also das ›Opium des Volkes‹ sei, wie Karl Marx behauptet; daß die Religion, der Glaube an einen Vater-Gott nur eine Illusion sei, der jene verfallen, die psychologisch in ihrer Kindheit steckenbleiben oder in sie zurückfallen, wie Sigmund Freud erklärt. Diese Religionskritik hat viel Richtiges gesehen und müßte unseren Glauben läutern.«

»Aber gilt nicht auch in der Kirche das Sprichwort ›Not lehrt beten‹?« warf ein Teilnehmer ein.

»Wenn ein Mensch nicht schon gläubig ist, wird er aus der Not allein nicht zum Glauben kommen, sondern höchstens zu einem religiösen Wunschdenken in dem eben beschriebenen Sinn. Gott ist dann für ihn dasselbe wie ein Amulett für den Heiden, wie ein Stück Holz, dem er magische Kräfte zuspricht, um sich daran anklammern zu können. Das kann man nur ›Religion‹ unter Anführungszeichen nennen, ein Zerrbild von wirklicher Religion. Diese sucht und anerkennt Gott als den Größeren, läßt sein Geheimnis stehen. Jene Fehlform hingegen ist so etwas wie eine ›religiöse Selbsterlösung‹. Sie macht aus der Religion eine Art Ideologie, mit welcher der Mensch sein Leben und das der anderen nochmals sichern bzw. beherrschen will. Jeder Fanatismus in der Religion hat hier seine Wurzeln. All das hat mit Glauben als Vertrauen auf Gott nichts zu tun. Es ist höchstens Selbstsuggestion oder beruht auf Suggestion durch andere, die den Menschen in Unmündigkeit hält. Eine solche Haltung bringt den Glauben nur in Mißkredit. Wer so ›religiös‹ ist, kann sehr fromm erscheinen und viele religiöse Werke tun, wird aber dadurch nicht zu wirklicher Liebe fähig, betrachtet die anderen höchstens als Betätigungsfeld für seine religiösen Leistungen, mit denen er sich sein Heil bei Gott verdienen, sich dessen versichern will.«

»Kann nicht die Not oder dieses ›religiöse Wunschdenken‹ wenigstens ein Anstoß für den Glauben sein?« wandte ein Teilnehmer ein. Alle waren etwas erschlagen von der Intensität, mit welcher der Leiter diese Unterscheidung von »Religion« und Glauben vortrug. Wahrscheinlich stand bei ihm eine intensive persönliche Auseinandersetzung mit diesen Fragen dahinter.

Auf den vorgebrachten Einwand wurde er ein wenig nachdenklich und meinte dann: »Ein Anstoß vielleicht schon. Wie auch die Furcht vor der Strafe ein Anstoß für eine Reue sein kann: So kann sicher auch die Not ein Anlaß sein, sich der Gottesfrage endlich zu stellen oder einen verschütteten Glauben wieder auszugraben. Oder das ›religiöse Wunschdenken‹ kann auch das Interesse am Glauben wecken helfen, gelegentlich vielleicht sogar zu einer tieferen Auseinandersetzung mit Glaubensfragen führen. Aber beides kann nie die Grundlage des Glaubens sein. Wenn es dazu verwendet wird, versperrt es den Zugang zum Glauben; so wie die Drohung mit der Strafe dem Vertrauen und der Liebe im Weg stehen kann. Insofern ist dieser Anstoß sehr gefährlich und sollte nie absichtlich verwendet, sondern vielmehr bewußt vermieden werden.«

»Jetzt wissen wir aber noch immer nicht, wie wir zum wahren Glauben kommen können«, wagte Eva zu sagen. Sie hielt es einfach nicht mehr aus. So gespannt war sie auf die eigentliche Antwort.

»Sie haben recht. Es wird höchste Zeit, darauf einzugehen. Dabei ist es immer leichter, Unrichtiges abzulehnen als Richtiges darzustellen. Ich will es versuchen, indem ich wieder auf das Gleichnis vom vorletzten Mal zurückgreife: Der Mann, der vor seiner Türe das Paket gefunden hatte, wollte unbedingt wissen, woher es kam. Er konnte den Absender nicht ausfindig machen, und die Überbringer konnten auch keine Auskunft geben. Er wollte auch nicht von vornherein annehmen, daß das Paket von einer Frau kam, die er liebte und von der er sich schon lange ein Zeichen ihrer Liebe erhofft hatte. Obwohl er in Versuchung war, sich das einzureden. So blieb ihm nichts anderes übrig als...«

»...das Paket zu öffnen«, fiel Eva ins Wort.

»Ganz richtig. Aber damit war auch noch nicht alles entschieden. Denn in dem Paket war kein fertiges Geschenk, sondern darin lagen viele Teile, die man möglicherweise zusammenbauen konnte und sollte. Aber das schien eine sehr schwierige Aufgabe zu sein. Und nirgendwo gab es eine Garantie, daß der Zusammenbau gelingen und etwas Gutes dabei herauskommen würde. Schon wollte der Mann das Paket wieder weglegen, da fand er ganz unten einen Zettel mit einer Art Gebrauchsanweisung, allerdings nur sehr ungenau und schwer zu lesen. Dennoch faßte er eine leise Hoffnung, daß aus den Teilen etwas Gutes werden könnte. Und er begann mit dem Zusammensetzen. Immer wieder hörte er auf, weil er den Mut verlor. Doch dann probierte er wieder. Zwischendurch kam er in Versuchung, alles wegzuwerfen. Aber die anderen Leute in der Umgebung plagten sich ebenso. Das machte ihm wieder ein wenig Mut. Manche hatten offensichtlich schon von den Überbringern des Paketes mehr Zuversicht mitbekommen und konnten auf deren

Erfahrungen aufbauen. Die waren eindeutig im Vorteil. Manchen war es schon gelungen, ein größeres Stück zusammenzusetzen. Einige von diesen gaben ihm wertvolle Hinweise. Offensichtlich konnte man auch einige Teile gegenseitig tauschen bzw. miteinander verwenden und so besser vorankommen. Das ließ schon fast darauf schließen, daß das Ganze einen gemeinsamen Sinn hatte. Da hörte man plötzlich einen Freudenruf. Einer kam mit einer Zeichnung, wie das fertige Produkt aussehen sollte. Die hatte er von einem Fremden erhalten. Sie ging zurück auf einen, der schon vor längerer Zeit als erster die Teile in seinem Paket richtig zusammengebaut hatte. Er war besonders bereit gewesen, mit anderen seine Erfahrungen und auch wesentliche Teile zu tauschen bzw. gemeinsam zu verwenden, und dadurch war ihm als erstem die Fertigstellung gelungen. Er hatte einen besonders großen Vorschuß an Vertrauen gehabt. Und es war etwas Wunderbares daraus geworden. Diese Zeichnung konnte als Vorlage dienen. Nun wurde aus der leisen Hoffnung die Gewißheit, daß aus dem Inhalt des Paketes etwas Wunderschönes entstehen wird. Damit war auch die Frage gelöst, was dahinterstand und darin sichtbar wurde: eine große Liebe.«

Gemeinsam wurde das Gleichnis ausgelegt: Das Paket ist ein Sinnbild für das zunächst unbekannte Leben. Das Paket öffnen heißt das Leben zunächst einmal annehmen. Aber es ist nicht fertig. Es muß erst mühsam entfaltet werden. Der Mensch steht in Versuchung, es liegen zu lassen bzw. wegzuwerfen oder es ohne Rücksicht auf den Absender und dessen Willen selbstherrlich zu verwenden. Doch erst durch Erfahrung kann der Mensch erkennen, was dahintersteht. Vorher hat er nur eine leise Hoffnung. Diese wird getragen von der Sehnsucht und geleitet von einem Wissen in der Tiefe des Herzens, wie man die Teile richtig zusammenbauen soll: Die Gebrauchsanweisung ist ein Bild für das Gewissen. Wenn die Überbringer, d. h. die Eltern, eine positive Einstellung zum Leben überhaupt und zu dem ihres Kindes haben, ist das eine große Hilfe, ein guter Start für das Gelingen des Lebens. Anfanghafte Erfahrungen machen weiter Mut. In der Liebe der Menschen zueinander – Erfahrungen austauschen und gegenseitig Anteil am Leben geben – gelingt das Leben erst richtig. Sie ist von ausschlaggebender Bedeutung. Der

Durchbruch zum ganzen, heilen Menschsein in Liebe und damit zum vollen Glauben geschah in Jesus Christus! Er ist die Vorlage für unser Leben, unsere Liebe und für unseren Glauben.

»So kommt man also zum Glauben durch Erfahrung«, sagte Eva nach einer kleinen Pause.

»Ja, und diese Erfahrung hat zwei Komponenten«, erwiderte der Leiter, »eine innere und eine äußere. In uns ist das Gespür für das wahre Menschsein, das Gewissen. Man könnte auch sagen: die Anlage zum ganzen und guten Menschsein, das ›Herz‹. Diese Anlage ist eine dynamische Größe, d. h. sie drängt auf Verwirklichung, sie ist gleichsam ›auf Sprung‹. Sie ist vergleichbar mit einer Feder in der Uhr oder mit dem Samen in der Erde. In der Predigt am zweiten Adventsonntag haben wir darüber gesprochen. Der Mensch kann dieses sein Gewissen unterdrücken, nichts davon wissen wollen. ›Er will es nicht wahrhaben‹, sagen wir zu dieser Haltung. Der Apostel Paulus nennt es mit psychologischem Feingespür ›die Wahrheit durch Ungerechtigkeit niederhalten‹ (Röm 1,18 b); mit Ungerechtigkeit ist hier die böswillige oder schuldhafte Abkehr vom Schöpfer gemeint, das ›Nicht-Geschöpf-sein-Wollen‹.«

»Aber Sie haben doch damals in der Predigt selbst gesagt, daß dieses Gewissen erst geweckt werden muß. Es muß doch nicht Bosheit sein, wenn einer nicht glaubt«, wandte Eva ein.

»Sehr richtig. Ich habe auch erst die eine Komponente der Erfahrung genannt, durch die der Mensch zum Glauben kommt. Neben der inneren Anlage des Gewissens braucht es zweitens den Anstoß durch die äußere Erfahrung. Man könnte, um den Vergleich von vorhin aufzugreifen, auch sagen: in dem Paket, das ein Bild für das Leben ist, befindet sich ein Same, der aber erst in gute Erde eingepflanzt werden muß, damit er aufgehen kann. Damit der Mensch sein Leben auch nur anfanghaft entfalten und damit auch als Geschenk erfahren kann, braucht er eine gute Umgebung. D. h. natürlich nicht, daß er das Produkt seiner Umgebung wäre, aber diese hat eine weckende, auslösende Funktion, sie ist die Bedingung des Menschseins.«

»Aber genügt nicht die innere Erfahrung, um Gott zu erkennen? Gerade die Religionen des Ostens lehren doch die totale Versenkung, die alle äußeren Einflüsse ausschaltet. Und auch in Europa gab es eine Mystik, die Gott nur im Inneren des Menschen erfahren wollte.« Dieser Einwand eines Teilnehmers erforderte gleich eine Antwort.

»Vielen Dank für diese Frage, die heute sehr aktuell ist, da viele Menschen das Heil in östlichen Religionen suchen. Wenn ich vom Buddhismus ausgehen darf, den ich etwas besser kenne: Der Buddhist enthält sich jeder Aussage über einen liebenden Gott, er läßt die Frage nach Gott völlig offen, etwa im Sinn einer radikalen negativen Theologie.«

»Was ist das wieder?« wollte Eva wissen.

»Die negative Theologie betont das Geheimnis, die Verborgenheit Gottes, der uns in seinem eigentlichen Wesen unzugänglich ist. So allgemein verstanden, vertrete ich auch die negative Theologie. Allerdings ist dann noch einmal ein Unterschied, ob man dennoch ein anzielendes Sprechen von Gott als der ›Liebe dahinter‹ für möglich hält oder nicht. Der Buddhist lehnt auch dieses ab. Das nannte ich die radikale negative Theologie. Ebenso gibt es im Buddhismus keine positiven inhaltlichen Aussagen über den endgültigen Heilszustand des Menschen, das sogenannte ›Nirvana‹. Dieses wurde bisher oft fälschlich mit ›Nichts‹ übersetzt. Damit entstand der Eindruck, daß der Buddhist die Auflösung in das Nichts anstrebt. Doch das war falsch. Der Buddhist läßt es ganz offen, ob dieses Nirvana tatsächlich in einem Aufhören der Existenz des einzelnen oder in einer persönlichen Seligkeit ähnlich dem christlichen Verständnis besteht. Das eigentliche Wesen des Nirvana ist für ihn nicht aussagbar, da es jenseits von Tod und Leben liegt. Die einzige positive Bestimmung desselben liegt in der Negation des Negativen, man könnte sagen: Das Nirvana ist das Frei-Sein von Verblendung, von instinkthaftem Begehren, von Leidenschaften, die Leid verursachen. In diesem Sinn – aber eben nur in diesem Sinn – bedeutet es Seligkeit, Stille, Frieden, also einen Zustand, in dem weder Tod noch Leben dem Menschen etwas anhaben können.«

Eva mußte an den Vortrag über die verschiedenen Heilslehren denken, den sie in der Volkshochschule gehört hatte. Schon damals war ihr aufgefallen, daß das Leben des einzelnen in diesem Heilsweg anscheinend keinen letzten Sinn hat. Sie erzählte von ihrem Eindruck.

»Sie haben ganz recht, daß der Buddhist sich darüber keine Gedanken macht, diesbezüglich keine Vorstellungen hat und keine Aussagen macht. Ich halte das für eine verständliche Reaktion auf ein falsches, selbstherrliches Besitzen- und Leben-Wollen des Menschen, durch das er das wahre Leben verfehlt und die Liebe zerstört. Aber diese Reaktion verfällt meiner Ansicht nach in eine andere Einseitigkeit: sie lehnt das konkrete Leben überhaupt ab, will ihm entfliehen und verschließt sich damit auch allen Erfahrungen, die dieses als Geschenk eines liebenden Gottes erkennen lassen. Wer sich total von der Außen- und Mitwelt abschließt, sich nur in sich selbst versenkt, kann auch sein Leben nicht als Gabe erfahren. Er wird innerlich leer sein, weil der Mensch nur in Beziehung zu anderem und zu anderen er selbst sein kann. So kann er weder die Liebe Gottes hinter seinem Leben erahnen noch zu der Hoffnung auf ein persönliches Weiterleben gelangen. Das könnte meines Erachtens z. T. auch von den Mystikern des Mittelalters gelten. Diese haben oft unter der Abwesenheit Gottes gelitten und sie als eine ihnen verhängte Prüfung gedeutet. Ich neige dazu, diese ›Nacht der Mystiker‹, unter der sie sehr, oft jahrelang gelitten haben, in vielen Fällen als eine Folge der Einseitigkeit zu verstehen, Gott nur im eigenen Inneren unter Ausschaltung der Um- und Mitwelt zu suchen. Der Mensch ist auch auf äußere Erfahrung angewiesen, darf sie daher nicht ausblenden, wenn er wahrhaft zu sich selbst finden will.«

»Aber Buddha selbst und viele Mystiker haben auf diesem Weg doch positive Erfahrungen gemacht«, lautete ein Einwand.

»Wohl deshalb, weil sie vorher schon gute Erlebnisse in der Welt, besonders mit anderen Menschen gehabt haben. Nur auf diesem Hintergrund dürfte es möglich sein, die Vergänglichkeit alles Irdischen zu bejahen. Man wird auch einmal die Frage stellen dürfen, ob nicht gerade Buddha, weil er ein Prinz war, der vorher alles gehabt hat, auf alles verzichten konnte. Wer keine guten Erfahrungen hatte, kann weder zur Freiheit Buddhas noch zum Glauben an Gott gelangen.«

»Wenn er aber nur schlechte Erfahrungen macht ...«, fiel Eva dem Leiter ins Wort.

»... dann kann er nicht zum Glauben kommen. Strenggenommen, müßte er freilich auch dann noch sagen: Ich kann nicht mit Sicherheit behaupten, daß ich nicht vielleicht doch noch einmal das Leben positiv erfahre; außerdem erlebe ich ja auch andere Menschen, die glücklich sind. Er dürfte sich also sogar in diesem Fall nicht endgültig dem Glauben verschließen, nicht jede, auch die leiseste Hoffnung aufgeben, daß das Leben doch grundsätzlich gut sein könnte. Aber wahrscheinlich gibt es den Menschen, der überhaupt nur schlechte Erfahrungen gemacht hat, gar nicht. Zumindest wäre er nicht am Leben. Denn das mindeste, was er erlebt haben muß, ist ein wenig Liebe seiner Mutter oder anderer Menschen, jedenfalls soviel, daß er genügend zu essen bekam. Aber dennoch kann es sein, daß ein Mensch sehr wenig gute Erfahrungen gemacht hat, jedenfalls zu wenig, um seine Sehnsucht nach einem geglückten Leben als berechtigt erkennen zu können. Dann kann er nicht glauben. Aber es entspricht seiner Situation, wenigstens eine leise Hoffnung zu bewahren, sich damit für den Glauben offenzuhalten. Ein Mensch mit dieser Glaubensbereitschaft, der dieses Dunkel aushält und sein Leben nicht wegwirft, nicht verkommen läßt und auch nicht selbstherrlich in die Hand nimmt, um ihm eigenmächtig Sinn zu geben, ist noch kein gläubiger Mensch, auch kein unausdrücklich oder anonym Glaubender. Der wirkliche Glaube kann erst dort zustande kommen, wo ein Mensch soviel positive Erfahrungen macht, daß er seine Anlage auf ein erfülltes Leben in Liebe als grundsätzlich sinnvoll erkennen kann; wenn ihm das Ziel seines Weges zumindest umrißhaft aufleuchtet und er anfanghaft Erfüllung erlebt, so daß die Hoffnung auf eine endgültige Vollendung berechtigt erscheint. Dann kann er bereits zu der Überzeugung gelangen, daß sein Menschsein nicht von blinden oder gar dämonischen Kräften abhängt, sondern von einer ihn persönlich liebenden Macht. Das Vertrauen auf diese ›Liebe dahinter‹, die immer auch ›Liebe darin‹ ist, ist der Glaube.«

»Und wo kann man am ehesten solche Erfahrungen machen?« fragte ein Teilnehmer.

»Wo meinen Sie?« gab der Leiter die Frage an die anderen Teilnehmer weiter.

»In der Natur«, sagte einer. »Da bin ich Gott am nächsten.«

»Ich bin in einer guten Freundschaft am glücklichsten. Aber da denke ich an den anderen, nicht an Gott«, meinte eine Teilnehmerin.

Der Leiter knüpfte an die erste Antwort an: »Die außermenschliche Natur ist sicher ein großes Wunder. Wir können nicht genug staunen über sie. Und die heutige Naturwissenschaft weiß das auch wieder. Sie ist sich dessen bewußt, daß das Leben nicht aus dem Zufall allein, sondern nur aus einer Ordnung heraus erklärt werden kann, in deren Rahmen sich neue und immer höhere Formen von Ordnung ergeben haben. In einem Menschen, habe ich einmal gehört, stecken 10^{28} – also eine Zahl mit 28 Nullen – solche Gesetzmäßigkeiten oder Entscheidungen; das sind mehr Informationen als in allen Bibliotheken der Welt zusammen. Dennoch kann man aus diesen Wundern der Natur nicht einfach auf Gott schließen. Es wäre auch völlig falsch, Gott dort einzusetzen, wo die Naturwissenschaft derzeit oder vielleicht überhaupt nie eine Erklärung findet. Gott würde damit zum Lückenbüßer. Der Zugang zu Gott kann nur aus dem Positiven gefunden werden. Dafür scheint mir nun die wunderbare Ordnung des Lebens nicht zu genügen. Es gibt in dieser Natur viel Leid, viel scheinbar Sinnloses, das gegen die Existenz eines geistigen Urhebers dieser Welt und erst recht eines liebenden Gottes spricht.«

Eva mußte an das Gespräch mit ihrem Nachbarn denken, wo es um die Entstehung des Lebens und die Evolutionslehre der Darwinisten gegangen war. Sie war schon gespannt, welche Antwort der Leiter auf die damals offengebliebenen Fragen geben würde.

»Ich meine also, daß der Mensch auf sich selbst schauen, von seiner eigenen Erfahrung ausgehen muß. Denn erst im Menschen kommt die Dynamik auf Sinn hin zu sich selbst, der Mensch wird zum Träger dieser Dynamik. Er weiß um sie und kann deshalb auch erkennen, daß sie sinnvoll ist, wenn er sie anfanghaft als erfüllt erlebt. So kann er auf Grund dieser Dynamik das Leben als positiv erkennen, auch wenn es noch so unfertig und fragwürdig ist wie ein erst in kleinen Stücken zusammengesetztes Puzzle. Auch ein solches kann schon als Geschenk erfahren werden, wenn der Empfänger in sich die Anlage erlebt, es fertigzustellen. Um von dieser Dynamik und ihrer anfanghaften Erfüllung zum Glauben zu gelangen, muß der Mensch zunächst einmal anerkennen, daß er sein Leben und damit diese Dynamik auf Sinn hin nicht selbst geschaffen, sondern erhalten hat. Er darf sie nicht eigenmächtig als seinen Besitz betrachten, auf den er ein Recht hätte. Ferner darf er sich Gott nicht als eigene Wirklichkeit außerhalb der Welt erschließen wollen, sondern muß sich damit begnügen, ihn in anzielender Weise als die dahinter stehende sinngebende Macht zu sehen. Die vorausgesetzte Ordnung, auf die sein Leben zurückgeht, muß auch nicht alles vorausgeplant haben, sondern kann selbst überrascht sein, was dabei herausgekommen ist, und dennoch den Menschen in Liebe gewollt haben; ähnlich wie Eltern ein Kind wollen, ohne schon zu wissen, wie es wird.

Der Glaube beruht also auf der Erfahrung des Lebens als eines noch unfertigen, aber sinnvollen Geschenkes. Diese muß erst geweckt werden, wie wir schon festgestellt haben. Für diese Weckung genügt nach unseren bisherigen Überlegungen nicht das Erlebnis der untermenschlichen Natur, so großartig diese ist. Darauf weist übrigens auch die Tatsache hin, daß wir diese Natur ganz verschieden erfahren, je nachdem, in welchen mitmenschlichen Beziehungen wir stehen. Das eigentliche Menschsein des Menschen wird erst durch die Begegnung mit Menschen geweckt. Nur in dieser kann er seine Dynamik auf Sinn hin und deren anfanghafte Erfüllung erleben.

Ausschlaggebend für den Glauben ist also die Erfahrung mitmenschlicher Liebe. Das gilt schon deshalb, weil nur in der Liebe anderer mein Selbstsein in seinem Selbstwert, in seiner einmaligen Würde angesprochen wird. Nur eine Liebe, die mich nicht als Mittel zum Zweck sieht, die mich nicht nach Leistung oder Besitz beurteilt oder mir erst meine Bedeutung zusprechen will, kann in mir das Bewußtsein wecken, daß ich grundsätzlich und von vornherein liebenswürdig bin, daß mein Leben um seiner selbst willen Sinn hat. Außerdem bin ich aber als Mensch nicht nur ein Selbstsein, d. h. ein Wesen für sich, sondern gleich ursprünglich auch ein Mitsein, d. h. auf Beziehung und Gemeinschaft angelegt (wobei diese Beziehung einen echten Selbstwert hat, nicht nur meiner Selbstwerdung dient). Daraus ergibt sich ein zweiter Grund, weshalb die mitmenschliche Liebe von ausschlaggebender Bedeutung für den Glauben ist: weil der Mensch nur in guter

Gemeinschaft das ganze Menschsein anfanghaft erfahren kann.«

»Können Sie diesen zweiten Gesichtspunkt nochmals erklären? Der scheint sehr wichtig zu sein«, bat jetzt ein Teilnehmer.

»Gerne: Wir Menschen sind auf Liebe angelegt. Das heißt, die Liebe und die Beziehung zwischen uns entspringen nicht nur einem Bedürfnis, wonach wir uns gegenseitig brauchen und ergänzen. Dann könnten wir auch jeder für sich allein ganz Mensch sein, sobald wir einander alles gegeben haben, was jeder benötigt. Nein, wir Menschen sind auf Beziehung hin geschaffen. Andernfalls wäre jede Liebe nur versteckter Egoismus. Die Beziehung ist nicht etwas Zweitrangiges, sondern gleich ursprünglich wie das Selbstsein des einzelnen. Der Mensch ist zugleich Beisichsein und Mitsein, er kommt nur ganz zu sich, er kann nur wirklich bei sich sein, wenn er in einer Beziehung steht, wenn er ganz mit anderen ist. Daher kann er das Menschsein als Geschenk auch nur erfahren, wenn er geliebt wird und lieben kann. Übrigens liegt hier auch der Zugang zum Verständnis der theologischen Aussage, daß Gott in sich schon Beziehung, Liebe sein muß. Andernfalls wäre Liebe nur eine Folge der Begrenztheit des Geschaffenen, würde nur bei und aus Bedarf erfolgen.«

»Hängt das mit der Lehre von der Dreifaltigkeit zusammen?« wollte einer wissen.

»Wenn man sie richtig versteht, schon. Aber darauf werden wir später zu sprechen kommen.«

Weil niemand im Moment eine Frage hatte, fuhr der Leiter fort: »Jetzt sind wir ein wenig abgekommen. Wir wollten klären, warum die mitmenschliche Liebe von so ausschlaggebender Bedeutung für den Glauben ist, und haben zwei Gesichtspunkte gefunden: weil der Mensch in seinem Selbst- oder Beisichsein und in seinem Mitsein nur in der Liebe das Leben finden kann. Und nur wenn er das Leben findet, kann er zum Glauben finden; denn Glauben heißt: das Leben in seiner Tiefe so erfahren, daß man es als Geschenk verstehen und es als solches annehmen kann (was nicht immer gleichzeitig mit dieser Erfahrung und auch nicht stets ausdrücklich geschehen muß). Der Glaube ist also ein Geschenk wie das Leben selbst, er muß mit dem Leben wachsen. Er fällt nicht einfach vom Himmel, er hat bestimmte Voraussetzungen, die mir zwar auch geschenkt sind, aber erst wirksam werden müssen. Der Same, der ein Bild für das wahre Leben in und zwischen uns ist, ist zugleich ein Bild für den Glauben, der in uns schlummert und geweckt werden muß. Jesus vergleicht ihn mit einem ›Senfkorn‹ (Mt 17,20).«

Der Teilnehmer, der vorher schon zweimal nachgefragt hatte, brachte noch eine Schwierigkeit vor: »Sie betonen, daß die mitmenschliche Liebe von ausschlaggebender Bedeutung für den Glauben an Gott ist. Dem will ich gerne zustimmen. Aber für diese mitmenschliche Liebe ist doch das Vertrauen zum anderen Menschen nötig. Sonst kann ich Liebe gar nicht verstehen und annehmen. Anderen Menschen vertrauen kann ich aber nur, wenn ich voraussetzen darf, daß der andere zur Liebe fähig und die Beziehung zwischen uns möglich ist. Diese Voraussetzung ist aber wieder eine Sache des Glaubens, des Vertrauens auf Gott, daß er das Leben auf Liebe angelegt hat. Was ist also jetzt zuerst? Das Vertrauen zu den anderen Menschen oder das Vertrauen auf Gott, die mitmenschliche Liebe oder der Glaube? Ist das nicht ein Widerspruch?«

»Ich bin Ihnen für diese Frage sehr dankbar. Sie macht nämlich etwas deutlich: Mitmenschliches Vertrauen und Vertrauen auf Gott wachsen parallel. Das ist nur deshalb ohne Widerspruch möglich, weil der Mensch zugleich auf beides dynamisch angelegt ist. Das beginnt schon beim Kleinkind: Das erste Vertrauen zu den Eltern, vor allem zur Mutter, könnte gar nicht zustande kommen, wenn es nicht schon eine Anlage zum Vertrauen gäbe.«

»Ist das das Urvertrauen, von dem die Psychologen sprechen?« fragte eine Teilnehmerin, die offensichtlich psychologische Kenntnisse besaß.

»Mit ›Urvertrauen‹ kann das erste tatsächliche Vertrauen gemeint sein, also die Weckung des Vertrauens durch die erste Bezugsperson des Kindes. So meint es der Psychologe Erikson, der die Bedeutung dieses Vorganges herausgestellt hat. ›Urvertrauen‹ kann aber zweitens auch die Anlage oder die Tendenz im Menschen zu vertrauen bezeichnen, welche bei der Weckung des Vertrauens vorausgesetzt wird. Das sieht wieder der Psychologe Richter sehr deutlich. Er nennt das so verstandene Urvertrauen auch Sympathie. Dieses Urvertrauen als Anlage zum mitmenschlichen Vertrauen ist aber zugleich auch die Voraussetzung des Vertrauens auf Gott, also des Glaubens. Man könnte diesen dann als ›Urvertrauen‹ in einem dritten Sinn verstehen, nämlich als ›Grund-Vertrauen‹, Vertrauen auf den letzten Grund aller Wirklichkeit, den wir Gott nennen.«

»Wenn ich Sie richtig verstehe«, griff der Teilnehmer von vorhin sein Anliegen wieder auf, »dann ist Ihrer Ansicht nach diese Anlage zum Vertrauen die gemeinsame Basis für das Vertrauen zum Mitmenschen und für das Vertrauen auf Gott. Beides wächst dann zugleich.«

»So sehe ich es. Wenn ich es noch durch einen Vergleich erläutern darf: Aus dem Samen entwickeln sich, wenn er zum Keimen gebracht wird, zugleich die Wurzeln und der Stamm der Pflanze. Man kann dann gar nicht fragen, was zuerst ist: die Wurzeln oder der Stamm. Freilich tragen die Wurzeln den Stamm. Aber sie liegen unter der Erde und werden leicht übersehen. So ist es auch hier: Wenn die Anlage des Menschen zum Leben in Liebe geweckt wird und er sich nicht schuldhaft verschließt, wachsen zugleich sein mitmenschliches Vertrauen und sein Vertrauen auf Gott. Was also für die Annahme mitmenschlicher Liebe vorausgesetzt wird, ist die Anlage zum Glauben, nicht der Glaube selbst. Dieser wächst gleichzeitig. Freilich hat der Glaube dabei eine fundamentale Bedeutung: Er stellt die Beziehung zum Grund her, macht damit das mitmenschliche Vertrauen grundsätzlich möglich. Dabei kann es jedoch sein, daß dem Menschen diese Wurzel seiner wachsenden Vertrauens- und Liebesfähigkeit, also der Glaube, zunächst gar nicht bewußt ist. Er ist unter der mitmenschlichen Beziehung versteckt. In diesem Fall würde auch ich von einem unausdrücklichen oder anonymen Glauben sprechen. Aber je stärker die Liebe des Menschen wird, je größer sein Einsatz ist, desto mehr ist er auf einen festen Glauben angewiesen. Und dann wird er die Glaubensentscheidung auch bewußt treffen.«

»Jetzt habe ich noch ein Problem«, sagte derselbe Teilnehmer. »Meine Frage von vorhin betrifft ja eigentlich nicht nur den Empfänger dieser den Glauben weckenden Liebe. Bei dem können ja Glaube und Vertrauen bzw. Liebe parallel wachsen. Die Frage ist ja noch viel schwieriger bezüglich des ersten Menschen, der zum vollen Glauben gekommen ist. Wie soll denn das möglich gewesen sein, wenn der Glaube durch mitmenschliche Liebe geweckt werden muß, wie Sie sagen, die volle mitmenschliche Liebe aber wieder den Glauben voraussetzt...?«

»... wie ich auch sage«, ergänzte der Gesprächsleiter. »Sie haben völlig recht mit diesem Problem. Damit schlage ich mich selbst dauernd herum. Ich möchte Ihnen gerne sagen, was mir dazu eingefallen ist. Nur fürchte ich, daß nicht alle hier die Fragestellung so deutlich sehen wie Sie. Daher möchte ich diese wiederholen: Wenn der Glaube aus der Erfahrung kommt und dafür die mitmenschliche Liebe von ausschlaggebender Bedeutung ist, dann ergibt sich folgendes Problem: Derjenige, der den Glauben des anderen durch seine Liebe wecken soll, muß ja schon vom Glauben getragen sein, damit er zu dieser Liebe fähig ist. Zumindest muß ein anfanghafter unausdrücklicher Glaube vorhanden sein. Wie wurde nun der Glaube des ersten Menschen geweckt oder des Menschen, der als erster in der Geschichte zum vollen Glauben kam? Der hat ja noch niemanden gehabt, der ihn mit einer so ganz vom Glauben getragenen Liebe lieben konnte? Ist damit die Fragestellung klar?«

Als alle das bejahten, fuhr der Leiter fort: »Nun mein Versuch einer Antwort: Ich gehe davon aus, daß auch in diesem Punkt die Menschheit eine mühsame Entwicklung hinter sich hat. Dabei haben sich Glaube und Liebe im Lauf der Geschichte allmählich gegenseitig ›aufgeschaukelt‹, etwa so: Keimhafte, in einigen Elementen möglicherweise vom Tierreich übernommene Erfahrungen von Liebe ließen einen anfanghaften, vielleicht auch noch ganz unausdrücklichen Glauben wachsen, daß das Leben und die Liebe etwas Gutes sind. Dieser ermutigte die Menschen, welche sich diesen Erfahrungen nicht verschlossen, wieder zu etwas mehr Liebe. Aus diesem Wagnis der Liebe kamen wieder mehr positive Erfahrungen, welche ihrerseits wieder den Glauben stärkten. Es entstand also so etwas wie ein Verstärkerkreis mit positiver Rückkoppelung, wie das in der Technik heißt. Diesen gibt es nicht nur im Bösen, als sogenannten Teufelskreis; wenn also schlechte Erfahrungen einen Menschen entmutigen und er auf Grund seiner Verzweiflung noch mehr negative Erfahrungen macht usw. So etwas gibt es auch im Guten, ich nenne das gerne den ›Gotteskreis‹; und zwar sowohl im Leben des einzelnen, wenn er geliebt wird, dadurch das eigene Leben und das des anderen noch mehr gläubig bejahen kann, dadurch wieder zu mehr Gemeinschaft und damit Liebe fähig wird usw.; als auch in der Entwicklung der Menschheit, von einer Generation zur anderen. Ein solches gegenseitiges Aufschaukeln von Glaube und Liebe ist deshalb kein Widerspruch, weil die Anlage zu beidem im Menschen wirkkräftig oder dynamisch ist. Diese Wirkkraft oder Dynamik ist vergleichbar mit der Energie, durch die der Verstärker betrieben wird. Sie führt im System dieser positiven Rückkoppelung zur Aufschaukelung bzw. Verstärkung.«

»Gibt es kein anderes Bild dafür als den Verstärkerkreis? Ich bin technisch nicht so bewandert«, sagte eine Teilnehmerin.

»Ich habe dabei auch das Bild vom Hochschaukeln vor Augen. Denken Sie an einen Artisten in einer Schaukel. Er braucht freilich einen Anstoß. Aber dann kann er abwechselnd auf einer Seite immer höher kommen, als er zuvor auf der anderen war. Er nützt den Schwung von der Gegenseite aus und verstärkt ihn durch den richtigen Einsatz seiner Kraft. So ist es auch hier: Der stärkere Glaube eines Menschen einerseits ermöglicht seine größere Liebe andererseits. Diese wieder kann den Glauben vertiefen, was wieder zu mehr Liebe führt. Freilich braucht es dann die innere Dynamik des Menschen auf ein Leben in Glaube und Liebe, die diesen Prozeß vorantreibt. Wenn er diese richtig wirken läßt, sie nicht schuldhaft unterdrückt, drängt sie auf ein dauerndes Mehr an Glaube und Liebe hin. Dieses Mehr könnte man den ›Vorschuß‹ an Vertrauen gegenüber Gott und an Liebe zum Mitmenschen nennen. Ähnlich wie man auch in der Beziehung zu einem bestimmten Menschen von einem Vertrauensvorschuß spricht, ohne den diese nicht wachsen kann; dieser Vorschuß an Vertrauen ist zugleich ein Vorschuß an Liebe. So kann der Mensch auch im Glauben an Gott und in der Liebe zu den Menschen über das hinauswachsen, was er in seiner Umgebung erlebt. Daher kann es auch in der Geschichte der Menschheit eine Entwicklung zu immer stärkerem Glauben und immer größerer Liebe geben.«

»Dann muß einmal der Punkt sein, wo es zu einem Durchbruch kommt«, sagte derselbe Teilnehmer, der ganz gespannt den Überlegungen gefolgt war.

»Genau. Dieser Punkt ist dann kein quantitatives Mehr, sondern ein qualitativer Sprung. So etwas gibt es nicht nur in der biologischen, sondern auch in der geistigen Entwicklung der Menschheit. Der Mensch in der Geschichte, in dem alle Voraussetzungen erfüllt waren und der sich auch nicht schuldhaft dieser ihm und damit auch uns geschenkten Möglichkeit verschloß, ist für mich Jesus Christus. In ihm ist der Druchbruch zum vollen Glauben und zugleich zur wahren Liebe gelungen. Deshalb begann er auch seine Predigt mit den Worten: ›Die Zeit ist erfüllt, das Reich Gottes ist nahe‹ (Mk 1,15). Über Jesus und seine Bedeutung für unseren Glauben wollen wir aber das nächste Mal sprechen. Es ist schon spät geworden.«

»Trotzdem möchte ich gerne nochmals hören, was das für mich heißt. Was das alles für meinen Glauben bedeutet«, sagte Eva.

»Was in der Menschheitsgeschichte in Jesus geschehen ist, ereignet sich im einzelnen bei seiner Bekehrung: der Durchbruch vom keim- oder anfanghaften Glauben über den Kleinglauben zum vollen Glauben.«

»Und wie soll das praktisch geschehen?«

»Wenn Ihnen jemand begegnet, der schon zu starker wahrer Liebe fähig geworden ist, weil er durch gute Eltern und andere liebende Menschen, wahrscheinlich auch in einer intensiven Begegnung mit Liebe im Geiste Jesu dazu geweckt wurde, dann werden Sie durch diese Begegnung Ihr Leben neu erfahren. Sie fühlen sich wie neugeboren. Sie können jetzt grundsätzlich zu Ihrem Leben ja sagen. Durch diese Erfahrung ist Ihr Leben sinnvoll geworden. Schon um dieses Augenblickes willen hat es sich gelohnt zu leben. Dann werden Sie zu jenem anderen sagen: ›Ich danke dir, daß du mich liebst.‹ Aber Sie können nicht zu ihm sagen, selbst wenn es Sie zunächst dazu drängt: ›Ich danke dir, daß du bist, ich danke dir für das, was zwischen uns möglich ist.‹ Denn daß es den anderen und die Möglichkeit der Liebe zwischen Ihnen gibt, das verdanken Sie beide nicht ihm, sondern Gott. So verweist eine geglückte Liebesbegegnung ganz von selbst auf Gott als ihre gemeinsame Basis. Wenn Sie sich darauf einlassen, vertieft sich Ihr Glaube an Gott. Und wenn Ihr Glaube dadurch oder aus anderen positiven Erfahrungen – jedoch nie ohne Liebe – ganz stark geworden ist, Sie ganz vom Glauben durchdrungen und getragen sind, dann sind Sie wieder zu größerer Liebe fähig und können gerade damit den Glauben und die Liebe in anderen wecken.«

»Und diese vom Glauben getragene Liebe sollte man in der Gemeinde erfahren«, sagte Eva.

»Ja, vor allem hier, wo sie sich nicht auf die Familie oder ausgesuchte Freunde beschränkt; zumindest so viel, daß dieser Prozeß des Glaubens in Gang kommen kann. Doch über die Gemeinde wollen wir ein anderes Mal noch ausführlich sprechen.«

»Etwas von dieser Liebe habe ich schon gespürt«, meinte Eva im stillen. Sie wußte jetzt, daß der Glaube auch ein Geschenk ist und wie er wachsen kann.

»Gibt es nicht auch plötzliche Bekehrungen? Jedenfalls habe ich schon Berichte darüber gelesen«, sagte eine andere Teilnehmerin.

»Diese haben meist eine Vorgeschichte, die vielleicht dem Betreffenden gar nicht richtig bewußt ist. Jedenfalls müßte man bei einem solchen etwaigen plötzlichen Durchbruch zum Glauben vorsichtig sein. Auch der braucht seine Zeit, hat seine Zeit! Zumindest wäre ein mühsames Nachreifen nötig. Sonst bricht dieser Glaube ohne Basis wieder zusammen. Und dann ist die Enttäuschung um so größer. Oder er beruhte nur auf Suggestion. Man soll daher auch solche plötzliche Bekehrung nie herbeizuführen versuchen, wie das manche Gruppen in der Kirche tun. Wir jedenfalls rechnen in der Gemeinde mit diesem Wachsen im Glauben und wollen jedem genügend Zeit dafür geben.«

»Da bin ich froh«, dachte sich Eva. Sie fühlte sich ganz frei.

26. Was bedeutet uns Jesus Christus – wer war Jesus Christus?

Eva hatte daheim nicht gleich vom letzten Glaubensgespräch erzählt. Sie mußte es selbst erst verarbeiten. Vor allem litt sie darunter, daß ihre Ehe nicht von der Liebe getragen war, nach der sie sich im Grunde sehnte und die es offensichtlich doch geben mußte: eine Liebe, die nicht nur ein gegenseitiges Ergänzen oder Haben-Wollen war, auch nicht bloß auf dem Gefühl der Sympathie beruhte, sondern im

Annehmen des anderen, in einem gegenseitigen Gutheißen und Sich-Einlassen auf eine Gemeinschaft mit ihm bestand.

Nach einiger Zeit fand sie doch den Mut, mit Adam über diese Liebe und ihren Zusammenhang mit dem Glauben zu sprechen. Er hörte zwar aufmerksam zu, hielt aber alles doch nur für eine Träumerei. »Diese Liebe gibt es nicht«, meinte er. »Das ist nur ein frommer Wunsch. Das Leben ist einfach anders. Wer so lieben wollte, geht in der Welt zugrunde.« – »Oder die Welt geht daran zugrunde, daß es diese Liebe in ihr nicht gibt.« Eva staunte über sich selbst, über ihren Mut zu antworten und fuhr fort: »Weil wir Menschen nicht nach Gott fragen und ihn nicht suchen, sondern jeder sein eigener Herr ist. Deshalb sind wir auch nicht zu wirklicher Liebe fähig. Wie schön wäre es, wenn wir beide zu solcher Liebe imstande wären!«

Adam war aber doch irgendwie davon berührt. Denn er machte ein Angebot: »Frage einmal, ob ich als Zuhörer in diesen Kreis mitkommen kann. Ich möchte einmal sehen, was für Leute zu einem solchen Gespräch zusammenkommen. Dann können wir mitsammen hinfahren.« Damit hatte Eva nicht gerechnet. Sie erkundigte sich telefonisch, ob das möglich sei, und erfuhr, daß Ehepartner auch als Zuhörer gerne mitkommen können. Sonst war dies nicht möglich, weil der Kreis für jene gedacht war, die in die Gemeinde hineinwachsen wollten. So fuhren sie also miteinander zum nächsten Gespräch.

Das Thema war schon bekannt: »Was bedeutet uns Jesus Christus – wer war Jesus Christus?« Wieder trugen die Teilnehmer nach einer längeren Stille zum Nachdenken ihre Gedanken vor. Wer nicht wollte – wie Adam –, konnte natürlich auch schweigen. Folgende Formulierungen wurden gebracht:

»In Jesus ist das Menschsein gelungen.«
»Jesus heißt ›Gott rettet‹.«
»Gott und Mensch zugleich.«
»Wenn Jesus Gott ist, ist er unerreichbar.«
»Der den Willen Gottes offenbarte.«
»Mit Gott einzigartig verbunden.«
»Vollkommener Mensch, Vorbild.«
»Mit Jesus und wie Jesus an Gott glauben.«
»Erlöser von den Sünden.«

Der Leiter versuchte auch zu formulieren, was Jesus ihm bedeutet: »Der Mensch, durch den Gott seine Liebe mitteilen konnte, oder – um an das Gleichnis vom letzten Mal anzuschließen – die gottgeschenkte Vorlage für unser Leben. Der Mensch, in dem endgültig und unüberbietbar der Durchbruch zum Menschsein im Sinne Gottes gelungen ist. Das heißt natürlich nicht, daß er schon alle menschlichen Möglichkeiten ausgeschöpft hätte. Aber alles Wesentliche ist in ihm da. Er wurde dadurch zum Mittler des Glaubens, weil er das Leben als Geschenk und damit die Liebe Gottes dahinter erfahrbar machte. Damit hat er uns auch von der Sünde befreit, weil die Sünde in ihrem tiefsten Wesen schuldhafter Unglaube ist.«

»War der Tod Jesu für die Erlösung notwendig?« fragte ein Teilnehmer und fuhr gleich fort: »Warum mußte denn Jesus am Kreuz sterben? Er war doch schuldlos an den Sünden der anderen! Ich finde das schrecklich, was ich diesbezüglich im Religionsunterricht gehört habe.«

»Das ist auch sicher nicht alles richtig. Jesus mußte nicht am Kreuz sterben, weil Gott ein Sühnopfer für unsere Sünden wollte. Das sind bildhafte, menschliche oder allzumenschliche Vorstellungen, die sich freilich zum Teil schon in der Bibel finden. Dort allerdings als zeitbedingte Verstehenshilfen oder als Bilder, später wurde daraus eine Erklärung gemacht. Schon das Alte Testament stand unter dem Einfluß des damaligen religiösen Denkens und mußte erst mühsam die ungenügenden Vorstellungen der umliegenden Religionen überwinden. Ein Beispiel dafür ist die Schilderung, wie Abraham erkennt, daß Gott doch nicht von ihm verlangt, seinen Sohn Isaak zu opfern. Vieles andere wurde stillschweigend übernommen, ohne der eigentliche Inhalt der biblischen Botschaft zu sein. Das gilt auch noch im Neuen Testament, wo der Tod Jesu als Sühnopfer nach zeitbedingter Denkweise bezeichnet wird. Problematisch wurde es aber dann, als diese beschreibende Darstellung in der Theologie zur ausdrücklichen Erklärung wurde: Jesus mußte sterben, weil Gottes Gerechtigkeit das Opfer eines Unschuldigen verlangte. Weil kein Mensch würdig genug war, mußte Gott nach dieser Lehre selbst Mensch werden, um die Schuld der Menschen zu sühnen. Die Ursache dieser Auffassung, der ein sehr unchristliches Gottesbild zugrunde liegt, war zunächst das römische Rechtsdenken mit dem Grundsatz, daß Gerechtigkeit in der Vergeltung von Gleichem mit Gleichem besteht. Dazu kam noch die germanische Rechtsauffassung, daß die Beleidigung eines Höhergestellten wesentlich schärfer gesühnt werden müsse als die eines Gleichgestellten. Daher dann die Lehre, daß nur Gott selbst eine Beleidigung Gottes sühnen konnte. Abgesehen davon, daß ein endliches Wesen – der Mensch – nie zu einer unendlichen Beleidigug fähig ist, ist diese Auffassung einfach deshalb falsch, weil Gerechtigkeit nicht durch Vergeltung erreicht wird, sondern nur durch Wiederherstellen der richtigen Ordnung.

Man müßte also denken: Gott wollte durch Jesus der Menschheit den Weg zu ihrem Heil bahnen, das sie auf Grund der Mühseligkeit der Menschwerdung und durch schuldhaftes Zurückbleiben noch nicht erreicht hatte. Durch die Schuld der Menschen wurde dieses Angebot aber nicht in dem Maß wirksam, wie es möglich gewesen wäre. Im Gegenteil: einige Männer, die um ihre Macht fürchteten, und eine oberflächlich handelnde, demagogisch lenkbare Menge von Menschen brachten es zuwege, daß der Bringer des Heils getötet wurde. Doch Jesus blieb auch dann noch seiner Sendung treu und machte damit Gott als vergebende Liebe erfahrbar, die auch dann bestehen bleibt, wenn man ihr – bildlich gesprochen – ins Gesicht schlägt. Wenn die Menschen die Botschaft Jesu angenommen hätten, wären wir ebenfalls erlöst, ohne daß er auf diese schmachvolle Art hätte sterben müssen. Aber gestorben wäre er auch, wenn die Menschen ihn nicht abgelehnt hätten. Zu seinem Leben aus dem Glauben gehört auch die gläubige Annahme des Todes. Das Kreuz war die letzte Konsequenz seiner von Gott getragenen Liebe in einer Welt, die diese Liebe nicht annahm, wobei auch dieser Sünde die Vergebung angeboten wurde.«

»Das klingt schon wesentlich besser. Jetzt hätte ich aber noch eine Frage: Hätte Jesus auch nein sagen können zu seiner Sendung, und was wäre dann geschehen?«

»Jesus ist ›in allem wie wir in Versuchung geführt worden‹, heißt es in der Bibel (Hebr 4,15). Eine wirkliche Versuchung des Menschen schließt aber immer die Möglichkeit der Sünde ein. Sonst wäre Jesus nicht Mensch wie wir, in allem uns gleich außer der Sünde. Er wäre für uns unerreichbar und könnte nicht Mittler des Heils für die Menschen sein.«

»Und was wäre geschehen, wenn er nein gesagt hätte?« wurde die Frage nochmals aufgegriffen.

»Das wissen wir nicht. Weil wir nicht erkennen können, welche Möglichkeiten Gott noch gehabt hätte.«

Jetzt beteiligte sich auch Adam an dem Gespräch: »Aber wieso wissen Sie, daß Jesus nicht doch überbietbar ist? Es gibt so viele Religionsstifter, welche die letzte Wahrheit über Gott verkünden wollten. Auch wenn Jesus für sich eine Sonderstellung beansprucht und behauptet, daß er der Messias schlechthin ist, kann er sich ja auch selbst irren, ohne jede Täuschungsabsicht.«

»Sie haben vollkommen recht: Die Wahrheit und die Endgültigkeit der Offenbarung Gottes in Jesus Christus kann man nicht dadurch beweisen, daß er sich selbst so verstanden hat. Auch hier gibt es bei vielen etwas Ähnliches wie den ›religiösen Kurzschluß‹: Weil Jesus mit göttlicher Vollmacht spricht oder selbst Gott ist, hat er sicher recht, sagen sie. Und daß er mit göttlicher Vollmacht spricht oder Gott ist, das glauben wir, weil er es sagt. Das ist ein Zirkelschluß. Daß die Offenbarung Gottes in Jesus Christus endgültig und unüberbietbar ist, das können wir nur dann sagen, wenn wir erfahren haben, daß sie unser Menschsein bis in seine tiefsten Tiefen ansprechen und ganz heil machen kann. Wenn wir ihn also als unseren Erlöser erleben.«

»Was heißt das?« wollte Adam wissen.

»Wir Menschen sind alle erst auf dem mühsamen Weg, Menschen zu werden, unser Leben in Liebe zu entfalten, reife und mündige Personen zu werden, die Verantwortung für sich und ihre Beziehungen zur Um- und Mitwelt tragen können. Wir sind dabei außerdem bedroht von der Angst um unser Leben und von der Einsamkeit. Beides hängt mit unserer Natur zusammen. Als begrenzte Wesen können wir uns nicht selbst sichern, haben wir also Angst. Als freie Wesen sollen wir uns zur Liebe entscheiden, sind wir also zunächst einsam. Diese Liebe fällt uns wieder schwer, weil wir Angst um unser Leben haben, das wir dabei ins Spiel bringen müssen. Weil wir einsam sind und das Leben deshalb zunächst wenig positiv erfahren, haben wir noch mehr Angst. So schaukeln sich Angst und Einsamkeit gegenseitig auf. Das ist fast ein Teufelskreis. Beides bedeutet außerdem noch die Versuchung, sich entweder dem Leben und der Liebe überhaupt zu verweigern, sie nicht zu entfalten bzw. wegzuwerfen, oder beides selbstherrlich in den Griff bekommen zu wollen, der eigene Herr und sich selbst der Nächste zu sein, und damit letztlich alles zu zerstören. Dieser Versuchung dürften schon viele Menschen im Laufe der Geschichte durch ihre Schuld erlegen sein. Sie verschärfen damit nochmals die Versuchung für die anderen, weil es schon Böses in der Welt gibt, damit schlechtes Beispiel sowie Mangel an positiver Lebenserfahrung und Liebe. Diese verschärfte Unheilssituation nennen wir die Erbsünde, d. h. die Sünde in der Gesellschaft, die keine persönliche Schuld aller ist. Jesus als Erlöser hat uns den Weg aus diesem Teufelskreis gezeigt. Er hat ihn im Glauben durchbrochen. Denn der Glaube überwindet diese Angst und macht zur Liebe fähig. Damit wird für jene, die ihm folgen, eine Umkehrung möglich. Sie erfahren das Leben als Geschenk, können deshalb besser mit ihrer Angst umgehen und die Liebe wagen.«

»Aber woher hat Jesus die Kraft zu diesem Glauben gehabt? Er hat doch einen solchen Glauben nicht an anderen erlebt«, fragte Eva.

»Diese Frage haben wir in allgemeiner Form schon das letzte Mal besprochen«, sagte der Teilnehmer, der sie damals gestellt hatte.

»Können Sie nicht auch die Antwort geben?« bat ihn der Gesprächsleiter.

»Ich werde es versuchen: Im Menschen liegt eine Dynamik auf ein Leben in Liebe aus dem Glauben. Diese braucht sicher einen Anstoß, kann aber über diesen nochmals hinausführen. Sonst gäbe es keine Entwicklung zu mehr Menschlichkeit in der Geschichte der Menschheit, diese würde immer auf dem gleichen Niveau bleiben oder gar ins Negative abfallen. Jesus gehörte zu den Menschen, die sich so auf diese Dynamik einlassen, daß sie über ihre Umgebung hinauswachsen. Diese geben Gott sozusagen einen Vorschuß an Vertrauen und führen damit die Entwicklung der Menschheit weiter. Und das Einmalige an Jesus ist, daß in ihm diese Entwicklung ihren Höhepunkt erreicht hat, daß wir ihn als unseren Erlöser erleben, der uns zum ganzen Menschsein befreit, den Weg dazu gebahnt hat.«

»Jesus hat sicher viel menschliche Liebe erfahren, die auch schon vom Glauben getragen war«, schloß der Leiter sich an diese Gedanken an. »Darin liegt die große Bedeutung seiner Mutter Maria. Aber er wurde für uns der ›Anführer und Vollender des Glaubens‹ (Hebr 12,2), der Messias, d. h. der Gesandte, oder der Christus, d. h. der Gesalbte Gottes. Er hat Gott als liebenden erfahrbar gemacht. Wenn der Glaube nur aus Erfahrung kommen kann, ist Jesus Christus die Erfahrung der Liebe Gottes in der Geschichte der Menschheit.«

»Kann man dann sagen: Jesus ist unser Erlöser, weil er uns den Glauben ermöglicht hat?« fragte Eva.

»Ja, er hat uns vom schuldlosen Unglauben und von den Folgen des schuldhaften Unglaubens in der Welt befreit und damit das ganze, nur im Glauben gelingende Menschsein möglich gemacht.«

»Aber hat Jesus denn geglaubt? Er war doch selbst Gott. Gerade seine Wunder zeigen doch, daß er göttliche Vollmacht hat«, wandte eine Teilnehmerin ein, die schon längere Zeit besorgt das Gespräch verfolgt hatte.

»Jesus konnte nur dort Wunder wirken, wo die Menschen glaubten. Das zeigt, daß seine Wunderkraft darin bestand, daß er durch die Stärke seines Glaubens in den Menschen, die sich auf seinen Glauben einließen, Kräfte in Gang setzen konnte, welche heilend wirkten. Durch seine vom Glauben getragene Liebe machte er den Menschen zunächst seelisch und dadurch körperlich gesund. Deswegen vergab er auch zuerst die Sünden, bevor er heilte, und sagte zu den Geheilten: ›Dein Glaube hat dir geholfen‹ (Mk 5,12). Gerade die Wunderberichte zeigen, daß Jesus selbst geglaubt hat, mehr als seine Jünger. Als diese nicht so heilen konnten wie er, sagte er zu ihnen: ›Weil euer Glaube so klein ist‹ (Mt 17,20).«

»Aber Jesus war doch selbst Gott. Warum sagen Sie dann, er habe an Gott geglaubt?« nahm jene Teilnehmerin ihren Einwand nochmals auf.

»Wenn Jesus Christus ›Gott und Mensch‹ oder ›Gottmensch‹ war, wie wir im Religionsunterricht gehört haben, dann können wir ihm doch gar nicht nachfolgen, dann ist er für uns unerreichbar«, schloß sich Eva in etwas anderer Form der Frage an. Und offensichtlich hatte nicht nur sie Schwierigkeiten damit, sich Jesus als Gott vorzustellen. Alle blickten gespannt auf den Leiter.

»Ich möchte zuerst eine Gegenfrage stellen: Wenn Jesus

Gott ist, kann er dann in allem wie wir versucht worden sein, gelitten, sich von Gott verlassen gefühlt haben und gestorben sein, wie die Schrift sagt?«

Jetzt sprachen mehrere durcheinander: »Eben nicht.« – »Das ist ja genau das, was mir so Schwierigkeiten macht.« – »Wie soll man das wirklich verstehen?« – »Aber so ist doch die Lehre der Kirche.« Man merkte deutlich, wie notwendig eine Klärung dieser Frage war.

»Wir sind also jetzt von der Frage, was Jesus Christus für uns bedeutet, ganz von selbst auf die andere gestoßen, wer er war. Das ist kein Zufall. Denn aus dem, was ein Mensch tut, kann ich erkennen, wer er ist. Und so haben die Christen von Anfang an darüber nachgedacht, wer dieser Erlöser eigentlich ist. Und dabei haben sich die Formulierungen entwickelt ›Jesus Christus ist Gott und Mensch‹ und ›In Jesus Christus ist die zweite göttliche Person mit einer Menschennatur vereint‹. Ich möchte Sie jetzt um etwas Geduld bitten. Denn zunächst würde ich gerne darlegen, was mit diesen Formulierungen, wenn sie richtig verstanden werden, gemeint ist. Daraus wird sich allerdings zweitens ergeben, daß diese traditionelle Sprechweise zu Mißverständnissen führt und daher meiner persönlichen Ansicht nach durch bessere Formulierungen ersetzt werden sollte. Schließlich können wir noch darüber reden, wie es zu so irreführenden Formulierungen kommen konnte.«

»Das kann ja interessant werden«, dachte sich Eva. »Hoffentlich kenne ich mich dann endlich aus.«

»Also zunächst zu dem, was diese Aussagen bedeuten, wenn sie richtig verstanden werden: Jesus Christus oder Jesus der Christus ist der Mensch, durch den uns Gott endgültig und unüberbietbar erfahrbar wurde. Er ist damit der Mensch, durch den sich Gott mitgeteilt hat. Er ist das Sprachrohr Gottes in die Welt hinein. Er ist Gottes Wort an uns, d. h. durch ihn hat Gott sich menschlich ausgesprochen. Er ist ganz durchlässig für Gottes Wirken und in diesem Sinn nicht nur Mensch, sondern der Mensch, durch den Gott seine Liebe erfahrbar machen konnte. Er ist der Gottesknecht, von dem der Prophet Jesaia spricht, der Gottes Willen gehorcht. Das ist auch die Bedeutung des Beinamens Christus, d. h. der Gesalbte. Gemeint ist damit, daß Jesus ganz von Gottes Geist erfüllt war.

Der Mensch Jesus Christus ist also ›ungetrennt und unvermischt‹ mit Gott verbunden, wie es die Kirche 451 im Konzil von Chalcedon ausdrückte. Dabei war Jesus der Christus nach der Lehre der Kirche, die allerdings nicht immer so klar gesehen wurde, durchaus eine menschliche Person im heutigen Sinn des Wortes ›Person‹, also mit menschlichem Selbstbewußtsein, menschlicher Freiheit, mit Seele und Leib. Wenn Sie vielleicht einmal die Formulierung gehört haben sollten, daß Jesus keine menschliche Person war, sondern eben die zweite göttliche Person mit einer menschlichen Natur, dann ist mit ›Person‹ etwas ganz anderes gemeint, nämlich die Abgeschlossenheit einer geistigen Natur, auf Grund derer ich es eben nur mit diesem Wesen zu tun habe. Wenn man ›Person‹ so versteht, dann freilich war Jesus keine menschliche Person, weil wir es in ihm mit dem Menschen zu tun haben, durch den Gott sich geoffenbart hat, der eben ganz durchlässig für Gott war. Aber leider wissen viele nicht, daß hier mit ›Person‹ etwas ganz anderes gemeint war als heute, und schon daraus entstand bei vielen das Mißverständnis, Jesus Christus sei keine menschliche Person im heutigen Sinn dieses Wortes.«

Der Leiter holte von der Bücherwand den ersten einer langen Reihe von Bänden, suchte darin kurz eine bestimmte Stelle und fuhr dann fort: »Karl Rahner schreibt dazu im ersten Band seiner ›Schriften zur Theologie‹ (S. 180f): *›Wo eine Person, da eine Freiheit, da ein einziges personales Akt-Zentrum, demgegenüber alle übrige Wirklichkeit (= Natur, Naturen) an und in dieser Person nur Material und Instrument, Befehlsempfänger und Manifestation dieser einen personalen Freiheitsmitte sein kann. So aber ist es gerade nicht bei Jesus. Sonst wäre er nur der in Menschengestalt an uns handelnde Gott, aber nicht der wahrhafte Mensch, der in echter menschlicher Freiheit auf Gott hin unser Mittler sein kann.‹«*

»Wie ist das dann mit den Personen in Gott? Sind das im heutigen Sinn des Wortes ›Person‹ überhaupt noch drei Personen?«, fragte ein aufmerksamer Teilnehmer.

»Danke für diese Frage. Freilich wird jetzt alles noch ein wenig komplizierter: Im heutigen Sinn des Wortes ›Person‹ ist Gott nur eine Person, weil es in ihm nur ein Selbstbewußtsein und eine Freiheit gibt. Ich möchte Ihnen dazu einen etwas schwierigen Satz aus dem Lexikon für Theologie und Kirche vorlesen, und zwar aus dem Artikel über die Dreifaltigkeit (Band 3, Spalte 558) und dann die Fremdwörter erklären: *›Wenn wir bei dem Ausdruck ›drei Personen‹ unwillkürlich und unreflex von dem formalen Wesenskonstitutiv des modernen Begriffs der ›Person‹ ausgehen, werden wir unwillkürlich an drei verschiedene geistige Akt-Zentren denken, die sich aufeinander beziehen. Dann aber haben wir nicht nur einen Begriff zugrunde gelegt, der der alten Lehre von drei Hypostasen des einen Gottes fremd ist, wir haben nicht nur das psychologisch-menschliche Akt-Zentrum, das wir an Christus beobachten und mit Recht voraussetzen, fälschlich als ein göttliches aufgefaßt und dieses göttliche nochmals fälschlich dennoch dem des Vaters als unterschieden entgegengesetzt, wir hätten der Sache nach (ob wir es wissen oder nicht) einen Tritheismus gedacht.‹*

Dieser inhaltsreiche Satz heißt im einzelnen folgendes: Wir neigen dazu, wenn wir von ›drei Personen‹ in Gott hören, darunter die Merkmale des modernen Begriffs von ›Person‹ zu verstehen. Ohne daß wir es bewußt wollen, werden wir also dann in Gott drei verschiedene Träger geistiger Aktivitäten, drei verschiedene Wesen mit je eigenem Selbstbewußtsein und je eigener Freiheit, annehmen. Damit passiert aber folgendes:

Erstens verwenden wir damit einen Begriff von Person, welcher der alten Lehre von den drei Personen oder – wie sie auch genannt wurden – Hypostasen in Gott überhaupt nicht entspricht.

Zweitens haben wir damit das menschliche Selbstbewußtsein und die menschliche Freiheit Jesu Christi, also seine menschliche Person im heutigen Sinn des Wortes Person fälschlich zu einer göttlichen gemacht.

Drittens stellen wir uns dann fälschlich das Gegenüber dieses als göttlich aufgefaßten Jesus zum Vater in Gott so vor, als ob es sich dabei um zwei verschiedene Wesen mit je eigenem Selbstbewußtsein und eigener Freiheit handeln würde.

Viertens schließlich werden wir diesen so im modernen Sinn verstandenen Begriff von Person dann auch auf den Heiligen Geist, die dritte göttliche ›Person‹, anwenden. Damit haben wir aber der Sache nach, auch wenn es uns gar nicht bewußt ist, aus der Lehre von der Dreifaltigkeit eine Dreigötterlehre gemacht, einen sogenannten Tritheismus, der nach ganz offizieller Auffassung der Kirche eine Irrlehre ist.«

Nach einer kleinen Pause meldete sich Eva: »Unser Religionslehrer hat uns diese Dreifaltigkeit oft mit drei Zündhölzern erklärt, die er auf einmal angezündet hat. Die drei Zündhölzer sollten die drei göttlichen Personen darstellen, die eine Flamme die eine göttliche Natur. War das richtig?«

»Das war gut gemeint, aber leider unrichtig. Denn nach diesem Bild wären es doch drei Götter, die zwar zusammenwirken, aber jeder ein Wesen für sich sind. Das ist der Sache nach eine Irrlehre, die sogenannte Dreigötterlehre, wenn sich Ihr Religionslehrer auch sicher nicht dessen bewußt war.«

»Mein Religionslehrer hat es etwas anders gebracht«, meldete sich der Teilnehmer von vorhin wieder. »Er sprach vom Vater und Sohn und erklärte den Heiligen Geist als die Liebe zwischen diesen beiden.«

»Auch diese weitverbreitete Auffassung ist der Sache nach eine Irrlehre. Sie läuft auf eine Zweigötterlehre hinaus. Vater und Sohn wären da zwei verschiedene Wesen, der Heilige Geist wäre die Beziehung zwischen ihnen. In Wirklichkeit meint die richtig verstandene Lehre von der Dreifaltigkeit, daß Gott in sich Liebe und damit Beziehung ist, daß er als Beziehung existiert, daß bei ihm Selbstsein und Beziehung zusammenfallen. Daher ist in Gott zwar eine Vater-Sohn-Beziehung, aber nicht ein eigenes Wesen Vater, ein eigenes Wesen Sohn und als drittes der Heilige Geist als die Beziehung zwischen den beiden. Denn außer dieser Beziehung ist kein Vater und kein Sohn in Gott. Das übersieht jene Erklärung der Dreifaltigkeit, die Sie erwähnt haben.«

»Was soll das heißen, daß in Gott Selbstsein und Beziehung zusammenfallen? Können Sie das genauer erklären?« bat Eva. Sie war schon leicht verzagt wegen der Schwierigkeit dieser Ausführungen.

»Ich will es gerne versuchen. Gehen wir vom Menschen aus. Wir nehmen normalerweise an, daß die Beziehung etwas ist, was nachträglich zum einzelnen Menschen dazukommt: Zuerst muß ich da sein, dann kann ich in Beziehung treten. Zuerst muß ich sein, dann kann ich lieben. So denken wir. Beziehung und Liebe wären demnach etwas, was sich aus unserer Existenz erst ergibt, weil eben andere auch da sind und wir auf sie stoßen oder weil wir begrenzt und daher auf andere und anderes angewiesen sind. Das ist aber eine oberflächliche Betrachtungsweise. Wenn sie richtig wäre, gäbe es die Liebe zwischen uns nur dazu, daß der einzelne ganz zu sich selbst findet, also nur, weil und solange er den anderen braucht. Sie hätte keinen echten Selbstwert, sondern wäre nur Mittel zum Zweck. Tiefer gesehen ist es anders: Wir Menschen sind von vornherein auf Liebe und Gemeinschaft angelegt, wozu wir uns freilich erst in Freiheit entscheiden müssen (daher entsteht ja der falsche Eindruck, daß wir jeder für sich da sind). Sonst gäbe es gar keine echte Liebe zwischen uns. In Gott ist diese Liebe als Beziehung von Anfang an voll verwirklicht, er ist die Liebe. Sein Wesen ist Beziehung.

Gott ist also weder die bloße Einheit im Sinne eines geschlossenen Fürsichseins noch eine Vielheit aus mehreren göttlichen Wesen, die untereinander verbunden sind. In ihm sind vielmehr Einheit und Vielheit versöhnt, in ein und demselben Wesen verwirklicht, er existiert als Beziehung. Daher sind auch Vielheit und Beziehung unter uns Menschen nicht eine Folge unserer Geschöpflichkeit und Begrenztheit, sondern ein Abbild Gottes, der in sich Liebe und Beziehung ist. Wenn man also von mehreren Personen in Gott spricht, dann ist auch hier mit ›Person‹ eben etwas anderes gemeint als heute: etwa der Endpunkt, die Abgeschlossenheit einer Beziehung. Wenn man schon einen Vergleich bringen will: so wie ein Dreieck drei Ecken hat, obwohl es nur eine Fläche ist.«

»Wieso aber dann drei Endpunkte dieses Beziehungswesens? Für die Liebe genügen doch zwei«, bohrte derselbe Teilnehmer noch weiter. Er wollte es genau wissen.

»Meiner Ansicht nach gibt es darauf nur eine Antwort: Weil es die Liebe in drei Grundformen oder Dimensionen gibt, als schenkende Liebe, als empfangende Liebe, als partnerschaftliche Liebe. Dem entspricht in Gott das Vater-Sein, das Sohn-Sein und der Heilige Geist als Geist der Gemeinschaft. Wenn Jesus heute lebte, würde er übrigens sicher die schenkende Liebe auch mit ihrer fraulichen Komponente sehen, also ebenso als Mutter-Sein bezeichnen, dementsprechend das Sohn-Sein auch als Tochter-Sein.«

»Ich bin Ihnen sehr dankbar, daß Sie das sagen«, meldete sich Eva zu Wort. »Ich habe mir immer schon Gedanken gemacht, warum man Gott nur als Vater sehen darf. Aber ich habe noch eine Frage: Sie sprechen immer vom ›Vater-Sein‹, ›Sohn-Sein‹. Ist das Absicht?«

»Ja. Damit will ich eben verhindern, daß man sich in Gott doch wieder Vater, Sohn und Geist als je eigene Wesen, also als drei Götter vorstellt. Verschiedenheit gibt es in Gott nur auf Grund von Beziehung.«

»Aber was heißt dann noch, daß Gott Sohn Mensch geworden ist?« fragte jene Teilnehmerin wieder, die sich vorhin wegen der Gottheit Jesu Sorgen gemacht hatte.

»Das kann nach all dem, was wir jetzt geklärt haben, nicht bedeuten, daß es da ein eigenes Wesen Gott Sohn gibt, welches seinen Platz in Gott verläßt und sich für eine Zeit in einen Menschen verwandelt, sei es, indem es einen menschlichen Leib annimmt oder indem es nur nach außen hin als Mensch erscheint oder indem es mit einem Menschen zu einem Wesen verschmilzt oder sich für eine Zeit auf ein menschliches Maß verkleinert.«

»Was heißt es dann?«

»Daß Gott als Sohn-Sein, als empfangende Liebe, in dem Menschen Jesus voll wirksam werden konnte, so daß dieser der menschliche Sohn Gottes schlechthin wurde, in dem sich der Geist des Empfangens, des Annehmens des Vertrauens und damit des Glaubens voll durchsetzen konnte.«

»Ich hoffe, jetzt habe ich es besser verstanden«, sagte Eva etwas erleichtert. »Kann man es auch so sagen: Die Dimension der empfangenden Liebe, die in Gott als Sohn-Sein schon verwirklicht ist, hat den Menschen Jesus ganz erfaßt und durchdrungen, so daß er für uns zum Mittler des Glaubens werden konnte?« Als der Gesprächspartner zustimmend nickte, fuhr sie fort: »Aber Sie haben gerade noch vom ›Geist des Empfangens‹ gesprochen. Wie verhält sich das zum Heiligen Geist als dritter Dimension der Liebe in Gott?«

»Sie nehmen es ganz genau: Ich unterscheide zwischen dem Heiligen Geist als der dritten Dimension der Liebe in Gott und dem Geist Gottes im weiteren Sinn, d. h. dem Wirken Gottes in der Welt. Dieses wurde entsprechend den drei Dimensionen göttlicher Liebe auch in dreifacher Weise wirksam: als schenkende Liebe in der Schöpfung, als empfangende Liebe im Glauben Jesu, als Geist der Gemeinschaft in der Kirche. Im letzten steht allerdings der Durchbruch noch aus, solange die Christen dieses ihr Wesensmerkmal der gegenseitigen Liebe noch so wenig sehen.«

Da im Moment die brennendsten Fragen beantwortet schienen, sagte der Gesprächsleiter: »Nun müssen wir aber wieder zu unserer Ausgangsfrage zurückkehren und noch klären, wie die andere gebräuchliche Formulierung ›Jesus Christus ist Gott und Mensch‹ richtig zu verstehen ist bzw. inwiefern sie mißverständlich ist.«

Da alle Teilnehmer an dieser Frage interessiert waren, fuhr er fort: »Diese Formulierung liegt ja auch dem Glaubensbekenntnis zugrunde, wenn dort der eingeborene Sohn Gottes mit dem Namen Jesus Christus bezeichnet wird: ›Ich glaube an Jesus Christus, Gottes eingeborenen Sohn.‹ In der längeren Fassung des Glaubensbekenntnisses, das schon auf das Konzil von Nicaea (325) zurückgeht, heißt es sogar: *›Wir glauben ... an den einen Herrn Jesus Christus, Gottes eingeborenen Sohn, aus dem Vater geboren vor aller Zeit: Gott von Gott, Licht vom Licht, wahrer Gott vom wahren Gott, gezeugt, nicht geschaffen, eines Wesens mit dem Vater.‹* Hier wird also der Name Jesus Christus auch auf Gott angewendet. Ebenso gilt das für viele Gebete, in denen Jesus Christus mit Gott gleichgesetzt wird, wenn er z. B. angebetet oder als menschgewordener Gott bezeichnet wird, z. B. in der Formulierung: ›Jesus Christus ist Mensch geworden‹, die voraussetzt, daß er vorher schon da war. Sowohl im Glaubensbekenntnis als auch in den Gebeten wird also mit dem einen Namen Jesus Christus sowohl der Mensch Jesus als auch Gott bezeichnet. Diese Tatsache hat meiner Ansicht nach für die Auffassung der Gläubigen von Jesus Christus eine viel weiterreichende Bedeutung als die Mißverständnisse, welche durch den Bedeutungswandel des Begriffes ›Person‹ entstanden sind, die wir vorhin aufgeklärt haben. Denn jeder denkt bei einem Namen nicht an zwei verschiedene Wesen, sondern an eines. Wenn also mit einem Namen zwei Personen im heutigen Sinn dieses Wortes bezeichnet werden, dann stellt er sich notwendig eine Person vor, d. h., daß dann für ihn Gott und Mensch in Jesus Christus zusammenfallen.«

»Genau das ist bei mir auch passiert«, dachte sich Eva.

»Eben dies ist aber der Sache nach eine Irrlehre, der sogenannte Monophysitismus, auf deutsch ›Eine-Natur-Lehre‹. Das Gegenteil ist richtig: Gott und Mensch sind bei Jesus Christus nach der ganz offiziellen Lehre der Kirche unvermischt verbunden. Außerdem trägt diese Sprechweise – wie wir schon gehört haben – notwendig dazu bei, daß man sich Vater und Sohn in Gott als zwei verschiedene Wesen, also als zwei Götter vorstellt. Denn wenn Jesus Christus zu Gott gebetet hat usw. und man sich dabei fälschlich diesen Betenden eben selbst als Gott denkt, dann folgt daraus notwendig die ebenso unrichtige Auffassung, daß ein göttliches Wesen, der Sohn, zu einem anderen göttlichen Wesen, dem Vater, gesprochen haben muß. So liegt in dieser Sprechweise zugleich die Wurzel für irrige Auffassungen von der Dreifaltigkeit.«

»Aber ›Jesus Christus‹ ist doch ein Doppelname. Ich habe immer Jesus auf den Menschen, Christus auf Gott bezogen«, meldete sich jene Teilnehmerin wieder zu Wort, die offensichtlich von Anfang an durch diese Überlegungen verunsichert worden war.

» ›Jesus Christus‹ heißt ›Jesus der Gesalbte‹. Es handelt sich um einen Namen mit Beinamen. Dieser ist kein eigener Name, sondern Bestandteil eines Namens. Er soll die einmalige Gottesbeziehung dieses Menschen Jesus zum Ausdruck bringen. Wenn ich einen Vergleich bringen darf: Wenn ein Fürst ›Heinrich der Zwilling‹ genannt wird, macht das deutlich, daß er einen Zwillingsbruder hatte, ohne daß dieser Name zugleich für seinen Zwillingsbruder gelten würde. Das wäre auch dann nicht der Fall, wenn es sich um siamesische Zwillinge handeln würde, die nicht getrennt sind oder gar nicht getrennt werden können. Niemand würde sie deshalb mit einem Namen bezeichnen. So heißt ›Jesus Christus‹ eben ›Jesus, der – von Gott – Gesalbte‹ und nicht ›Jesus und Gott‹ oder ›Jesus – Gott‹.«

»Wie kam es aber dazu, daß hier mit einem Namen der Mensch Jesus und Gott bezeichnet wurden?« wollte der Teilnehmer wissen, der vorher schon so kritisch mitgedacht hatte.

»Das ist eine sehr schwierige Frage, die man nur stufenweise beantworten kann. Zunächst möchte ich Ihnen einfach die traditionelle Erklärung geben. Sie lautet: In Jesus haben wir es nicht nur mit einem Menschen zu tun, sondern auch mit Gott, der durch ihn wirkt, mit dem der Mensch Jesus ungetrennt und unvermischt verbunden ist. Diese Verbindung von Gott und Mensch wird ›Hypostatische Union‹ genannt, d. h. ›Einigung in einer Hypostase‹, wobei mit ›Hypostase‹ wieder die Person in jenem anderen Sinn, als Abgeschlossenheit oder Endpunkt einer Beziehung gemeint ist. Diese Einigung wurde eben auch dadurch zum Ausdruck gebracht, daß man Gott und den Menschen Jesus mit einem Namen bezeichnete und ganz komplizierte Regeln aufstellte, nach denen man von Gott auch Menschliches und vom Menschen Jesus Göttliches aussagen darf.«

»Hat sich also damals ein Name nicht wie heute auf die Person im heutigen Sinn des Wortes bezogen, auf ein Wesen mit Selbstbewußtsein und Freiheit?« fragte derselbe Teilnehmer wieder.

»An Ihrer Frage merke ich, wie gut Sie mich verstanden haben«, sagte der Gesprächsleiter. »Aber sie läßt sich nicht so leicht beantworten. Wenn es so wäre, wie Sie sagten, dann wäre die Lösung einfach. Sie würde lauten: Heute bezieht sich ein Name auf eine Person mit eigenem Selbstbewußtsein und eigener Freiheit. Daher kann der eine Name Jesus Christus nicht mehr für den Menschen Jesus und Gott gelten, selbst wenn diese ungetrennt verbunden sind. Es würde sich dann bloß um eine notwendige Korrektur der Sprechweise im Glaubensbekenntnis und im Gebet handeln, die jeder einsehen müßte. Aber so einfach liegen die Dinge leider nicht. Wir können nicht davon ausgehen, daß damals die Namensgebung einen anderen Sinn gehabt hat als heute. Vielmehr müssen wir annehmen, daß gewisse Einflüsse und Fehlentwicklungen dazu beigetragen haben, daß man den einen Namen Jesus Christus auch auf Gott übertrug. Weil diese auch heute noch wirksam sind, stößt die notwendige Korrektur der Sprechweise auf großen Widerstand.«

»Welche Einflüsse bzw. Fehlentwicklungen meinen Sie damit?« fragte jene Teilnehmerin, die offensichtlich mit der üblichen Sprechweise bisher keine Probleme gehabt hatte.

»Ich möchte drei nennen: Erstens die Wirksamkeit mythologischer Vorstellungen, zweitens den Einfluß einer bestimmten griechischen Philosophie und damit verbundener irriger Auffassungen, drittens schließlich die Tendenz des Menschen, das Größer-Sein Gottes zu übersehen. Zum ersten: Jesus hat in einer Zeit gelebt, in der es von mythologischen

Vorstellungen, daß Götter Menschen werden, nur so gewimmelt hat. Als Beispiel dafür möchte ich Ihnen einen Text vorlesen: ›*Dieser... Geburtstag... hat der ganzen Welt ein anderes Aussehen gegeben. Sie wäre dem Untergang verfallen, wenn nicht in dem heute Geborenen für alle Menschen ein gemeinsames Glück aufgestrahlt wäre. Wer richtig urteilt, wird in diesem Geburtstag den Anfang des Lebens und der Lebenskräfte für sich erkennen. Unmöglich ist es, in gebührender Weise Dank zu sagen für die großen Wohltaten, die dieser Tag gebracht hat. Die Vorsehung, die über allem Leben waltet, hat diesen Mann zum Heile der Menschen mit solchen Gaben erfüllt, indem sie ihn uns und den kommenden Geschlechtern als Heiland gesandt hat. Allem Krieg wird er ein Ende setzen und alles herrlich ausgestalten. In seiner Erscheinung sind die Hoffnungen der Vorfahren erfüllt. Er hat nicht nur die früheren Wohltäter der Menschheit alle übertroffen, sondern es ist auch unmöglich, daß je ein Größerer käme. Der Geburtstag des Gottes war für die Welt der Anfang der Evangelien, die seinetwegen ergangen sind.*‹

Jeder von uns würde diesen Text für eine schöne Weihnachtspredigt halten. In Wirklichkeit handelt es sich um eine Kalenderinschrift für den römischen Kaiser Augustus aus dem Jahre 9 vor Christus. In eine solche Welt hinein wollten die Christen ihre Botschaft von Jesus als dem wahren Messias verkünden. Da lag es doch sehr nahe, ähnliche Vorstellungen bezüglich Jesus zu entwickeln. Zumindest war die Versuchung groß, entsprechende Formulierungen zu verwenden, um die Bedeutung Jesu gegenüber diesen vielen Göttern in Menschengestalt herauszustellen. Im Neuen Testament findet sich ein Text, der dieser mythologischen Vorstellung, daß Gott und Mensch in Jesus Christus ein und dieselbe Person im heutigen Sinn sind, sehr nahekommt. Es heißt hier (Phil 2,5–7): ›Seid untereinander so gesinnt, wie es dem Leben in Christus Jesus entspricht: Er war Gott gleich, hielt aber nicht daran fest, wie Gott zu sein, sondern er entäußerte sich und wurde wie ein Sklave und den Menschen gleich. Sein Leben war das eines Menschen.‹ Eine ähnliche Formulierung steht auch am Ende des Johannesprologs (Joh 1,18). Allerdings handelt es sich in beiden Fällen eben um einen Hymnus, wobei der erste von Paulus nicht wegen einer Aussage über das Wesen Jesu Christi, sondern über seine

Demut zitiert wird. Und ein Hymnus darf eben auch eine Bildersprache verwenden, die man nicht einfach wörtlich nehmen kann, sondern richtig verstehen muß.«

»Und wie schaut es sonst im Neuen Testament aus?« fragte ein anderer Teilnehmer. »Wird noch irgendwo derselbe Name Jesus Christus auch für Gott verwendet?«

»Nein, jedenfalls nicht in eindeutiger Form. Es findet sich sogar eine Stelle, die einer solchen Sprechweise ausdrücklich widerspricht. Im ersten Timotheusbrief heißt es (2,5): ›Einer ist Gott, einer auch Mittler zwischen Gott und den Menschen: der Mensch Christus Jesus.‹ Wenn sich diese Aussage in der Bibel findet, müßte eine andere Sprechweise im Glaubensbekenntnis und Gebet möglich sein. Ich halte sie für die richtigere und meine, daß sie mit der üblichen Formulierung ›Jesus Christus ist Gott und Mensch‹ ohne eine umständliche Erklärung nicht vereinbar ist. Daher müßte diese andere, in der Bibel fundierte und meiner Ansicht nach bessere Sprechweise in der Kirche zumindest gleichberechtigt verwendet werden dürfen: ›Der Mensch Jesus Christus ist Mittler zwischen Gott und den Menschen.‹

Nun möchte ich noch einige andere wichtige Stellen im Neuen Testament anführen, die auf eine gewisse Entwicklung in der Lehre von Christus schon in der Urkirche hinweisen. Im Römerbrief, der um 56 n. Chr. geschrieben wurde, heißt es am Beginn von Jesus Christus (Röm 1,4): ›. . . der dem Geist der Heiligkeit nach eingesetzt ist als Sohn Gottes in Macht seit der Auferstehung von den Toten.‹ Im Markusevangelium, verfaßt um 70 n. Chr., wird Jesus bei der Taufe im Jordan vom Geist erfüllt und damit ›geliebter Sohn‹ Gottes (Mk 1,11). Im Lukasevangelium, das zwischen 80 und 90 n. Chr. abgefaßt wurde, wird Jesus bei der Ankündigung seiner Geburt ›Sohn Gottes‹ genannt (Lk 1,35). Das Johannesevangelium schließlich, das erst um 100 n. Chr. niedergeschrieben wurde, kennt schon zu Beginn ein göttliches Wort, das in Jesus Fleisch, d. h. Mensch geworden ist (Joh 1,14). Dabei heißt es gerade nicht, daß Jesus Christus Mensch geworden ist, sondern das Wort Gottes: Gott hat sich in Jesus mitgeteilt.

In der Bibel selbst findet sich also – abgesehen von jenen Stellen in den Hymnen, falls man sie wörtlich auffaßt – noch nicht die Sprechweise, nach der Jesus Christus der Name für den Menschen Jesus und Gott ist. Das Neue Testament will – wie es der Bibelfachmann Gerhard Lohfink bei einem Vortrag formulierte – sagen, ›daß Gott in dem Menschen Jesus endgültig und unüberbietbar gesprochen und gehandelt hat, offenbar geworden ist und ja gesagt hat zur Welt. Damit bleibt Jesus Mensch vom Anfang bis zum Ende. Aber er ist der Mensch, mit dem sich Gott absolut identifiziert, den er rückhaltlos angenommen hat.‹ Aber die frühe Kirche mußte sich bereits heftig mit mythologischen Auffassungen auseinandersetzen, nach denen Jesus ein Gott in Menschengestalt, eine Art ›verkleideter Gott‹ war, der nur nach außen hin, zum Schein, ein Mensch war. In den von der Kirche abgelehnten sogenannten apokryphen Evangelien finden sich solche Vorstellungen, z. B. daß Jesus immer über der Erde geschwebt sei, daß er in Wirklichkeit gar nicht am Kreuz gelitten habe u. ä.

Zu diesen mythologischen Vorstellungen kam aber zweitens später noch ein anderes Element dazu, das meiner Meinung nach für die Entstehung jener mißverständlichen Formulierung ausschlaggebend war: der Einfluß der damaligen griechischen Philosophie, des sogenannten Neuplatonismus. Nach dieser Lehre, deren Vorläufer, der Platonismus, auch schon Einfluß auf die Weisheitsliteratur des Alten Testamentes hatte, besteht der Mensch aus dem Leib und der Seele, die nur vorübergehend auf dieser Welt vereint sind. Der Leib wird dabei sehr negativ gesehen, als das ›Grab‹ der Seele. Diese ist eine Art göttlicher Lichtfunke und soll nach der Verbannung in das Gefängnis des Leibes wieder zu Gott zurückkehren.«

Jetzt meldete sich Adam zu Wort: »Verzeihen Sie, wenn ich Sie da unterbreche: Sieht das die Kirche nicht auch heute noch so, daß der Leib und die Seele getrennte Wirklichkeiten sind und der Leib eigentlich etwas Böses?«

»Sie haben recht«, antwortete der Gesprächsleiter, »daß sich der Einfluß des Neuplatonismus bzw. auch des von der Kirche verurteilten Manichäismus, nach dem der Leib das Prinzip des Bösen war, in der Kirche bis heute in einer falschen Trennung von Seele und Leib und in einer Leibfeindlichkeit ausgewirkt hat. Aber heute sieht man das anders: Es gibt keinen leibfreien Zustand der Seele, die Leiblichkeit gehört wesentlich zum Menschen dazu.«

»Dann stirbt mit dem Körper auch die Seele«, wandte Adam ein.

»Leiblichkeit muß nicht heißen, daß die Seele immer auch einen Körper in der uns bekannten Form dieses jetzigen Lebens haben muß. Wenn es ein Weiterleben über den Tod hinaus gibt, dann muß es eine andere Art von Leiblichkeit sein, in der der Mensch existiert. Wir nennen es die verklärte Leiblichkeit. Darauf werden wir noch zu sprechen kommen.«

Als Adam im Moment keine Fragen mehr stellte, fuhr der Gesprächsleiter fort: »Zur griechischen Philosophie gehörte aber – schon aus früherer Zeit – noch ein zweiter Gedanke: Zwischen Gott und den Menschen nahm man ein geschaffenes geistiges Zwischenwesen an, den sogenannten Logos, was übersetzt ›Wort‹ heißt. Möglicherweise will bereits das Johannesevangelium diese Vorstellungen aufgreifen und zugleich korrigieren, wenn es dort zu Beginn heißt: ›Und das Wort war Gott‹ (Joh 1,1). Später wird dann gesagt: ›Und das Wort ist Fleisch geworden‹ (Joh 1,14). Während aber der Evangelist hier mit ›Fleisch‹ noch den ganzen Menschen meint, haben das viele Christen auf Grund des neuplatonischen Einflusses später anders verstanden. Sie dachten sich, daß dieses göttliche Wort eben einen menschlichen Leib angenommen habe. Oder anders ausgedrückt, daß Jesus aus einem menschlichen Leib und dem göttlichen Wort, das in ihm die Stelle der menschlichen Seele einnimmt, besteht. Einige, die sogenannten Arianer, gingen noch einen Schritt weiter. Sie folgerten aus den menschlichen Äußerungen des Lebens Jesu, aus dem Leiden Christi, aus seiner Angst am Ölberg usw., daß dieser Logos eben ein geschaffenes Wesen sein müsse. Auf dem Konzil zu Nicaea (325) wurden sie feierlich verurteilt. Doch leider wurde dort der zugrundeliegende Irrtum, daß der Logos in Jesus die Stelle der menschlichen Seele einnehme, noch nicht erkannt. Man muß sogar annehmen, daß auch die Gegner der Arianer, also jene, die an der Göttlichkeit des Wortes festhielten und auf dem Konzil den Sieg davontrugen, der Sache nach demselben Fehler verfallen waren. Die Existenz der menschlichen Seele Jesu war auch ihnen nicht bewußt. Sie wollten nur an der Gottheit des Logos festhalten. Strenggenommen wurde also auf diesem ersten allgemeinen Konzil gar nicht die Gottheit Jesu Christi, sondern die Gottheit des Logos definiert. Weil aber die menschliche Seele Jesu übersehen wurde, konnte das Konzil zu jener schon erwähnten Formulierung kommen, die uns heute so viele Schwierigkeiten bereitet: ›Jesus Christus... Gott von Gott, Licht vom Licht.‹ Dann heißt es weiter: ›Er (= Jesus Christus) ist Mensch geworden.‹ Damit wollten sie die Göttlichkeit des Logos festhalten, auf Grund ihres Irrtums aber kamen sie zu der Formulierung: ›Jesus Christus ist Gott.‹ «

»Warum hat die Kirche diesen Irrtum nicht korrigiert?» war die naheliegende Frage eines Teilnehmers.

»Sie hat zwar den sachlichen Irrtum richtiggestellt, aber leider nicht die aus dem Irrtum entstandene und notwendig mißverständliche Sprechweise. Man merkte allmählich doch, daß Jesus nach dieser ungenügenden Auffassung gar nicht Mensch war wie wir, daß er weder gelitten noch als Mensch gewirkt haben konnte. Daher wurde zuerst einmal geklärt, daß er eine menschliche Seele gehabt hat, und dann auf dem Konzil zu Chalcedon im Jahre 451 feierlich definiert, daß er ganz Mensch war, mit Leib und Seele, freilich ›unvermischt und ungetrennt‹ mit Gott verbunden. Aber bei dieser Richtigstellung wollte man offenbar nicht die frühere Mangelhaftigkeit eingestehen; vielleicht sah man sie auch nicht deutlich genug. Wohl um eine weitere Spaltung zu vermeiden, sagte man jetzt einfach: ›Jesus Christus ist Gott und Mensch.‹ Weil man die mißverständliche Formulierung nicht aufgeben wollte, wird Jesus Christus trotz des Konzils von Chalcedon von den meisten Christen der Sache nach eigentlich häretisch mißverstanden, als ob er nur eine Natur, eben die göttliche, habe. Man nennt das die monophysitische Irrlehre.«

»Wo bleiben denn da der Heilige Geist und die Unfehlbarkeit der Kirche?« wandte ein Teilnehmer ein.

»Darüber werden wir später noch genauer sprechen. Soviel sei schon vorweggenommen: Auch die Kirche ist nicht davor geschützt, auf ihrem Weg durch die Zeit verhängnisvolle Umwege zu machen. Deshalb kann auch eine Lehre der Kirche mit Irrtum vermengt oder mißverständlich formuliert sein. Der sachliche Irrtum wurde in unserem Fall durch das spätere Konzil ja schon behoben, aber leider wurde die notwendig miverständliche Formulierung nicht richtiggestellt.«

»Aber Sie vergessen doch ganz, daß es sich hier eben um ein Geheimnis handelt. Sie wollen immer alles mit dem Verstand erklären. Das kann man eben nicht, wenn es um Gott geht.« Diese Kritik der Teilnehmerin, die schon mehrmals an diesem Abend ihre Besorgnis geäußert hatte, kam offensichtlich aus tiefstem Herzen. Sie war wohl sehr verunsichert durch das, was sie gehört hatte.

Der Gesprächsleiter ging deshalb sofort auf dieses Anliegen ein und sagte: »Ich möchte Sie bitten, sehr genau zwischen Geheimnis und Widerspruch zu unterscheiden. Geheimnis ist alles, was meine Erkenntnis vorläufig oder überhaupt übersteigt, was ich noch nicht oder nie erkennen kann. Und in diesem Sinn ist Gott das Geheimnis schlechthin. Gott übersteigt in seinem eigentlichen Wesen meinen geistigen Horizont, ich kann nur anzielend von ihm sprechen. Und ich darf wohl daran erinnern, daß ich dies sehr betont habe. Ich möchte sogar sagen, daß ich das Geheimnis Gottes ernster nehme als viele Theologen, die den Menschen für fähig halten, Gott zu erreichen oder mit ihm auf eine Ebene zu gelangen. Das Geheimnis Gottes können wir nicht verstehen, sondern nur anzielend von ihm sprechen: Gott ist der Größere, Mächtigere usw. Aber vom Geheimnis möchte ich scharf den Widerspruch unterscheiden. Wenn ich sage: ›Jesus ist Gott‹ und dabei Jesus als den Namen für den Menschen Jesus von Nazareth und das ›ist‹ im wörtlichen Sinn verstehe, dann wäre Gott und Mensch in Jesus ein und dasselbe Wesen. Das steht im Widerspruch zum Wesen Gottes, der als Grund aller Wirklichkeit auch dem Geschöpf Jesus absolut überlegen ist. So ist es auch nicht die – richtig verstandene – Lehre der Kirche. Diesen Widerspruch als Geheimnis erklären und die Menschen so lehren, heißt ihnen unerträgliche Lasten auferlegen. Der Glaube bestünde dann im Fürwahrhalten von in sich widersprüchlichen und damit letztlich sinnlosen Sätzen. Er würde sich selbst aufheben und hätte mit dem Leben nichts zu tun.«

»Beim Glauben gilt eben die menschliche Logik nicht«, wandte dieselbe Teilnehmerin ein.

»Wir können nicht alles mit Hilfe der Logik erkennen, weil es unseren Horizont übersteigt. Aber das heißt wieder nicht, daß die Logik aufgehoben ist. Das, was wir aussagen, muß logisch sein, darf nicht in sich widersprüchlich und damit unsinnig werden. Sonst müssen wir sofort aufhören, über Gott und seine Beziehung zu uns nachzudenken oder zu sprechen. Dann können wir den Andersdenkenden keine Rechenschaft über unseren Glauben mehr geben und dürfen ihnen auch keine Vorwürfe machen, wenn sie widersprüchliche Behauptungen aufstellen. Jeder könnte auf seinem Standpunkt beharren. Es gäbe keine Wahrheit für alle mehr. Auf unser Thema angewendet würde das z. B. heißen: auch jene hätten recht, die sagen, daß für die Christen Gott tot sei, denn er ist ja in Jesus gestorben.«

Als jene Teilnehmerin keinen weiteren Einwand vorbrachte, fuhr der Gesprächsleiter fort: »Aber Sie geben mir mit Ihrer Kritik einen guten Anknüpfungspunkt, noch einen Gedanken zu dem ganzen Fragenkreis vorzubringen. Meiner Ansicht nach achten die traditionelle Sprechweise und die damit verbundenen Vorstellungen viel zu wenig darauf, daß Gott ja auch für den Menschen Jesus der Größere, der Verborgene, das absolute Geheimnis war. Daß es so leicht zu einer Gleichsetzung von Gott und Mensch in Jesus Christus kommen konnte, erklärt sich wohl auch daher, daß gerade der abendländische, vom griechischen Denken geprägte Mensch dazu neigt, dieses Größer-Sein Gottes zu übersehen. Man spricht dann bei Jesus und sehr schnell auch bei anderen Menschen von einer Vergöttlichung, von einer Gottwerdung. Athanasius, der Vorkämpfer der Auffassung von Jesus Christus, die sich auf dem Konzil von Nicaea durchgesetzt hat, schreibt: ›Der Logos ist Mensch geworden, damit wir Gott (= vergöttlicht) würden.‹ Man merkt gar nicht, daß das ein Widerspruch in sich ist: Aus einem geschaffenen Wesen müßte ein ungeschaffenes werden. Hier versteckt sich vielleicht sogar im Christentum ein ›Gotteskomplex‹, wie es der Psychologe Richter ausdrückt, ein ›Wie Gott sein wollen‹. Solange wir das nicht überwinden, haben wir auch keine Chance, mit dem Judentum und mit dem Islam in ein echtes Gespräch zu kommen. Wenn mir das Größer-Sein Gottes bewußt ist, werde ich kaum auf die Idee kommen, Gott und Mensch in Jesus Christus zu vermischen.«

»Aber was soll dann der Satz ›Jesus Christus ist Gott‹ noch bedeuten?« fragte jene Teilnehmerin noch.

»Wenn Sie die durch einen Irrtum entstandene mißverständliche Sprechweise nicht beibehalten und Jesus Christus den Menschen bezeichnet, dann hat das Wort ›ist‹ in dem Satz ›Jesus Christus ist Gott‹ eine andere Bedeutung als sonst. Man könnte es etwa vergleichen mit dem ›ist‹ in dem Satz ›Das Kind ist ganz die Mutter, ist ganz der Vater‹. Wie ein solches Kind auf seine Mutter bzw. auf seinen Vater verweist, sie gleichsam gegenwärtig setzt, ohne mit ihnen identisch zu sein, so verweist Jesus auf Gott, macht ihn für uns offenbar, ohne mit ihm gleichgesetzt werden zu können. Durch Jesus können wir Gottes Liebe erfahren, durch ihn ist uns Gott begegnet, durch ihn können wir an Gott glauben und vertrauensvoll zu Gott beten. Jesus wollte das Reich Gottes verkünden. Von sich selbst hat er gesagt: ›Der Menschensohn ist nicht gekommen, um sich dienen zu lassen, sondern um zu dienen‹ (Mt 20,28).«

»Und warum heißt dann Jesus in der Bibel Sohn Gottes? Was bedeutet das?«

»Das wird in der Schrift selbst erklärt: weil er der ist, ›den der Vater geheiligt und in die Welt gesandt hat‹ (Joh 10,36). Da ist überhaupt nicht an einen eigenen Sohn in Gott gedacht, sondern an den Menschen, der zum Urbild eines Sohnes Gottes wurde und durch den wir alle Töchter und Söhne Gottes werden können. So heißt es bei Lukas (20,36), daß jene, die am ewigen Leben teilhaben, ›durch die Auferstehung zu Söhnen Gottes geworden sind‹. Erst das spätere theologische Nachdenken hat erkannt, daß es deshalb in Gott so etwas wie eine Vater-Sohn-Beziehung geben muß und damit auch ein Sohn-Sein, wie wir schon gesprochen haben, das in Jesus zum Durchbruch gekommen und unüberbietbar erfahrbar geworden ist.«

»Aber Jesus spricht doch nie mit den Jüngern zusammen Gott als seinen und der Jünger gemeinsamen Vater an, sondern er sagte ›mein Vater‹ und ›euer Vater‹.«

»Das hängt einfach damit zusammen, daß seine Jünger erst durch ihn in dieses Verhältnis zu Gott als ihren Vater hineinwachsen müssen. Wenn es nach Ostern im Johannesevangelium (20,17) heißt, daß Jesus sagt: ›Ich gehe hinauf zu meinem Vater und zu eurem Vater‹, dann kann man das durchaus auch so verstehen, daß wir durch Jesus an dessen Sohnschaft teilhaben, sein Vater auch unser Vater geworden ist, weil er ›der Erstgeborene von vielen Brüdern‹ – so Paulus im Römerbrief 8,29 – ist.«

»Soll man jetzt Jesus anbeten oder nicht? In der Bibel heißt es doch so oft, daß Jesus angebetet wurde.«

»In der neuen Einheitsübersetzung der Heiligen Schrift, die wir hier verwenden, steht an diesen Stellen die richtigere Übersetzung, die dem griechischen Text entspricht: ›vor Jesus niederfallen, ihm huldigen‹. Nur dort, wo es darum geht, daß Gott allein angebetet werden soll, steht das Wort ›anbeten‹. Wir sehen auch hier, wie eine ungenaue Übersetzung zu unrichtigen Vorstellungen führt. Wenn für Sie im Sinne der traditionellen Sprechweise ›Jesus Christus‹ der Name für den Menschen Jesus und für Gott ist, mit dem dieser Mensch ungetrennt und unvermischt verbunden ist, dann ist es durchaus angebracht, diesen so verstandenen Jesus Christus, d. h. genau Gott oder die göttliche Natur in ihm anzubeten. Wenn Sie hingegen im Sinne der ursprünglichen biblischen Sprechweise mit Jesus Christus den Menschen meinen, der zum einzigen Mittler zwischen Gott und uns geworden ist, dann werden Sie von selbst zu jener Form des Gebetes zurückkehren, welche die ältere ist. Wir beten zu Gott ›durch unseren Herrn Jesus Christus‹ oder sagen ›Ehre sei Gott, dem Vater, durch den Sohn im Heiligen Geist‹.«

»Es ist sehr schwierig, das alles mitzuvollziehen, wenn man es bisher anders aufgefaßt hat.«

»Das kann ich gut verstehen. Aber es geht ja nicht nur um uns, sondern auch um die Menschen, denen wir den Glauben verkünden, d. h. aber Jesus nahebringen sollen. Diese können mit den ohnehin nie gemeinten Vorstellungen, die durch eine ungenaue Ausdrucksweise entstanden sind, nichts anfangen und meinen deshalb, Christus hätte ihnen für ihr Leben nichts zu sagen.«

»Jetzt kann ich mir wieder vorstellen, was es heißt, Jesus nachzufolgen«, dachte sich Eva im stillen. Adam wunderte sich, wie offen über diese theologischen Fragen gesprochen wurde. Auch wenn er selbst nicht glaubte, so konnte er jetzt wenigstens die Glaubensinhalte verständlich finden. Die Teilnehmer am Glaubensgesprächskreis waren ihm recht vernünftig erschienen. So hatte der Abend bei ihm einen positiven Eindruck hinterlassen.

27. Maria kommt auf Besuch

Auf der Heimfahrt meinte Adam zu Eva: »Hast du das alles verstanden? Das war sehr schwierig.« Sie stimmte ihm zu. Etwas später sagte er: »Mir ist immer wieder eingefallen, wie in den Kuppeln vieler Kirchen die Heilige Dreifaltigkeit gemalt ist. Da sitzt Jesus als junger Mann neben Gottvater, und zwischen ihnen schwebt die Taube als Heiliger Geist. Die haben sich das sehr genau vorgestellt.«

»Daher stecken wohl die falschen Auffassungen so tief in den Leuten, auch in den Christen«, erwiderte Eva. »Auf diesen Gemälden wird doch der Mensch Jesus mit Gott auf eine Ebene gestellt.«

»Du hast aber gut aufgepaßt«, sagte Adam leicht spöttisch. »Du wirst dich bald in diesen Fragen gut auskennen.«

Eva ging nicht darauf ein. Sie spürte, wie groß der innere Abstand Adams zur Gemeinde war. Um diesen zu verringern, wollte sie Adam auch mit anderen Leuten aus der Gemeinde näher in Kontakt bringen. So sagte sie nach einer Weile zu ihm: »Ich würde gerne einmal Maria zu uns einladen, damit du sie noch näher kennenlernst. Dann kannst du auch deine Bedenken gegen die Gemeinde vorbringen.« Zu ihrer großen Freude war Adam damit einverstanden und schlug sogar selbst das nächste Wochenende dafür vor.

Gleich am nächsten Morgen rief Eva Maria an und bat sie, am Sonntag nachmittag zur Jause zu ihnen zu kommen. Maria hatte für diese Zeit noch nichts vor und nahm die Einladung gerne an.

Adam wollte die Freundin seiner Frau sehr aufmerksam beobachten. Kaum hatten sie sich niedergesetzt und ein paar Worte gewechselt, fragte er sie nach ihrem Beruf. »Ich bin Angestellte und arbeite im Büro einer Handelsfirma«, lautete die Antwort. Im Lauf der Zeit erfuhr Adam noch, daß sie dort eine leitende Stellung hat. Das beeindruckte ihn sehr. Aber auch sonst fand er Maria recht sympathisch. Sie hatte eine natürliche, offene Art, spielte anderen keine Rolle vor, sondern war ganz sie selbst. Dabei war sie sehr taktvoll, konnte gut zuhören und ging auf den anderen ein. Bald kam die Rede auf die Gemeinde. Maria scheute sich nicht, die heikle Frage aufzugreifen. »Es ist für Sie sicher nicht einfach«, sagte sie zu Adam, »daß Ihre Frau jetzt so oft weggeht.«

»Da haben Sie recht«, erwiderte dieser, »aber ich habe mich schon ein wenig daran gewöhnt. Vielleicht klingt das Interesse bei ihr auch wieder einmal ab. Wenn ich sie abhalten wollte, würde sie wahrscheinlich erst recht hingehen.«

»Dann wäre mein Interesse am Glauben und an der Gemeinde schon sehr schwach«, schaltete sich Eva ein.

»Wenn ich ehrlich bin«, erwiderte Adam, »kann ich mir nicht vorstellen, daß es dir in erster Linie um den Glauben geht. Du bist nicht ganz ausgelastet, weil du noch keine Kinder hast. Vermutlich hast du auch Angst vor der Zukunft und willst dir deshalb in der Religion Halt suchen und dich an andere Menschen anlehnen. Offensichtlich bin ich dir nicht genug«, meinte er schließlich etwas gekränkt.

»Worauf du nur kommst!« gab Eva zurück. »Auf die Fragen, die mich bewegen, kann kein Mensch die Antwort sein. Auch du bist ein Mensch wie ich. Und wenn ich mir in der Religion selbst Halt geben wollte, wäre das genauso, wie wenn ich mich selbst an den eigenen Haaren aus einem Sumpf ziehen wollte. Das ist mir schon im zweiten Glaubensgespräch klar geworden.« – »Aber dann verstehe ich nicht, wieso du dir bei der Gemeinde eine Antwort erhoffst. Dort sind ja auch nur Menschen.«

»Auch die können nicht die Antwort sein, aber sie können mir die Antwort finden helfen.«

»Wie denn?«

»Indem ich bei ihnen das Leben in einer neuen Weise erfahre, eben weil sie nicht auf sich selbst oder auf andere Menschen bauen, sondern so wie Jesus auf Gott.«

Adam gab sich noch immer nicht geschlagen: »Und ich vermute doch, daß es in der Gemeinde viele Menschen gibt, die sich einfach an die anderen anlehnen wollen. Auch wenn sie sagen, daß sie an Gott glauben.«

»Das ist tatsächlich eine große Gefahr«, sagte nun Maria, die gespannt die Auseinandersetzung zwischen den Eheleuten verfolgt hatte. Im stillen hatte sie sich gefreut, wie gut Eva schon verstanden hatte, was Glaube bedeutet und wie er sich von falscher Religiosität unterscheidet, durch die der Mensch sich selbst erlösen will. Adam freute sich über die Unterstützung, die er ganz unerwartet erhalten hatte. »Habe ich nicht mit meiner Vermutung recht, daß in der Gemeinde viele sind, die mit dem Leben nur schwer fertig werden, die sich einsam fühlen, weil sie z. B. keinen Ehepartner gefunden haben oder ihre Ehe gescheitert ist?«

»Man darf das sicher nicht verallgemeinern. Es gibt auch Unverheiratete, die sich weniger einsam fühlen und ihr Leben glücklicher gestalten können als Verheiratete. Und es kommen nicht nur solche zur Gemeinde, die Hilfe brauchen. Dennoch trifft Ihre Vermutung teilweise zu. Daß diese Menschen eher die Gemeinschaft suchen, ist verständlich. Sie sind weniger in Gefahr, auf Besitz oder Macht, auf einen anderen Menschen, den sie sich ausgesucht haben, letztlich auf sich selbst ihr Leben aufbauen zu wollen. Schon Jesus sagte, daß ein Reicher schwer in das Reich Gottes gelangt (Mt 19,23). Außerdem soll ja die Gemeinde für solche Menschen dasein. Jesus antwortete auf einen ähnlichen Vorwurf: ›Nicht die Gesunden bedürfen des Arztes, sondern die Kranken‹ (Mt 9,12). Aber die Gemeinde darf sich nicht damit abfinden, daß sich diese Menschen an sie anhalten wollen. Sie würde sonst zu einem Kartenhaus, das beim geringsten Windstoß in sich zusammenfällt. Oder in einem anderen Bild: Sie würde zu einer Gruppe von Nichtschwimmern, die sich aneinander klammern und alle miteinander untergehen. Zu ihr kann nur gehören, wer – freilich womöglich mit ihrer Hilfe – an Gott glaubt. So wie Jesus oft einem Geheilten gesagt hat: ›Dein Glaube hat dir geholfen‹ (z. B. Mt 9,22). Leider gibt es noch sehr wenige solche Gemeinden, die auf solche anlehnungsbedürftige Menschen den nötigen heilenden Einfluß ausüben können. Eine solche Heilung braucht viel Zeit und Geduld. Manche Gruppen zerbrechen an diesen Problemen, bevor sie noch eine Gemeinde werden. Auch bestehende Gemeinden können nur eine begrenzte Zahl von solchen Menschen aufnehmen, sonst gehen sie unter wie ein überbelastetes Rettungsboot. Was uns in diesem Zusammenhang besonders weh tut, ist die Tatsache, daß sogar in kirchlichen Kreisen die Auffassung vertreten wird, solche Gemeinden seien nur für die nötig, die sie brauchen, gleichsam aus therapeutischen Gründen. Das ist ausgesprochen lieblos und damit unchristlich. Aber jetzt bin ich schon ein wenig abgekommen.«

»Das war alles sehr interessant. Jedenfalls war es überraschend für mich, daß Sie diese Gefahren auch sehen und sich so intensiv damit auseinandersetzen. Bei Ihnen habe ich jedenfalls nicht den Eindruck, daß Sie aus Anlehnungsbedürftigkeit bei der Gemeinde sind. Wenn ich mir eine sehr persönliche Frage erlauben darf: Warum sind Sie eigentlich nicht verheiratet? Wollten Sie nicht heiraten oder haben Sie keinen Partner gefunden?«

Mit einer so direkten Frage hatte Maria nicht gerechnet. Aber sie antwortete sehr bald: »Ich habe eine sehr hohe Auffassung von Ehe. Sie ist für mich mehr als eine gegenseitige Ergänzung, wo einer den anderen braucht. Eheliche Liebe meint meiner Ansicht nach den anderen um seiner selbst willen. Ich wollte von Anfang an eine Ehe nur eingehen, wenn ich einen Partner finde, der die gleiche Auffassung von der Ehe hat.«

»Und den hast du nicht gefunden«, mischte sich Eva mit einem kritischen Seitenblick zu ihrem Mann ein.

»Einem solchen Menschen bin ich begegnet, aber der war schon verheiratet.«

»Und den haben Sie nicht für sich gewinnen können?« fragte Adam ganz ungeniert.

»Wo denken Sie hin? Man kann doch nicht auf die Untreue zu einem Menschen die Liebe zu einem anderen aufbauen. Die Liebe ist unteilbar. Wer sie an einem Menschen verrät und sich nicht ändert, liebt auch den anderen nicht.«

»Das ist eine hohe Auffassung, die man heute selten hört«, räumte Adam ein. »Doch wie haben Sie das verkraftet?«

»Ich denke, man ist nur dann wirklich zur Ehe reif, wenn man auch unverheiratet das Leben sinnvoll findet. Sonst klammert man sich aneinander an, überfordert sich gegenseitig und wird erst recht unglücklich. Meine Beziehungen in der Gemeinde haben mir freilich viel geholfen, diesen Verzicht zu leisten. Hier kann man persönliche Liebe erfahren, auch ohne verheiratet zu sein. Das hilft zu der inneren Freiheit, die für den Unverheirateten genauso notwendig ist wie für den Verheirateten.«

»Weil Sie gerade von Freiheit reden«, ergriff Adam wieder das Wort: »Kann man sich in einer solchen Gruppe überhaupt frei fühlen? Da bin ich doch gebunden durch das, was die Mehrheit will. So kann ich nicht mehr tun, was ich will.«

»Sie schneiden eine wichtige Frage an«, antwortete

Maria. Bevor sie weitersprechen konnte, fuhr Adam noch fort: »Ich glaube nicht, daß meine Frau das auf die Dauer aushalten würde. Sie hat einen starken eigenen Willen.«

»Aber gerade eine gute Ehe zeigt, daß sich Freiheit und Bindung nicht widersprechen, wenn eben die Bindung in Freiheit übernommen wurde. Das gleiche gilt von jedem Freundschaftsbund. Freilich bedeutet jede solche Bindung Verzicht, aber den nimmt der Liebende freiwillig auf sich, um des anderen und der Gemeinschaft willen.«

Doch Adam gab sich mit dieser grundsätzlichen Erklärung nicht zufrieden: »Wie ist das in der Gemeinde? Wie kommen da die Entscheidungen zustande? Wer trifft sie?«

»Grundsätzlich alle. Freilich gibt es Gremien, die in Verantwortung den anderen gegenüber vieles entscheiden. Aber in wichtigen Fragen werden alle in den Meinungsbildungsprozeß miteinbezogen. Das erfordert viel Zeit. Man muß genügend lang über alles sprechen; vor allem, wenn es um Grundsatzfragen geht, wir nennen das die geistige Basis der Gemeinde. Da darf über niemanden hinweggegangen werden. So kann es lange dauern, bis sich alle einig sind oder sich herausstellt, daß eine bestimmte Auffassung bzw. Praxis mit dem Leben in einer christlichen Gemeinde unvereinbar sei. Dann erhebt sich innerhalb und außerhalb der Gemeinde oft der Vorwurf, daß zuviel geredet und zuwenig getan wird. Aber dieses Reden ist nötig, damit es zu einem gemeinsamen Tun in Freiheit kommt. Wir hoffen, daß im Lauf der Zeit die Praxis immer mehr Raum einnimmt.«

»Darf ich fragen, um welche solche Grundsatzfragen es z. B. gegangen ist in diesen Gesprächen?« Diesmal wollte Eva mehr wissen, um damit die Gemeinde näher kennenzulernen.

»Da ging es etwa genau um die Frage, ob die Gemeinde jedes Verhalten und jede Ansicht in ihren Reihen dulden kann; ob es zur Liebe gehört, alles zu tolerieren.«

»Und wie wurde das geklärt?«

»Wir unterscheiden zwischen der Person und dem Verhalten des anderen. Ich kann zum anderen ja sagen, ohne sein Verhalten bejahen zu können, ja sogar ohne es bejahen zu dürfen, weil es ihm selbst und anderen schadet. Freilich darf ich über seine persönliche Schuld kein letztes Urteil fällen, ihn nicht verurteilen. Aber die Gemeinde kann nicht jedes

Verhalten in ihr bejahen, sie würde damit dem einzelnen schaden und ihr Leben und Wirken zerstören. Denn die Gemeinde besteht aus den einzelnen und deren Beziehungen zueinander und kann nur so gut sein wie diese. Das alles schließt nicht aus, sondern gerade ein, daß es in der Gemeinde viel Fehlverhalten gibt, das aber als solches benannt werden kann; daß jene, die sich mit oder ohne Schuld falsch verhalten, deshalb nicht außerhalb der Gemeinde stehen, solange sie nicht das Fehlverhalten für prinzipiell richtig erklären; daß schließlich auch ein schuldhaftes Fehlverhalten verziehen wird, wo einer sich bemühen will, es zu überwinden.«

»Da habe ich wieder viel Stoff zum Nachdenken«, meinte Eva.

Und Adam stichelte ein wenig: »Du siehst, in einer solchen Gemeinde ist es nicht leicht. Da mußt du auf mehr achten als bei mir. Nichts für ungut«, meinte er zu Maria hin, »ich bin Ihnen jedenfalls sehr dankbar für alle Aufklärung, die ich von Ihnen erhalten habe. Schließlich möchte ich ja auch etwas über diese Gemeinde wissen, von der sich meine Frau so angezogen fühlt.«

Eva war ebenfalls froh über diesen Besuch und begleitete Maria noch bis zur Straßenbahnhaltestelle.

Als sie dort noch warten mußten, schnitt Eva noch eine heikle Frage an: »Was soll ich tun, wenn Adam mich verläßt, weil ich mich entschließe, der Gemeinde anzugehören?«

Maria blickte erstaunt auf: »Darüber machst du dir schon Gedanken? Wir wollen hoffen, daß er dir diese Freiheit läßt.«

»Wenn aber nicht?« beharrte Eva auf ihrer Frage.

»Dann würde das meiner Ansicht nach zeigen, daß die Ehe von seiner Seite aus nicht gültig war. Sie war dann für ihn kein Liebesbund zwischen zwei freien Menschen, die einander auch Raum geben für eine weitere persönliche Entwicklung innerhalb der Ehe, sondern eher ein Vertrag, der den anderen wie einen Besitz betrachtet, der so bleiben muß wie bei der Übergabe.«

»Was soll ich dann tun?«

»Sicher gehört es zur Treue deiner Liebe, daß du ihm dann Gelegenheit gibst, seine ungenügende Entscheidung zur Ehe zu verbessern. Aber wenn er das nicht tut und eine andere Bindung eingeht, kannst du dich auch frei fühlen.«

»Auch wenn wir kirchlich geheiratet haben?«

Maria war sehr verwundert, wie hartnäckig Eva ihre Überlegungen zu Ende dachte. Nach einer Weile sagte sie: »Auch eine kirchlich geschlossene Ehe kann im Grunde ungültig sein, selbst wenn sich das nicht immer nachweisen läßt. Dann ist das eine Gewissensfrage, die sich aber in einer wirklichen Gemeinde durchaus lösen läßt. Dort fällt auch die Sorge weg, die anderen könnten in falscher Weise Anstoß nehmen, wenn jemand unter solchen Voraussetzungen eine neue Bindung eingeht. Aber ich hoffe doch, daß dein Mann dir treu bleibt oder sich zu einer richtigen Eheentscheidung durchringt, in der er dir die Freiheit läßt, deinem Gewissen zu folgen.« Dann umarmte Maria ihre Freundin, weil eben die Straßenbahn kam. Eva sagte nochmals: »Danke.«

28. Der Glaube angesichts von Leid und Tod

Manche der Teilnehmer am Glaubensgesprächskreis hatten in ihrem Leben schon schweres Leid erfahren: frühen Verlust der Eltern, längere Krankheit, berufliche Enttäuschung usw. Und jeder hatte öfters das Leid anderer Menschen miterlebt und war ihm ratlos gegenübergestanden. So war das Interesse am Thema des nächsten Abends groß: »Der Glaube angesichts von Leid und Tod.« Wieder äußerten die einzelnen ihre Gedanken dazu:

»Gott hat es so gewollt – daher ist es gut.«

»Durch das Leid kann man gläubig werden.«

»Leid gehört zum Leben wie die Krise zur Liebe.«

»An vielem Leid ist der Mensch schuld.«

»Leid als Strafe – auch Jesus mußte leiden.«

»Erlösung durch das Leid.«

»Leid als Opfer auf sich nehmen.«

Der Leiter des Gespräches strich nochmals die Bedeutung der Frage heraus: »Gerade wenn wir davon ausgehen, daß der Glaube auf der Erfahrung des Lebens als eines Geschenkes beruht, müssen wir diese Frage ganz ernst nehmen. Wenn jemand einen direkten Zugang des Menschen zu einem liebenden Gott annimmt, gleichsam über die Erfahrung hinweg, dann kann er das Problem des Leids leichter stehenlassen. Aber auch er müßte früher oder später wenigstens zeigen können, daß es sich um keinen Widerspruch handelt, dürfte einen scheinbaren Widerspruch nicht einfach als Geheimnis erklären, wie das leider oft in der Theologie geschieht. Wenn hingegen der Glaube auf der Erfahrung der Liebe Gottes in unserem Leben beruht, ist die Frage, wie diese Liebe mit dem Leid vereinbar sei, nicht nur eine nachträgliche Bewährungsprobe für den Glauben, sondern muß sofort aufgegriffen werden, weil sonst der Glaube von vornherein fraglich bleibt, nicht zu einer festen Überzeugung werden kann.«

Für die Behandlung des Themas unterschied der Leiter dann zwei Arten von Leid: jenes, das durch Menschen verursacht ist, z. B. Kriege, Zerstörung der Gesundheit und der Umwelt durch Raubbau usw.; und jenes, das in der Natur begründet ist, z. B. Naturkatastrophen, Krankheiten durch Ansteckung und der Tod durch Altersschwäche. Er betonte jedoch, daß die Grenzen zwischen diesen beiden Arten nicht so einfach zu ziehen sind. Einerseits ist an manchem Leid der Mensch selbst schuld, ohne es genau zu wissen; z. B. haben manche Krankheiten seelische Ursachen, die im Verhalten des Menschen gründen. Andererseits ist nicht jedes Leid, das ein Mensch verursacht, auch eine Tat seiner Freiheit, er ist also nicht oder nicht ganz dafür verantwortlich; es gründet vielmehr in seiner Natur bzw. in der Mühseligkeit der Entwicklung zum eigentlichen Menschsein. Das größere Problem für den Glauben ist jedenfalls das Leid, das schon mit der Natur der Schöpfung mitgegeben ist.

Kurz wurden die ungenügenden Lösungsversuche bezüglich dieser Art von Leid gestreift: Man kann es nicht als Folge der Sünde der ersten Menschen erklären, weil es Naturkatastrophen und eine mühselige Entwicklung schon vorher gegeben hat. Die Erzählung vom Paradies ist kein Augenzeugenbericht, sondern will sagen, welche Absicht Gott mit der Schöpfung hat. Man kann auch nicht den Sinn des Leids in einer von Gott eigens verfügten Prüfung der Menschen sehen. Sicher bedeutet jedes Leid faktisch eine solche Prüfung. Aber wenn es extra deshalb geschickt wäre, würde das wahrer Liebe nicht entsprechen (gute Eltern bringen ihr Kind nicht absichtlich in Gefahr, um es zu prüfen). Ebensowenig kann man diese Art von Leid als Läuterung oder als erzieherische Maßnahme hinstellen. Es trifft oft gerade Unschuldige. Und noch weniger kann man es als Strafe erklären, was viele tun, wenn sie die Frage stellen: »Warum schickt Gott das gerade mir? Was habe ich denn getan?« Erstens liegt bei dieser Art von Leid keine Schuld vor, und zweitens ist die Vorstellung, daß Gott eigens Strafen zur Vergeltung schickt, nicht mit der Liebe Gottes nach dem Gottesbild Jesu (vgl. das Gleichnis vom barmherzigen Vater, Lk 15) vereinbar; es handelt sich um eine allzumenschliche Auffassung von Gerechtigkeit. Freilich ist diese Ansicht zum Teil sogar in die Bibel eingedrungen, wird aber dort auch ausdrücklich abgelehnt (so im Buch Ijob). Außerdem kennen das Alte und das Neue Testament natürliche Straffolgen für böse Taten, die aber keine eigens verhängten Strafen sind. Schließlich kann man dieses Leid auch nicht damit begründen, daß es schon in der untermenschlichen Welt gewisse Vor-Formen von Freiheit und damit »Versagen« gibt. Abgesehen von der Fraglichkeit dieser Vorstellung, ist das zumindest so lange keine Lösung, als man annimmt, daß Gott auch ohne weiteres eine andere Welt hätte schaffen können, in der es dieses Leid nicht geben muß.

Nun legte der Leiter seine Erklärung vor: »Wir müssen von Anfang an in unserem Denken und Sprechen von Gott kritisch und damit vorsichtig sein. Wir dürfen uns eben keine falschen Vorstellungen von Gott machen, die uns dann in anderen Glaubensfragen in unnötige Schwierigkeiten bringen. Eine solche falsche Auffassung, die aber weit verbreitet ist, lautet: ›Gott kann eine unendlich vollkommene Welt schaffen, in der es keine Grenze und damit kein Leid gibt.‹ Diese Vorstellung ist in sich widersprüchlich. Gott kann genausowenig eine unendlich vollkommene Welt schaffen wie einen viereckigen Kreis machen (es gibt sogar Leute, die meinen, es gehöre zur Allmacht Gottes, auch in sich Widersprüchliches machen zu können). Denn alles Geschaffene ist notwendig begrenzt, ist nicht das Leben selbst, sondern hat nur Anteil am Leben erhalten. Wenn Gott die Quelle ist, ist die ›Schöpfung‹ eben eine bestimmte Menge Wasser aus der Quelle, aber nicht die Quelle selbst. Der Ursprung des Lebens selbst und damit dieses in seiner ganzen Fülle ohne eine Grenze gegenüber etwas anderem zu sein, das kommt nur Gott selbst zu. Er kann es bei aller Liebe an kein Geschöpf weitergeben. Sonst müßte ein geschaffener Gott entstehen, ein Widerspruch in sich. Deshalb ist eine begrenzte Welt, in der die Geschöpfe auf diese Grenzen stoßen und daher leiden, grundsätzlich mit der Liebe Gottes vereinbar. Warum freilich die Schöpfung gerade so und nicht anders ist, das können wir nicht wissen. Wir wissen auch nicht, warum sie überhaupt ist. Wir können daher auch nicht sagen, daß sie anders sein kann (auch wenn wir uns manches anders denken können; aber weil es für unser Denken anders sein ›könnte‹, ist noch nicht gesagt, daß es in der Wirklichkeit anders sein ›kann‹). Wir müssen die Vorstellung aufgeben, daß Gott gleichsam an einem Schreibtisch sitzt und sich rein willkürlich entscheidet, eine von vielen verschiedenen möglichen Welten zu schaffen. Das ist ein allzumenschlicher Schöpfungsbegriff, der das Geheimnis Gottes und seiner Beziehung zur Welt nicht achtet und gerade dadurch in Schwierigkeiten gerät.

Sobald diese fundamentale Tatsache erkannt ist, erübrigt sich von selbst die Frage nach dem Sinn dieses Leids als solchem. Nur solange ich annehme, Gott könne auch eine grenzenlos vollkommene und damit leidfreie Welt schaffen, muß ich einen eigenen Grund für die Grenzen suchen, die wir im Leid erfahren. Sobald diese Voraussetzung fällt, muß die Grenze als solche nicht mehr in sich sinnvoll sein. Ihr einziger ›Sinn‹ besteht dann darin, daß sie eben unvermeidlich zu einer in sich sinnvollen Schöpfung gehört. Ein Vergleich kann das verdeutlichen: Wenn Eltern ihrem Kind Schokolade schenken, können sie ihm nicht unendlich viel davon geben. Daher stößt das Kind einmal an eine Grenze. Es hat keine Schokolade mehr und leidet daran. Sollen jetzt die Eltern dem Kind gar keine geben, um ihm diesen Schmerz zu ersparen? Sie sagen mit Recht: ›Lieber eine begrenzte Menge Schokolade als gar keine.‹ Und ein vernünftiges Kind wird das auch einsehen.«

»Aber die Schokolade unseres Lebens ist nicht nur begrenzt, sondern hat in sich vieles, was gar nicht süß ist: Krankheit, Mühsal, Not usw.«, wandte eine Teilnehmerin ein.

»Sie haben recht«, sagte der Leiter. »Deshalb müssen wir auch noch weiterdenken: Die Welt ist nicht nur quantitativ begrenzt, sondern auch qualitativ, vor allem befindet sie sich in einer mühsamen Entwicklung, in der Evolution, wie die Naturwissenschaftler sagen. Sie muß erst sie selbst werden, besonders im Menschen. Die Grenze ist daher nicht nur am Rand, sondern geht gleichsam quer durch. Warum das so ist und warum damit das Leid nochmals verschärft wird, das können wir genausowenig wissen, wie wir nicht verstehen, warum die Welt überhaupt ist und warum sie so ist, wie sie ist. Wir können höchstens vermuten, daß es möglicherweise mit der Freiheit des Menschen zusammenhängt; wohl nicht auf Grund von Vorformen der Freiheit im untermenschlichen Bereich, sondern vielleicht so: Eine vollkommen fertige Welt würde dem Menschen und seiner Freiheit keinen Raum mehr lassen, er könnte nicht mehr mitwirken und dadurch zu sich selbst finden. Ein Vergleich: Wenn jemand durch seine Eltern bezüglich Beruf, Entscheidung für einen Ehepartner, Wahl des Wohnortes usw. völlig bestimmt wird, ist er nicht mehr frei und wird sich nicht glücklich fühlen. So könnte der Sinn der Evolution möglicherweise mit der Freiheit des Menschen zusammenhängen.

Wichtig ist jedoch auf alle Fälle: Wir müssen nicht in der Grenze als solcher einen Sinn finden, wenn wir das Leid mit dem Glauben in Einklang bringen wollen. Eine vorsichtige Auffassung von Gottes Allmacht vermeidet unnötige Schwierigkeiten. Wir dürfen dann freilich Gott nicht mehr an den Grenzen suchen oder andere auf die Grenzen verweisen, wenn wir sie zum Glauben an Gott führen wollen. Gottes Liebe können wir Menschen gerade nicht an den Grenzen und damit im Leid, sondern nur in der Mitte des Lebens erfahren. An den Grenzen fühlen wir uns von Gott verlassen wie Jesus am Kreuz. Sie stellen den Menschen vor die Gottesfrage. Sie machen ihn außerdem aufmerksam, daß Gott auch dann, wenn er zum Glauben gelangt ist, der Größere, das verborgene Geheimnis bleibt. An ihnen muß sich der Glaube bewähren. Zum Glauben finden können wir nur im Sinnvollen bzw. in der Dynamik auf Sinn und ihrer anfanghaften Erfüllung, die wir erfahren.«

»Sie haben jetzt das Kreuz genannt. Hat also auch das Leid Jesu am Kreuz keinen Sinn gehabt?« fragte ein Teilnehmer.

»Wenn das Leid Christi am Kreuz in sich oder auch nur als Mittel zum Zweck notwendig oder sinnvoll sein sollte, dann würde das bedeuten, daß Gott diesen schmerzlichen Tod Jesu in sich und den Mord an ihm als Mittel dazu gewollt, nicht nur als unerwünschte Nebenfolge einer anderen Absicht zugelassen hätte. Das liefe auf eine Menschenopfertheorie hinaus: Gott wollte, daß ein unschuldiger Mensch geopfert wird, um die Sünden der Menschen zu sühnen und sie von ihrer Schuld und Strafe zu erlösen. Diese Erlösungslehre ist mit dem Glauben an die Liebe Gottes unvereinbar. Das Christentum stünde auf einer Ebene mit heidnischen Opferreligionen. Ich darf einfach daran erinnern, was wir das letzte Mal schon als positive Erklärung des Kreuzes überlegt haben: Der Tod Jesu ist die letzte Konsequenz seiner gläubigen Liebe, seiner opferbereiten Hingabe in einer Welt, die diese Liebe nicht annahm. Das Sterben Jesu kann nur von seinem Leben her verstanden werden.«

»Aber kann nicht das Leid – sogar von Unschuldigen – Folge von Sünde sein?« fragte Eva, die bisher gespannt zugehört hatte.

»Freilich gibt es das. Aber nicht als extra – von außen – verhängte Strafe, sondern als innere Folge. Gott schickt Leid nicht zur Vergeltung, sondern er muß es zulassen, weil er die Freiheit des Menschen achtet und uns als Gemeinschaftswesen geschaffen hat. Die Freiheit wäre aufgehoben, wenn Gott böse Folgen menschlichen Tuns gleich wieder beseitigte. Die Welt in der derzeitigen Form ist der Raum unserer Freiheit. Genausowenig wie Gott bei all seiner Macht dem Menschen die Freiheit geben und ihre Folgen aufheben kann, kann er den Menschen als Gemeinschaftswesen schaffen und zugleich verhindern, daß der Verstoß gegen die Liebe durch einen zum Leid für den anderen wird. So erklärt sich auch, wie das Leid, an dem der Mensch wirklich selbst schuld ist, mit der Liebe Gottes in Einklang gebracht werden kann. Zur richtig verstandenen Sühne gehört es dann, die Fehlhaltungen als die Ursachen dieses Leids zu überwinden und ihre Folgen soweit als möglich wieder gutzumachen. Das hat mit Vergeltung nichts zu tun.«

»Aber alle diese Überlegungen beseitigen das Leid nicht«, stellte eine Teilnehmerin fast seufzend fest.

»Das können sie auch nicht. Auch der Glaube hebt die Grenzen nicht auf, an die wir so schmerzlich stoßen. Z. B. macht der Glaube eine seelische oder körperliche Krankheit nicht leichter. Aber er bricht ihr die Spitze, d. h. er verhindert, daß der glaubende Mensch durch das Leid in einen Teufelskreis gerät, der zur Verzweiflung führt. Der Gläubige vertraut auf die Macht der Liebe Gottes, die auch einem begrenzten Wesen endgültigen Sinn geben kann.«

»Nun verstehe ich wieder manches besser«, dachte sich Eva, als sie am späten Abend heimfuhr.

29. Auferstehung und ewiges Leben

Zwischen den einzelnen Terminen des Glaubensgesprächskreises telefonierte Eva immer wieder mit Maria. Manchmal trafen sie einander auch. Da konnte Eva alles nochmals durchsprechen und weitere Fragen stellen. Das war auch nach dem letzten Gesprächskreis der Fall gewesen. Schließlich hatte Maria gesagt, sie werde zum nächsten mitkommen. Darüber freute sich Eva besonders. Das Thema hieß: »Auferstehung und das ewige Leben.« Diesmal kamen nicht viele Beiträge von den Teilnehmern, sondern fast nur Fragen:

»Wurde Jesus auferweckt oder ist er auferstanden?«
»Wie haben die Jünger die Auferstehung erfahren?«
»Warum erscheint Jesus nicht auch uns?«
»Was ist ein ›verklärter Leib‹?«
»Was heißt ewig? Ist das nicht langweilig?«
»Wie kann man sich den Himmel vorstellen?«
»Gibt es wirklich eine Hölle?«
»Was bedeutet Fegefeuer?«

Der Leiter des Abends freute sich auch, daß Maria mitgekommen war. Er begann mit einer Begriffserklärung: »Auferstehung und Auferweckung meinen dasselbe von zwei verschiedenen Seiten her. Die Bibel verwendet beide Ausdrücke sowohl bei Jesus als auch bei den Gerechten. Bei ›Auferweckung‹ liegt das Schwergewicht mehr auf der Tat Gottes, bei ›Auferstehung‹ mehr auf dem Ergebnis des göttlichen Wirkens für den Menschen. Auch Auferstehung bedeutet nicht, daß der Mensch aus eigener Kraft aufersteht. Das gilt auch für Jesus: er wurde von Gott auferweckt und ist deshalb auferstanden. Lange Zeit hat man allerdings die Bibel unrichtig übersetzt. Statt ›Jesus wurde auferweckt‹ wurde die Formulierung ›Jesus ist auferstanden‹ eingesetzt, um die Macht Jesu herauszuheben; als ob er aus eigener

Kraft auferstanden wäre. Daß dies nicht gemeint sein kann, zeigen andere Stellen des Neuen Testaments, wo es auch von den anderen Menschen heißt, daß sie auferstehen.

Die Auferweckung oder Auferstehung als Tat Gottes zu sehen hilft uns auch, den richtigen Zugang zu ihr zu finden. Strenggenommen glauben wir nicht an die Auferweckung und das ewige Leben so, wie wir an Gott glauben, sondern wir vertrauen auf Gott als den Lebenschaffenden und hoffen deshalb auf Auferstehung und ewiges Leben. Man kann nicht auf das ewige Leben vertrauen, sondern es erwarten, überzeugt sein, daß es kommt, auf es hoffen. Diese Unterscheidung ist deshalb so wichtig, weil für viele, die sich als gläubig betrachten, der eigentliche Inhalt des Glaubens das Weiterleben nach dem Tod ist, das sie erreichen wollen und um dessentwillen sie auch an Gott festhalten. Sie brauchen Gott, damit sie einmal in den Himmel kommen. Zumindest wollen sie sich das offenhalten. Hier liegt wieder eine falsche ›religiöse‹ Einstellung vor, die Gott nicht um seiner selbst willen anerkennt, sondern nur als Garanten des eigenen Lebens nach dem Tod.

Jesus hat genau umgekehrt gedacht. In einem Streitgespräch mit den Sadduzäern, die zu seiner Zeit eine Auferstehung der Toten ablehnten, sagt er von Gott: ›Er ist doch nicht ein Gott von Toten, sondern von Lebenden‹ (Mk 12,27). Christus argumentiert also von der Macht Gottes her. Weil er auf Gottes Macht und Treue baut, deshalb erwartet er seine Auferstehung und verheißt allen, die ihm im Glauben folgen, das ewige Leben. Und dieser Zugang Jesu wurde auch für seine Jünger entscheidend: Ostern bedeutet in erster Linie, daß sie zum vollen Glauben an Gott als Vater Jesu Christi kamen und damit zu der Überzeugung gelangten, daß Gott diesen Jesus nicht im Tod gelassen hat. Das kommt sehr deutlich in der Pfingstpredigt des Petrus in der Apostelgeschichte zum Ausdruck, die ein Niederschlag der ältesten Glaubensverkündigung ist: ›Gott aber hat ihn von den Wehen des Todes befreit und auferweckt, denn es war unmöglich, daß er vom Tod festgehalten wurde‹ (Apg 2,24).

Diese andere Sichtweise wird noch verständlicher, wenn wir uns bewußtmachen, daß zur Zeit Jesu eine Auferstehung als solche durchaus als möglich angenommen wurde. So heißt es im Markusevangelium (6,14): ›Der König Herodes hörte von Jesus, denn sein Name war bekannt geworden, und man sagte: Johannes der Täufer ist von den Toten auferstanden; deshalb wirken solche Kräfte in ihm.‹ Die Ostererkenntnis und Osterbotschaft der Jünger bestand also darin, daß gerade der Jesus, der scheinbar von Gott verlassen am Kreuz starb, von Gott auferweckt worden war, wie er es vorhergesagt hatte. Ostern bedeutet, daß die Jünger nach der Krise des Karfreitags wieder ganz zum Glauben fanden, daß Gott sich durch Jesus endgültig geoffenbart und ihn für immer als seinen Gesalbten – als Christus – eingesetzt hat. Und daß zu diesem Glauben die Hoffnung gehört, daß Gott die jetzt schon erfahrene Dynamik des Lebens und der Liebe auf Vollendung hin endgültig erfüllen wird. Wieweit für diese Glaubenserkenntnis noch direkte Erfahrungen des Auferstandenen selbst ein Anstoß waren, werden wir nie ganz entscheiden können. Die Berichte darüber in den Evangelien kann man nicht einfach wörtlich nehmen; schon deshalb nicht, weil sie widersprüchlich sind. Es ist auch bezeichnend, daß sie desto mehr erweitert sind, je später das Evangelium entstanden ist. Sie sind Geschichten um eine Geschichte. Für unseren Glauben ist es auch nicht entscheidend, ob das Grab Jesu leer war oder nicht. Und sicher hätte man vom auferstandenen Herrn kein Foto machen können, wenn es damals schon Apparate dafür gegeben hätte.«

»Warum sind Sie da so sicher? Soll man das nicht offenlassen?« wollte eine Teilnehmerin wissen.

»Weil Auferstehung auf keinen Fall Rückkehr in dieses Leben bedeutet. Sonst hätte Jesus ja nochmals sterben müssen, oder der Himmel wäre ein feststellbarer Ort irgendwo in der Welt, wo sich Jesus jetzt körperlich befindet. Der auferstandene Mensch hat keinen Körper wie wir. Das heißt aber absolut nicht, daß er ein reiner Geist wäre, eine Seele ohne jede Form von Leiblichkeit. Er hätte ja sonst keinen Bezug zur materiellen Welt. Man kann den Menschen nicht so in zwei Teile – Seele und Leib – zerlegen, wie es durch eine bestimmte griechische Philosophie auch im Christentum für lange Zeit üblich wurde. Es kann keine Seele ohne jede Form von Leiblichkeit geben. Deshalb nehmen die Theologen heute auch an, daß nicht nur Jesus und dann auch Maria, sondern alle Gerechten im Augenblick des Todes in diesen Zustand der ›verklärten Leiblichkeit‹ gelangen können.«

»Was soll man sich darunter vorstellen?« fragte Eva.

»Wenn Sie sich etwas vorstellen wollen«, antwortete der Leiter, »dann müssen Sie am ehesten denken, daß in diesem Zustand dem Menschen Fähigkeiten erwachsen, die man jetzt gar nicht oder nur als außergewöhnlich kennt.«

»Welche etwa?«

»Ich denke z. B. an die Telepathie, eine durch die Sinnesorgane nicht erklärbare Kommunikation von Menschen über große Distanzen hinweg. Vielleicht haben Sie selbst schon einmal so etwas erlebt und sind darüber erschrocken: Etwa, wenn Sie spüren, daß jemand Sie beobachtet, oder wenn Sie sich ertappt fühlen, jemand anderen zu beobachten, der sich umdreht und nun Sie mustert. Im Krieg spürten viele Mütter ganz genau, wann ihr Sohn irgendwo an der Front fiel. Der verklärte Mensch hat größere Möglichkeiten des Bezugs zur Welt und speziell zu den anderen Menschen. Das heißt freilich nicht, daß er damit unendliche Kräfte hätte. Es handelt sich um Fähigkeiten, die Gott dem Menschen geschenkt hat, die derzeit noch in ihm schlummern und vielleicht da oder dort – in heiligmäßigen Menschen – schon ein wenig zum Durchbruch kommen; z. B. in der Fähigkeit zu heilen, wie wir sie auf Grund der Wunderberichte bei Jesus und großen Heiligen annehmen dürfen.«

»Warum kommen diese Kräfte nicht jetzt schon zum Tragen? Das würde doch viel Leid ersparen!« wandte ein Teilnehmer ein.

»Offensichtlich deshalb, weil diese Kräfte eine größere Nähe zu Gott und eine tiefe Liebe zu den Menschen voraussetzen. Zu dieser müssen wir uns erst in Freiheit entscheiden. Stellen Sie sich einmal vor, Sie wären in einem dauernden unmittelbaren – nicht durch die Sinne vermittelten – Kontakt zu anderen Menschen, mit denen Sie nicht in Liebe verbunden sind. Diese könnten dann alle ihre Gedanken lesen und Ihren Willen zwar nicht zerstören, aber doch beeinträchtigen. Das wäre noch viel ärger, als wenn ich mit jemandem auf engem Raum zusammenleben müßte, der mich nicht liebt, sondern vielleicht sogar haßt. Das nenne ich schon eine ›Hölle auf Erden‹. Der oben beschriebene Zustand wäre noch furchtbarer, er wäre erst die wahre Hölle.

Daher braucht es meiner Ansicht nach die derzeitige Form von Leiblichkeit, eben den Körper, schon als Raum freier Begegnung zwischen den Menschen. Gleichsam als vermittelndes Drittes zwischen uns, über das wir einander zeichenhaft – durch Sprache und Gesten – begegnen. Was Liebende beklagen, daß sie nämlich nicht ganz eins werden können, ist in Wirklichkeit eine Wohltat, solange wir nicht endgültig in wahrer Liebe verbunden sind. Erst für jene Menschen, die sich unabänderlich – was erst im Tod geschehen kann – für die Liebe entschieden haben, wird eine neue unmittelbare Beziehung möglich. Sie haben dann auch größere Möglichkeiten tieferer Begegnung mit mehreren, weshalb gilt: ›Wenn nämlich die Menschen von den Toten auferstehen, werden sie nicht mehr heiraten‹ (Mk 12,25).

Zugleich ist diese körperliche Welt, in der wir scheinbar die Herren sein können, auch der Raum freier Entscheidung gegenüber Gott. Schon einmal dadurch, daß die Einstellung zum Mitmenschen immer auch die zu Gott mitbetrifft. Wer die vorgegebene Würde eines anderen bejaht, will nicht mehr sein eigener Herr sein, sondern nimmt zumindest unausdrücklich an, daß der Mensch mehr ist als das Produkt einer blinden Natur. Wer sich nach dieser Liebe sehnt, sich um sie bemüht, ist wenigstens offen für Gott, lebt in der leisen Hoffnung, daß das Leben von vornherein auf Liebe angelegt ist. Darüber hinaus ist aber die körperliche Welt auch in anderer Hinsicht der Raum einer Entscheidung gegenüber Gott. Je nachdem, ob der Mensch ehrfürchtig mit dem körperlichen Leben und der Natur umgeht oder sie an sich reißen bzw. eigenmächtig sein Leben in dieser Welt wegwerfen will, entscheidet er sich auch gegenüber der Macht, die dahintersteht. Nur der Mensch, der zumindest für Gott bereit ist oder sich unausdrücklich oder ausdrücklich für ihn als seinen Herrn entscheidet, kann wohl in jene endgültige Beziehung zu Gott gelangen, die ein ewiges Leben ermöglicht. Er kommt – um ein bereits gebrauchtes Bild wieder aufzugreifen – in jene Nähe zur Quelle, die ein dauerndes ›Nachfüllen‹ möglich macht. Er erhält Zugang zu tieferen Schichten der Wirklichkeit, die zwar nicht Gott selber sind, aber an der Ewigkeit Gottes Anteil haben.«

»Das würde doch heißen, daß nur die Guten ewiges Leben haben, daß für die Bösen mit dem Tod alles aus ist! Gibt es dann keine Hölle?« Einer stellte diese Frage, die sich allen aufdrängte.

»Sie haben recht. Das würde sich aus dieser Auffassung ergeben. Diese dürfte eigentlich nur jenen Schwierigkeiten bereiten, die sich Gottes Gerechtigkeit nach dem Modell einer Vergeltung vorstellen. Daß dies unrichtig ist, haben wir ja schon mehrmals festgestellt. Diese Ansicht, daß die radikal Bösen, wenn es welche gibt, einfach im Tode bleiben, ist zwar meines Wissens in der Kirche bisher nicht vertreten, aber auch nicht verurteilt worden. Sie ist sicher viel besser mit der Barmherzigkeit Gottes vereinbar. Selbst wenn man betont, daß nur der in die Hölle kommt, der zu stolz ist, die Verzeihung Gottes anzunehmen (daß also auch die Hölle keine von außen verhängte Vergeltungsstrafe ist, sondern sich der Böse gleichsam selbst in diesen Zustand absoluten Hasses gegenüber Gott und den anderen ›stürzt‹), und wenn man auch damit rechnet, daß vielleicht niemand tatsächlich in diesen Zustand kommt, ist schon die Annahme eines solchen ewigen fürchterlichen Zustands als Folge für eine böse Entscheidung in einem begrenzten Leben schwer mit Gottes Liebe in Einklang zu bringen. Denn Gott müßte ja den Betreffenden in diesem qualvollen Sein für immer erhalten. Abgesehen von der Frage, ob dieses Erhalten auf die Dauer ohne eine Liebesbeziehung zu Gott überhaupt denkbar ist. Hölle wäre demnach eher ein Grenzzustand als ein Endzustand, ein endgültiges ›Im-Tode-Bleiben‹ nach einem Akt letzter Auflehnung, Verbitterung und Verzweiflung.«

»Und was ist dann das Fegefeuer?« fragte ein anderer.

»Das können Sie am besten verstehen, wenn Sie an den Schmerz denken, der Sie durchfährt, wenn Sie sich von einem Menschen, den Sie an und für sich lieben wollen, zu dem Sie also die Liebe nicht aufgeben wollen, bei einer groben Nachlässigkeit in dieser Liebe ertappt fühlen. Sie sind ganz beschämt und bestürzt. Die Liebe des anderen wird Ihnen zum Gericht. Sie sehen plötzlich Ihr Versagen. Sie lehnen sich aber nicht auf, verschließen sich nicht ganz, sondern lassen sich durch diesen Schmerz läutern. Er ist wie ein reinigendes Feuer. Und das denken Sie sich jetzt im Augenblick des Todes, wenn gleichsam Ihr Leben nochmals vor Ihnen abrollt und Sie Jesus Christus als dem gottgesetzten Maßstab Ihres Lebens gegenübertreten sowie in die Gemeinschaft mit ihm und allen Heiligen aufgenommen werden sollen. Dann ist dieser Läuterungsschmerz das sogenannte Fegefeuer.«

»Und jetzt haben Sie aber noch nichts vom Himmel gesagt. Der ist doch das, worauf wir uns freuen dürfen.« Maria war es offensichtlich ein Anliegen, daß das Positive nicht zu kurz kam.

»Das Schönste muß man sich immer für den Schluß aufheben«, sagte der Leiter. »Aber etwas habe ich ohnehin schon dazu gesagt: daß der Himmel der Zustand vollkommener Liebe in der Gemeinschaft der Heiligen und in größtmöglicher Nähe zu Gott ist. Dort ist alles erfüllt, wonach wir uns jetzt im tiefsten sehnen. Es ist kein Zufall, daß gerade der verliebte Mensch, der einen Vorgeschmack davon erfährt, Ausdrücke gebraucht wie ›ich bin selig, wie im Himmel, unendlich glücklich‹. In dieser Erfüllung hört auch die Zeit auf, weil sie erfüllt ist. Ewigkeit ist nicht unendlich lange Zeit, sondern wie dem glücklichen Menschen die Zeit jetzt schon ›wie im Flug vergeht‹, dem unglücklichen hingegen endlos lang wird, so wird sie dort überhaupt nicht mehr als solche erlebt. Daher hat diese Ewigkeit nichts mit Langeweile zu tun. Vielleicht sollte man deshalb besser von endgültigem Leben oder ›Leben in Fülle‹ (Joh 10,10) reden.

Dieses endgültige Leben beginnt für uns Christen nicht erst nach dem Tod, sondern jetzt schon, wenn wir uns im Geiste Jesu Christi auf Gott und aufeinander einlassen. Daher heißt es im 1. Johannesbrief (3,14): ›Wir wissen, daß wir aus dem Tod in das Leben hinübergegangen sind, weil wir die Brüder lieben.‹ Die Liebe der Christen untereinander ist das Kennzeichen dieses neuen Lebens.«

»Hört dann der Glaube auf? Können wir Gott dann sehen?« wollte Eva noch wissen.

»Der Glaube als Vertrauen hört dann gerade nicht auf, sondern kommt auch zu seiner Vollendung: ohne jeden Schatten von Dunkelheit oder gar Zweifel. Gottes Liebe wird ganz überwältigend erfahren. Das heißt aber nicht, daß wir mit Gott auf gleiche Ebene kämen. Er bleibt der Größere und damit absolutes Geheimnis, der, ›der in unzugänglichem Licht wohnt, den kein Mensch gesehen hat noch je zu sehen vermag‹ (1 Tim 6,16). Er ist wie die Sonne, in die man nicht direkt schauen kann, die aber doch alles erleuchtet und erwärmt.«

30. Leben aus dem Glauben

Auf dem Heimweg vom letzten Glaubensgespräch hatte Eva noch lange mit Maria gesprochen. Es war ihr bewußt geworden, daß sich das Leben eines Menschen ändert, wenn er zum Glauben kommt. Maria bestätigte dies: »Was in der Menschheitsgeschichte in Jesus Christus geschehen ist, passiert in der Geschichte des einzelnen, wenn er sich nach Gottes Willen ausrichtet. Wenn er vorher in die falsche Richtung gegangen ist, bedeutet es direkt eine Umkehr, eine völlige Umorientierung. Aber auch wenn er – im Idealfall – vorher sich offen gehalten hat für Gott, aus der leisen Hoffnung auf Gott gelebt hat, bedeutet diese Hinwendung zu Gott eine Bekehrung, eine Festlegung auf ein Leben aus dem Glauben mit all seinen Konsequenzen.«

»Wenn ich mich recht erinnere, ist das ohnehin das nächste Thema unseres Glaubensgespräches«, sagte Eva.

»Dann wirst du ja mehr darüber hören, obwohl sich nie alles sagen läßt, was sich da ergibt. Das läßt sich genausowenig in ein System bringen wie das Leben selbst.«

»Wie soll man aber dann wissen, was man im einzelnen zu tun hat?«

»Man kann sich nur um die richtige innere Einstellung bemühen, alles andere folgt daraus«, antwortete Maria.

So war Eva schon neugierig, worin dieses »Leben aus dem Glauben« besteht, das auch wirklich das Thema des nächsten Treffens war. Wieder sagten die Teilnehmer, welche Gedanken bzw. Fragen ihnen dazu kamen:

»Leben nach den Normen der Moral«
»Leben nach dem Gewissen«
»Verpflichtung gegenüber dem Nächsten«
»Normen machen gleich, engen ein«
»Gibt es überhaupt allgemein gültige Normen?«
»Liebe und dann tue, was du willst«

»Genau heißt es bei Augustinus: ›Liebe, und was du dann willst, das tue‹«, griff der Leiter ein. Weil keine weiteren Beiträge gebracht wurden, fuhr er fort: »Im Leben aus dem Glauben geht es um das ganze, heile Menschsein. Wer das Leben mitsamt der Möglichkeit zur Liebe als Geschenk erfährt und als solches annimmt, kann sich ganz darauf einlassen. Er ist weder durch die Angst blockiert noch braucht er einen Teil seiner Kräfte dafür auf, diese Angst erst zu unterdrücken – durch übergroße Absicherung, Selbstbeobachtung usw. Er macht gleichsam einen Kopfsprung in das Becken des Lebens in Liebe.«

»Kann man ohne Glauben nicht zu diesem Menschsein gelangen?«, so stellte ein Teilnehmer die Frage, mit der der Leiter offensichtlich schon gerechnet hatte:

»Wenn einer in der Glaubensbereitschaft, im Vor-Glauben aus der leisen Hoffnung lebt, daß das Leben in Liebe sinnvoll sei, wird er ein authentisches, echtes Menschsein erreichen. Aber er wird in der vollen Entfaltung desselben im Laufe dieses Lebens nicht so weit gelangen können. Er wird mehr Energie darauf verwenden müssen, den Versuchungen der Resignation bzw. der Selbstherrlichkeit zu widerstehen. Sicher genügt dies, um in die Vollendung zu gelangen. Aber beim Übergang wird wohl so etwas wie ein Nachreifen erfolgen müssen.

Nun aber zu den inneren Elementen dieses Lebens aus dem Glauben: Erstens bekommt das Leben überhaupt im Licht des Glaubens ein positives Vorzeichen. Ganz egal, was in der Klammer hinter diesem Vorzeichen steht, alles ist auf eine Vollendung hin angelegt. Diese Bejahung des Lebens ist die Hoffnung. Aus dem Glauben ergibt sich also ein Mut zum Leben, der auch für die Zukunft gilt. Wer glaubt, kann nie ganz verzweifeln, auch im Tode nicht. Der Glaubende hofft für sich und für die anderen, die er damit stärkt. Diese Hoffnung ist auch eine Voraussetzung dafür, daß man Kindern verantwortungsbewußt das Leben schenkt.«

Eva horchte innerlich auf. Sie fragte sich im stillen, ob sie wirklich genug Hoffnung hätte, um einem Kind das Leben zu schenken in der Überzeugung, ihm damit etwas Gutes zu tun. Sie merkte, daß ihre Hoffnung eigentlich noch recht schwach war.

»Diese Hoffnung ist wie der Glaube selbst eine Grundhaltung, eine Einstellung in der Tiefe des Menschen, die wir auch Seele oder Herz nennen. Dieses Herz dürfen wir nicht mit dem Gefühl verwechseln, in dem wir uns gerade jetzt erleben, uns in einer bestimmten Stimmung befinden. Diese Stimmung hängt noch von vielen anderen Faktoren ab – von Erlebnissen, die man gerade gehabt hat, vom Hormonhaushalt usw. – und kann durchaus auch einmal schlecht sein, wenn einer

›im Grunde seines Herzens‹ durchaus gläubig und hoffend eingestellt ist. Er wird dann mit diesen Gefühlen richtig umgehen, sie nicht überbewerten und vor allem nicht zum Maßstab seines Handelns machen. Er läßt sich nicht von den Stimmungen und Gefühlen treiben, sondern versucht, diese durch eine entsprechende Gestaltung seines Lebens zu steuern. Wenn der Mensch seinem Wesen entsprechend lebt, werden sich früher oder später auch die positiven Gefühle einstellen. Sie werden ihm dazugegeben, kommen in ihm zum Schwingen.

Neben der Hoffnung folgt noch eine zweite Grundhaltung aus dem Glauben, für welche diese Überlegung genauso gilt: die Liebe. Viele sehen in der Liebe nur ein Gefühl, eben das der Sympathie. Liebe heißt dann: Du gefällst mir, du sprichst mich an. So schön und wichtig das Gefühl ist und bei echter Liebe immer auch dazukommen wird, so wenig besteht in ihm das Wesen der Liebe. Wenn ich über den anderen und seine Nähe nur mein Wohlgefühl suche, geht es mir ja nur um mich. Sobald das Gefühl abklingt, ist die Liebe auch vorbei. Und es wird bald schwächer werden, wenn keine tiefere Basis der Beziehung da ist. Jeder weiß, daß Verliebtsein noch nicht Liebe sein muß, und doch wird beides immer wieder gleichgesetzt. Das führt dann zu dem Satz: ›Ich kann doch niemand lieben, der mir nicht sympathisch ist.‹ Daß diese Auffassung von Liebe nicht dem Evangelium Jesu Christi entspricht, ergibt sich eindeutig aus seiner Forderung der Feindesliebe. Wenn ich meinen Feind lieben soll, kann Liebe nicht Sympathie bedeuten. Denn mein Feind ist mir nicht sympathisch.«

Der Leiter fragte die Teilnehmer, was ihrer Ansicht nach nun die wahre Liebe sei. Es kamen folgende Antworten: »Gutes tun.« – »Für den anderen dasein.« – »Den anderen so wichtig nehmen wie sich selbst.«

»Auch ›Gutes tun‹ für sich allein ist noch nicht Liebe«, führte der Leiter seine Überlegungen weiter. »Ich kann jemandem etwas geben oder tun, was wirklich gut für ihn ist – nicht nur vermeintlich, wie es bei einer Mutter der Fall ist, die ihr Kind verwöhnt – und wofür er auch dankbar ist, ohne daß es aus Liebe geschieht. Im 1. Korintherbrief, im Hohenlied der Liebe, schreibt der Apostel Paulus sogar (13,3): ›Wenn ich meine ganze Habe verschenkte, ... hätte aber die Liebe nicht, nützte es mir nichts.‹ Was meinen Sie, warum ich es dann in

Wirklichkeit tue?« wandte sich der Leiter wieder an die Teilnehmer.

»Um gut dazustehen.« – »Um mir den Himmel zu verdienen.« – »Um den anderen für mich zu gewinnen.« – »Aus Betätigungsdrang.« – »Um mich selbst zu bestätigen.« – »Um den anderen von mir abhängig zu machen.«

»Ich denke«, fuhr der Leiter fort, »ich brauche gar nicht mehr zu erklären. Sie spüren selbst, welche Möglichkeiten es da gibt. Übrigens hat der atheistische Philosoph Sartre die Liebe überhaupt gerade im letztgenannten Sinn erklärt: ›den anderen abhängig machen, um ihn besser beherrschen zu können‹. Für ihn ist sie daher der größte Betrug. Also kann man Liebe nicht mit ›Gutes tun‹ gleichsetzen. Ähnliches gilt auch, wenn die Liebe als ›Dasein für andere‹ verstanden wird; auch hier muß man nochmals hinterfragen, was die eigentlichen Beweggründe sind.

Denn auch die Liebe besteht nicht in erster Linie in einem äußeren Verhalten, sondern kommt aus dem Herzen. Von der inneren Einstellung hängt es ab, ob es sich wirklich um Liebe handelt. Die wahre Liebe nimmt den anderen und die Beziehung zu ihm um des anderen willen wichtig, Liebe bejaht die andere Person und die Möglichkeit der Gemeinschaft mit ihr (ohne eine Beziehung bzw. ohne die Bereitschaft dazu ist die Liebe eine Illusion – ich kann mir leicht einbilden, jemanden zu lieben, mit dem ich nie etwas zu tun habe). Liebe sagt also zum anderen: Es ist gut, daß du bist, und es ist gut, mit dir verbunden zu sein bzw. sein zu können; das nach den obigen Überlegungen auch dann, wenn ich es gefühlsmäßig nicht so erlebe, sondern vielleicht sogar das Gegenteil. Natürlich kann ich die tatsächliche Gemeinschaft nur bedingt bejahen: Wenn der andere mich auch liebt oder zumindest eine Chance dafür besteht. Ebensowenig gehört es zur Liebe, auch jedes Verhalten des anderen zu bejahen. Dem muß ich vielleicht sogar heftig Widerstand entgegensetzen. Ich kann nicht immer zum anderen sagen: ›Ich liebe dich, wie du bist (d. h. mitsamt deinem Verhalten)‹, sondern ich muß unter Umständen sagen: ›Ich liebe dich, obwohl du so bist, wie du bist.‹

Dieses innere Ja-Sagen, dieses Wichtig-Nehmen des anderen und der Beziehung ist – wie gesagt – nicht eine Sache des Gefühls, auch nicht in erster Linie des Erkennens, sondern des Willens. Freilich wird hier Wille nicht als Tatkraft verstanden, wie man es meint, wenn man von jemandem sagt, er habe einen ›starken Willen‹. Wille ist hier die Fähigkeit zur Bejahung der Wirklichkeit, vor allem der anderen Person und der Beziehung zu ihr: ›Ich will, daß du bist, und will grundsätzlich mit dir in Gemeinschaft sein.‹ Diese Liebe will also nicht den anderen für sich haben oder ausbeuten, sie will ihn nicht wie ein Ding besitzen – das wäre Egoismus –, sondern sie will das Leben mit ihm teilen.

Daß eine so verstandene Liebe überhaupt möglich ist, hat eine Grundvoraussetzung, auf die wir schon einmal zu sprechen kamen, als von der Bedeutung der Liebe für den Glauben die Rede war: Beziehung und Gemeinschaft dürfen nicht nur als Folge der Begrenztheit aufgefaßt werden, etwa in dem Sinn: ›Wir lieben, weil wir einander brauchen.‹ Sie müssen vielmehr in sich einen echten Selbstwert haben, eine positive Komponente des Menschseins überhaupt sein, die gleich wichtig ist wie das Selbstsein des einzelnen. Sonst wäre Liebe immer nur Mittel zum Zweck der eigenen Selbstfindung, der andere nur das Absprungbrett für mein eigenes Leben. Nur auf dieser Basis kann Liebe den anderen um seiner selbst willen meinen und damit erst jene weckende bzw. heilende Aufgabe erfüllen, die sie auch hat. Mit anderen Worten: Wenn Liebe nur Mittel zum Zweck wäre, einander – gleichsam auf Gegenseitigkeit – zur wahren Selbstfindung zu verhelfen, dann kann sie genau das nicht erreichen: weil es sich eben dann um keine wahre Liebe handelt und weil zu diesem Selbstsein die wirkliche Liebe und damit Gemeinschaft als Selbstwert dazugehören. Hier liegt auch der Grund, warum sogenannte Therapiegruppen, in denen es nicht zu echter Begegnung kommt, auch nicht dauerhaft heilend – therapeutisch – wirken können.«

»Wie hängt nun diese Liebe mit dem Glauben zusammen? Kann ein ungläubiger Mensch nicht lieben?«

»Wir müssen wieder unterscheiden: Ein wirklich ungläubiger Mensch etwa in dem Sinn, wie sich Nietzsche oder Sartre verstanden haben (ob auch sie es im Grunde ganz waren, darüber können wir nicht richten), ist nicht zur Liebe fähig. Er lehnt Gott ab und stellt sich notwendig über den Mitmenschen und die Beziehung zu diesem, indem er sich entweder der Liebe verweigert oder ihr selbst erst den Sinn gibt, den sie für ihn – also egoistisch – hat. Wer den anderen aus eigenem für unbedingt wichtig erklärt, weil er es so für richtig hält, stellt sich noch einmal über ihn und bejaht den anderen nicht um seiner selbst willen. Wer sein eigener Herr sein will, ist ›sich selbst der Nächste‹, wie das Sprichwort sagt.«

Eva mußte an Adam denken, der diesen Satz immer wieder zitierte.

»Bezüglich Sartre habe ich vorhin schon gesagt, was das für ihn praktisch heißt. Was Nietzsche betrifft, kennen Sie sicher alle seine Lehre vom Übermenschen, der sich eben über die Menschen stellt und das Verlangen nach Liebe nur als List der Schwachen betrachtet, ihr Leben vor den Starken zu sichern. Wie sich eine solche Einstellung von Herrenmenschen in der Praxis auswirkt, hat Hitler gezeigt. Aber auch eine bewußt gottlose kollektive Selbstherrlichkeit des Menschen wirkt sich katastrophal aus: Der einzelne wird nur als austauschbares Rädchen gesehen, er kann geopfert werden, wenn es das kollektive Wohl verlangt; der Zweck heiligt dabei die Mittel. Und weil auch das selbstherrliche Kollektiv in Wirklichkeit aus einzelnen besteht, die keine gemeinsame Basis haben, keinen vorgegebenen Bezugspunkt anerkennen, ist jeder den anderen gegenüber mißtrauisch und feindlich eingestellt. Es kommt zu Machtkämpfen und gegenseitiger Bespitzelung bei scheinbarer Übereinstimmung. ›Die Revolution frißt ihre Kinder‹, sagt man dann. Der wahre Wille der Menschen wird als ›Konterrevolution‹ bezeichnet und unterdrückt.

Wenn hingegen ein Mensch nicht an Gott glauben kann, aber durchaus dazu bereit ist, es gerne möchte, dann ist er bereits zu echter Liebe fähig. Er sehnt sich dann danach, daß die Liebe zwischen den Menschen grundsätzlich sinnvoll sei, nicht nur ein von Gefühlen diktierter Wunschtraum. Er will dem anderen Menschen eine einmalige Würde zubilligen, in ihm nicht nur das Zufallsprodukt einer blinden Natur sehen. Wer so lieben will, liebt bereits anfanghaft. Aus der leisen Hoffnung, daß diese Sehnsucht nach einem Leben in Liebe berechtigt ist, wird er auch manches an Zuwendung und Beziehung wagen. Freilich noch gebremst von der Sorge, es könnte doch alles sinnlos sein. Er wird einen Teil seiner Kräfte verwenden müssen, der Versuchung zu widerstehen, zu resignieren und doch lieber für sich allein zu leben. Daher wird erst der gläubige Mensch sich ganz auf die Liebe einlassen können, ohne daß er deshalb gegenüber dem glaubensbereiten ein besserer Mensch wäre. Durch das Geschenk des Glaubens hat er eben mehr Möglichkeiten. Wobei, wie gesagt, dieser Glaube zumindest zunächst auch in unausdrücklicher Form wirksam sein kann.«

»Aber es gibt doch auch gläubige Menschen, die gar keine große Liebe zeigen, oft das Gegenteil«, wandte ein Teilnehmer ein. Der Leiter gab die damit aufgeworfene Frage an die anderen weiter.

»Dann stimmt etwas mit dem Glauben nicht.«

»Das ist vielleicht religiöse Selbsterlösung, aber kein Glaube.«

»Ganz richtig. Wenn einer wirklich auf Gottes Liebe zu allen Menschen und daher auch zu ihm vertraut, wird er notwendig die Existenz des anderen bejahen und fördern sowie die Beziehung zu ihm für sinnvoll halten. Er anerkennt die unbedingte Würde, die der andere von Gott her hat, und besiegt die naturgegebene Angst um sich selbst, so daß er sich auf den anderen hin loslassen kann. Er muß sich nicht selbst behalten, sondern kann sich in die Beziehung einbringen und so das Leben, zu dem notwendig die Gemeinschaft gehört, finden. ›Wer sein Leben zu bewahren sucht, wird es verlieren; wer es dagegen verliert, wird es gewinnen‹, sagt Jesus (Lk 17,33). Alle diese Überlegungen über die Liebe gelten prinzipiell für die Liebe zu Gott, zu den Menschen und damit auch zu sich selbst. Beide Beziehungen werden im Glauben voll möglich: Erst wenn ich Gottes Liebe erfahren und angenommen habe, kann ich sie erwidern. Und im Glauben kann ich mich ganz auf andere einlassen. Natürlich ist Gott wichtiger als der Mitmensch, aber ich kann diese größere Wichtigkeit Gottes nur anzielend bejahen, indem ich mich auf ihn hin fallen lasse oder ihn als die tragende Basis der Beziehung zu den anderen bejahe. Der Mitmensch ist gleich wichtig wie ich, daher kann man den anderen letztlich gar nicht mehr lieben als sich selbst; gefühlsmäßig kann das freilich der Fall sein, in der inneren Aufmerksamkeit soll man es versuchen, weil man sich selbst fast von selbst liebt. Wo einer aber sich nicht lieben kann, ist er auch nicht zur Liebe zu anderen fähig. Daher kann die Liebe zum Nächsten nur parallel mit einer richtig verstandenen Selbstliebe – die sich nur als Geschenk versteht – wachsen. Wenn jeder den anderen in letzter Sicht mehr lieben sollte als sich selbst, würde das zu heillosen Widersprüchen führen; jeder müßte von Gott her eine größere Würde haben als der andere.

Zwischen Gottes- und Nächstenliebe besteht also ein Zusammenhang, weil beide Beziehungen in einer gemeinsamen Wurzel, im Glauben, gründen und darin wechselseitig verschränkt sind. Der Vorgang in kommunizierenden Gefäßen ist ein gutes Bild dafür: Jedes Wachsen der Gottesliebe bedeutet ein Wachsen der Nächstenliebe und umgekehrt. Damit wird auch die Nächstenliebe zum Kriterium echter Gottesliebe. ›Denn wer seinen Bruder nicht liebt, den er sieht, kann Gott nicht lieben, den er nicht sieht‹, heißt es im 1. Johannesbrief (4,20b).

Dieser innere Zusammenhang der Nächstenliebe mit dem Glauben und der Gottesliebe bedeutet aber keinesfalls, daß ich als gläubiger Mensch den anderen nur um Gottes willen lieben soll. Die Nächstenliebe ergibt sich aus dem Glauben, sie wird auch durch die Gottesliebe gefördert, aber sie ist nicht nur eine Konsequenz der Gottesliebe oder eine Möglichkeit, diese zu verwirklichen. Dieses katastrophale Mißverständnis war in der christlichen Moral weit verbreitet und ist es leider immer noch. Es zerstört, wo es auch praktiziert wird, die Nächstenliebe in ihrer Wurzel: Denn die Liebe meint die andere Person und die Gemeinschaft mit ihr um des anderen willen. Wenn Liebe zu einem bestimmten Menschen nur um eines Dritten willen erfolgt, ist das keine Liebe mehr. Ein Vergleich soll das deutlich machen: Wenn einer eine Witwe heiratet und deren Kind nur ihr zuliebe ›in Kauf nimmt‹, liebt er es nicht, auch wenn er alles für dieses Kind tut. Nächstenliebe nur um Gottes willen macht aus dem anderen ein Betätigungsfeld der Gottesliebe und damit ihn zu einem Objekt, zu einer Sache. Wenn aber damit die Nächstenliebe zerstört wird, muß auch die Gottesliebe auf die Dauer zugrunde gehen, weil beide zusammenhängen und es gerade der als anderer erfahrbare Mitmensch ist, der mich von der Gefahr ichbezogener Gottes›liebe‹ und der Selbstabsolutsetzung bewahrt. Dieses furchtbare Mißverständnis kam aus der allzu menschlichen Auffassung, daß Gott in seiner Liebe zu uns eifersüchtig sei, auf unsere Liebe zu anderen Menschen. In Wirklichkeit will er sie und freut sich an ihr. Diese Irrlehre hängt auch damit zusammen, daß man in der mitmenschlichen Liebe nur ein Mittel zum Zweck sah, eben das Mittel, die Gottesliebe einzuüben, in der allein das Ziel menschlicher Vollkommenheit gesehen wurde.«

»Und wie ist das mit der Nächstenliebe um Christi willen, wie sie etwa von Mutter Teresa gelehrt wird? Ich habe ein Buch über sie gelesen«, wandte eine Teilnehmerin ein.

»Ich nehme an und bin gewiß, daß sie damit meint: den anderen – aber eben den anderen um seiner selbst willen! – mit den Augen Christi sehen, ihn im Geiste Christi lieben. Zumindest praktiziert sie es so, selbst wenn ihre Theorie anders sein sollte. Mir fällt da immer eine schmerzliche Anekdote ein, die ich einmal gehört habe: Ein Patient will sich bei einer geistlichen Krankenschwester, die ihn besonders liebevoll gepflegt hat, bedanken. Doch sie wehrt ab: ›Sie brauchen mir nicht zu danken. Ich habe das alles Christus zuliebe gemacht.‹ Worauf der Patient antwortet: ›Mich hätte es schon gefreut, wenn Sie es auch mir zuliebe getan hätten.‹ Er war enttäuscht und hatte für die nächste Zeit von gläubigen Menschen wieder genug.«

»Aber diese Ansicht kann sich doch auf ein Bibelwort berufen: ›Was ihr für einen meiner geringsten Brüder getan habt, das habt ihr mir getan‹ (Mt 25,40)«, wandte ein Teilnehmer ein, der in der Bibel beschlagen war.

»Wenn man diesen Satz in seinem Zusammenhang mit der gesamten Textstelle versteht, beweist er genau das Gegenteil: Die Gerechten müssen den Herrn erst fragen, wann sie ihm zu essen und zu trinken gegeben haben usw. Sie haben also gar nicht daran gedacht, es ihm zuliebe zu tun. Sonst hätten sie doch seine Anspielung – ›ihr habt mir zu essen, zu trinken gegeben‹ – sofort verstanden. Sie haben es also den anderen zuliebe getan. Und genau damit identifiziert sich Jesus. Etwa wie auch wir sagen: ›Was du für meinen Freund getan hast, hast du auch für mich getan.‹ Jesus will ja die Liebe zu den anderen wie zu ihm selbst, nicht nur zu ihm: ›Wie ich euch geliebt habe, so sollt auch ihr einander lieben. Daran werden alle erkennen, daß ihr meine Jünger seid: wenn ihr einander liebt‹ (Joh 13,34b.35).«

Obwohl es schon sehr spät geworden war, wollte Eva noch wissen: »Heißt also Leben aus dem Glauben Leben in Hoffnung, in Gottes- und Nächstenliebe?«

»Ja, wenn Sie noch alles dazudenken, was sich daraus ergibt. Glaube, Hoffnung und Liebe sind erst die Grundhaltungen; wir sagen auch Grundtugenden, wobei das Wort Tugend ohne den falschen Beigeschmack zu verstehen ist, den es im Lauf der Zeit bekommen hat. Tugend ist nicht Anpassung an Normen, sondern die Kraft des Lebens aus dem Glauben, in Hoffnung und Liebe.«

»Schnell eine Zwischenfrage: Braucht es dann keine Normen mehr?« warf ein Teilnehmer ein.

»Aus Glaube, Hoffnung und Liebe ergeben sich allgemein oder für bestimmte Gruppen von Menschen gültige Konsequenzen, die man natürlich auch als Normen bezeichnen kann. Aber sie werden dann nicht als einengende Vorschriften, als Gebote bzw. Verbote im negativen Sinn erlebt, sondern ihre Einhaltung wird als Konsequenz der Grundhaltungen aufgefaßt. Mit anderen Worten: das Schwergewicht liegt nicht mehr auf den Geboten, sondern eben auf den Tugenden im positiven Sinn, die den Menschen zu einem bestimmten Verhalten drängen, das sich freilich auch in der Form von Geboten beschreiben läßt. Nicht aus Angst vor der Strafe wird eine Vorschrift eingehalten, sondern aus Liebe, in innerer Einsicht. Außer den drei genannten Grundtugenden, die alles durchdringen sollen, gibt es dann noch die Einzelhaltungen oder -tugenden, die bestimmte Bereiche des Lebens betreffen, z. B. Elternliebe oder Aufrichtigkeit im Umgang miteinander. Sie stehen gleichsam zwischen den Grundhaltungen und der einzelnen Situation, in der sie konkret wirksam werden. Schon diese einzelnen Tugenden lassen sich nie vollständig aufzählen, noch weniger alle möglichen Situationen durchsprechen. Der gläubige, hoffende und liebende Mensch spürt meist in seinem Gewissen, was er zu tun hat, oder sucht bei schwierigen neuen Situationen mit Hilfe Gleichgesinnter zu erkennen, was sich für ihn als richtig ergibt.«

31. Warum Kirche und wie?

Adam war etwas verärgert gewesen, daß Eva vom letzten Glaubensgesprächskreis wieder so spät nach Hause gekommen war. Allmählich wurde es ihm zuviel, daß Eva zweimal in der Woche am Abend wegging.

Eva suchte ihn zu besänftigen: »Es sind ohnehin nur mehr ein paar Abende bis Ostern. Der größere Teil ist schon vorüber.«

Doch er gab zur Antwort: »Wer weiß, wie es nachher weitergeht. Vielleicht kommst du noch auf die Idee, bei denen ganz mitzumachen; so wie deine Freundin Maria. Mit der bist du jetzt viel zuviel beisammen. Die will dich ja nur für diese Gemeinde gewinnen. Mir kommt diese Gemeinschaft wie eine Sekte vor.«

Jetzt wurde Eva ein wenig heftig: »Erstens habe ich mich an Maria gewandt mit meinen Fragen, sie wollte nichts von mir. Zweitens ist das keine Sekte, sondern eine Gemeinde in der katholischen Kirche. Freilich versuchen sie, den Glauben ernst zu nehmen; wie es meistens in den Sekten geschieht. Aber das ist ja nichts Schlechtes. Sie sehen in der Kirche nicht nur einen ›Verein für religiöse Brauchtumspflege‹, wie ich sie im Grunde bisher verstanden habe und du anscheinend immer noch.«

»Was ist sie denn?« gab Adam zurück.

»Das kann ich dir noch gar nicht so gut sagen, jedenfalls wesentlich mehr. An einem Abend wird ohnehin darüber gesprochen.« – Sie schaute in ihrer Mitschrift nach. »Es ist sogar das nächste Mal, wie ich sehe. Am besten, du kommst wieder einmal mit. Da hörst du es selbst und kannst auch deine Einwände vorbringen. Außerdem«, fügte sie schelmisch hinzu und lächelte ihn dabei an, »wirst du dich dann nicht ärgern, wenn ich nicht zu Hause bin.«

»Gut, ich komme mit«, sagte er.

Der Leiter entschuldigte sich gleich zu Beginn nochmals, daß es das letzte Mal so spät geworden war. Er freute sich, daß Adam wieder mitgekommen war. Offensichtlich ahnte er um den Konflikt, der zwischen Adam und Eva auszubrechen drohte. Er wußte wohl aus Erfahrung, daß es eine große Belastung für eine Ehe ist, wenn sich einer der beiden Partner auf einmal mit dem Glauben ernsthaft auseinandersetzt; und erst recht, wenn er ganz aus dem Glauben leben will. Dann bat er die Teilnehmer zu sagen, was ihnen zum Stichwort »Kirche« einfiel bzw. zur Themenstellung des Abends »Warum Kirche und wie?«. Ausdrücklich forderte er auch Adam dazu auf.

Der ergriff gerne diese Gelegenheit. Er begann: »Ich

erlebe die Kirche als eine große Organisation, die vor allem durch den Papst, die Bischöfe und die Priester getragen ist. Viele gehören ihr an, auch ich, weil sie eben als Kinder getauft wurden und später nicht ausgetreten sind. Sie sehen in der Kirche etwas, was irgendwie zum Leben dazugehört, weil wir nun einmal in einem katholischen Land leben. Und bei der Taufe, bei der Hochzeit und beim Begräbnis soll schon ein Priester dabei sein. Das macht alles feierlicher. Die Erstkommunion und die Firmung sind auch schöne Tage im Leben des Kindes. Überhaupt scheint mir, daß viele nur als Kinder das glauben, was die Kirche sagt; solange sie noch in den Religionsunterricht gehen, und auch da nicht mehr alle. Als Erwachsener hat man andere Dinge im Kopf. Nur jene, die nicht mit dem Leben fertig werden, wenden sich wieder der Religion und der Kirche zu.«

»Ich danke Ihnen sehr für diese gute Schilderung der Situation. Bevor ich darauf eingehe, möchte ich noch die anderen um ihre Meinung bitten«, sagte der Leiter.

»Wenn ich noch schnell etwas sagen darf«, begann Adam nochmals. »Was mich an der Kirche ärgert, sind die Macht und der Reichtum, die sie sich im Lauf der Zeit angeeignet hat. Und der Mißbrauch, der damit getrieben wurde. Ich möchte darauf gar nicht im einzelnen eingehen.«

»Ich nehme an, Sie denken dabei an die Kreuzzüge, die Inquisition, die Hexenprozesse, den Ablaßhandel, den Luxus der Kirchenfürsten usw. Da gebe ich Ihnen vollkommen recht, daß ganz schreckliche Dinge im Namen der Kirche geschehen sind. Doch wir wollen uns heute in erster Linie fragen, warum und wie Kirche vom Evangelium Jesu Christi oder vom christlichen Glauben her sein soll. Vielleicht kommt dabei etwas ganz anderes heraus als das, was wir bisher als Kirche erlebt haben. Dann können wir ja versuchen, es besser zu machen. So darf ich jetzt die anderen bitten, ihre Meinung zu sagen, was Kirche eigentlich ist oder sein könnte.«

»Gemeinschaft der Gläubigen«
»Ich erlebe Kirche im Gottesdienst«
»Alle Getauften«
»Alle Gläubigen«
»Die Kirche sind wir«
»Die Kirche ist notwendig zur Verbreitung des Glaubens«
»Damit wir von dem erfahren, was Jesus vorgelebt hat«

»Aber vieles entspricht nicht dem, was Jesus gemeint hat«

Eva äußerte sich erst ganz am Schluß: »Für mich war Kirche bisher einerseits das Gebäude, in dem sich die Christen zur Messe treffen. Hier wohnt Gott, sagten mir meine Eltern. Andererseits waren es die Personen, die dort tätig sind, also vor allem die Priester. Ich gehörte dazu und war doch nicht dabei. Kirche war für mich etwas am Rande des Lebens und ist es vielleicht immer noch. Aber schön langsam verstehe ich, daß diese Auffassung nicht richtig ist. Wenn jemand wirklich glaubt, dann kann er das nicht auf einen gelegentlichen Gottesdienst beschränken. Dann prägt das das ganze Leben, vor allem auch seine Beziehungen. Und dann bildet er mit den anderen Gläubigen eine Gemeinschaft.«

Daran knüpfte der Leiter des Abends gleich an. Er erzählte von seinen Erfahrungen mit den Eltern der Erstkommunionkinder. Für sie hatte er jedes Jahr einen der Elternabende mit dem Thema »Wozu Kirche?« gestaltet. Und immer bekam er zu hören: »Ich brauche keine Kirche, ich kann auch so ein guter Christ sein.« Dann hatte er sich bemüht zu zeigen, wozu wir die Kirche doch brauchen: zur Vermittlung des Glaubens, für die Gestaltung des Gottesdienstes, zu einem besseren Einsatz für Arme und Notleidende, als Stimme des Gewissens in der Öffentlichkeit, als Hilfe in der Sorge für Kinder und Jugendliche usw. Aber er konnte damit die Eltern nie richtig überzeugen. Viele soziale Aufgaben hatte inzwischen der Staat übernommen. Übrig blieben fast nur Glaubensverkündigung und Sakramentenspendung. Das erschien ihm selbst viel zu wenig für das, was er in der Kirche sah: eine Gemeinschaft, in der die Liebe Gottes ähnlich wie in Jesus menschlich erfahrbar wird. Bis er eines Tages plötzlich verstand, daß die Fragestellung des Elternabends schon mißverständlich war: »Wozu Kirche?« legt einfach den Gedanken nahe: »Wozu brauchen wir Kirche?« Damit wird die Kirche von vornherein nur als Mittel zum Zweck gesehen und deshalb als Organisation, als eine gesellschaftliche Größe. Die Liebe dagegen sieht es genau umgekehrt. Sie fragt nicht: »Wozu brauche ich dich, die anderen?«, sondern : »Ich liebe dich bzw. euch und möchte mit dir bzw. euch verbunden sein.« Nur auf dieser Basis kann es zu einer Gemeinschaft kommen, die nicht nur Mittel zum Zweck ist. Oder umgekehrt: Solange Kirche nur als Mittel zum Zweck gesehen wird, kann sie nicht von jener Liebe geprägt sein, die erst ihr eigentliches Wesen ausmacht. Dann kann sie aber auch nicht mehr diese Liebe glaubhaft verkünden, d. h. sie kann nicht einmal die Aufgabe erfüllen, derentwegen allein sie für nötig gehalten wird. Denn die Liebe kann man nicht durch Religionsunterricht und Predigt verkünden, sondern nur, indem man sie anbietet.

Wörtlich sagte er: »Kirche ist also ein echter, freilich noch unfertiger, anfanghafter Selbstwert. Weil Liebe und Gemeinschaft eben nicht nur Mittel zum Zweck sind. Denn die Kirche gründet einfach in der gläubigen Liebe, die Jesus vorgelebt und in der Welt in Gang gesetzt hat: in der gemeinsamen Gottesliebe der Gläubigen und in ihrer gegenseitigen Liebe. Wobei beide Beziehungen miteinander zusammenhängen, weil sie im Glauben als ihrer gemeinsamen Wurzel gründen, wie wir uns das letzte Mal überlegt haben. Jede von ihnen fördert die andere, daher wachsen sie auch parallel. Mit anderen Worten: Kirche ist nichts anderes als Konsequenz eines Lebens aus dem Glauben: Diejenigen, welche die Liebe Gottes annehmen, werden im Vertrauen auf diese Liebe auch untereinander zur Liebe fähig und wollen sie auch verwirklichen; weil sie alle einander bejahen und miteinander verbunden sein wollen. So kann es unter ihnen auch gelingen. Die tieferen Formen der Liebe kommen nämlich nur dort zustande, wo die Liebe gegenseitig ist. Die Gegenseitigkeit dieser Liebe ist keineswegs eine egoistische, im Sinne von ›Ich liebe dich, damit du mich liebst‹, also Liebe auf Gegenseitigkeit, sondern Liebe in Gegenseitigkeit, die nur möglich ist, wenn der andere will. Die geschwisterliche Beziehung, die Freundschaft und die Ehe sind einseitig nicht möglich. Ich kann nicht mein Leben mit jemandem teilen, der nicht zum Gleichen bereit ist. Vorher kann ich es ihm nur anbieten, am besten durch eine Gemeinschaft, in der er es schon erlebt.

Leider wurde die Kirche bisher nicht so gesehen. Das hängt schon damit zusammen, daß sie sehr schnell wuchs und bald eine Massenkirche wurde, in die viele ohne persönliche Bekehrung – nur durch Massen- oder Kindertaufe – hineinkamen. Außerdem übersah man dabei, daß diese Liebe in der Kirche nur erfahren, eingeübt und gelebt werden kann, wenn sie nicht nur Großkirche ist, sondern untergliedert wird in überschaubare Gruppen. Aus diesen beiden Gründen wurde die Kirche eine anonyme Gesellschaft, eine Organisation, nur zusammengehalten durch einen gemeinsamen Zweck und die Leitung. Diese bekam als ›Hierarchie‹, als ›heilige Herrschaft‹, eine übergroße Bedeutung. Die Träger dieser Herrschaft standen als ›Klerus‹ den Laien, dem ›Volk‹, gegenüber. Nur mehr die Kleriker untereinander sprachen sich gegenseitig als ›Brüder‹ an, auch das bald nur mehr, wenn sie der gleichen Stufe angehörten. Der Bischof war allmählich auch nicht mehr der Bruder seiner Priester, der Papst wurde zum ›Heiligen Vater‹. Ganz im Widerspruch zum Evangelium, wo es heißt: ›Auch sollt ihr niemand auf Erden euren Vater nennen; denn nur einer ist euer Vater, der im Himmel‹ (Mt 23,9). Die Laien wurden überhaupt nur zu passiven Hörern oder Befolgern des Wortes der Hierarchie, bestenfalls zu ausführenden Organen.«

Um das deutlich zu machen, zeichnete der Leiter folgende Skizze auf einen Bogen Packpapier, den er an die Wand heftete, und erklärte sie dabei:

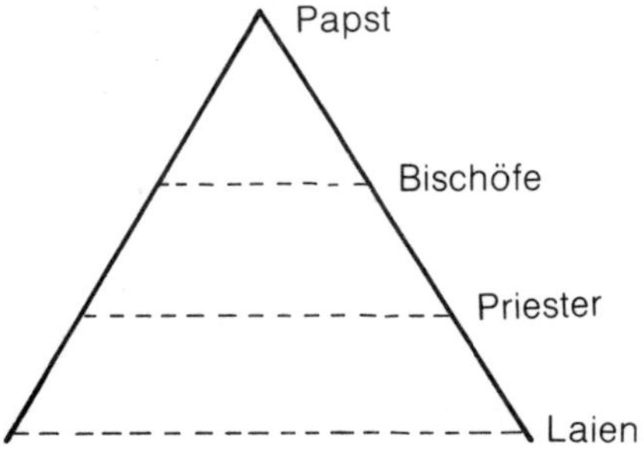

»Eine solche hierarchische Kirche gleicht in ihrem Aufbau einer Pyramide. An ihrer Spitze steht der Papst. Er versteht sich als Statthalter Christi und leitet die Bischöfe. Deren Vertreter in den einzelnen Pfarren sind die Priester, die dort die Gläubigen zu führen haben. Die Beziehung der Christen untereinander, die Horizontale, spielt hier keine Rolle. Man könnte sagen, es fehlt in diesem Kirchenbild ganz der Heilige Geist, der ja die Dimension der partnerschaftlich-geschwisterlichen Liebe in Gott ist und uns mit Christus ›in der Gemeinschaft des Heiligen Geistes‹, wie es im Hochgebet der Messe heißt, verbindet.

Genau diese Dimension ist es aber, in der die Kirche gründet. Die gegenseitige Liebe ist das Kennzeichen der Christen, wie wir schon gehört haben (Joh 13,35). Jesus konnte sie allein auch nicht verwirklichen, sondern nur ›in Gang setzen‹. Er hat diesen Geist der Kirche verheißen, das ›Liebt einander!‹ als neues, letztes Gebot hinterlassen (Joh 13,34). Sie beinhaltet natürlich auch eine gemeinsame Gottesliebe, die im gemeinsamen Gebet und Gottesdienst zum Ausdruck kommt. Aber sie beschränkt sich nicht darauf. Sie besteht wesentlich in direkten persönlichen Beziehungen der Christen untereinander, die eben nicht nur um Gottes oder einer gemeinsamen Aufgabe willen zustande kommen, sondern um des anderen und der Verbindung mit ihm willen. Wir werden in der Kirche nicht nur durch eine Sache zusammengehalten, auch nicht durch die ›Sache Jesu‹, wie man heute oft hören kann, sondern die wahre Sache Jesu ist eben keine Sache, sondern etwas Persönliches, sie ist etwas zwischen uns sowie zwischen uns und Gott. Kirche ist mehr als Institution oder Organisation, sie ist auch mehr als eine gute Kameradschaft im Dienst an einem gemeinsamen Anliegen. Sie kommt durch eine Beziehung in Liebe zustande, die nicht auf Sympathie beruht, sondern auf der vom gemeinsamen Glauben getragenen Liebe der Christen untereinander. Ich nenne sie ›geschwisterliche Liebe‹, weil ›Freundschaft‹ ein starkes Element der Sympathie einschließt, während man sich die Geschwister nicht aussucht. Damit ist genau das gemeint, was im Neuen Testament, noch in einem einseitig männlich bestimmten sozialen Weltbild, ›brüderlich‹ genannt wird: ›Ihr alle aber seid Brüder‹ (Mt 23,8). Die ersten Christen, Laien wie Priester, redeten einander als Brüder an. In der Apostelgeschichte, den Apostelbriefen und anderen Schriften der frühen Christenheit kommt diese Anrede bzw. Bezeichnung fast auf jeder Seite vor. Hier sah sich die Kirche nicht nur als ›Volk Gottes‹, wie sie sich im Zweiten Vatikanischen Konzil verstand, sondern als viel mehr: als neue Familie von Schwestern und Brüdern, die Gott im Geiste Jesu als ihren Vater erkennen und untereinander in der Gemeinschaft des Heiligen Geistes verbunden sind. Vielleicht braucht es ein weiteres Konzil, bei dem die Kirche dieses ihr wahres Wesen ganz wiederentdeckt.«

»Das klingt ja alles sehr schön, was Sie da sagen. Aber das war eben nur möglich, solange es nur wenige Christen gab, also am Anfang. Sobald aber viele dazugehören, und das will die Kirche doch, geht das nicht mehr.« Adam hatte offensichtlich sehr mitgedacht.

»Ich habe vorhin schon erwähnt, daß man beim Übergang zur Großkirche zwei Dinge vernachlässigte bzw. übersah: die Wichtigkeit der persönlichen Bekehrung des einzelnen – falls die Kindertaufe beibehalten werden soll, müßte eine entsprechende Gelegenheit dazu, eine Tauferneuerung der Erwachsenen, erst geschaffen werden – und die Notwendigkeit der Untergliederung der Kirche in Gruppen, in denen diese vom Glauben getragene Liebe erfahren, eingeübt und gelebt werden kann. Beide Faktoren hängen außerdem zusammen: Persönliche Bekehrung ist nur möglich, wo man persönlich angesprochen wird und einem die entsprechende Beziehung auch angeboten wird. Deshalb kann die Kirche ihr Wesen nur verwirklichen und damit auch ihre Aufgabe nur erfüllen, wenn sie untergliedert ist in überschaubare Gemeinschaften, von im Glauben entschiedenen erwachsenen Christen, in denen man sich gegenseitig beim Namen kennen kann, wo der einzelne nicht nur in einer Kartei vermerkt ist, sondern den anderen abgeht, wenn er fehlt. Geschwisterliche Liebe kann nicht mit unbeschränkt vielen verwirklicht werden. Erfahrungsgemäß zunächst nur in der Kleingruppe von bis zu etwa 12 Personen, dann allerdings auch in einer Großgruppe von bis zu 50–70 Personen, falls diese Großgruppe in Kleingruppen untergliedert ist und diese untereinander durch einen Verbindungskreis zusammengehalten werden. Eine solche Großgruppe, die erst richtig an die Öffentlichkeit treten und die wesentlichen Aufgaben der Kirche erfüllen kann, heißt (Basis- oder Stamm-)Gemeinde. Die Kleingruppe nennen wir in unserer Gemeinde Runde. Es dürfte kein Zufall sein, daß die Jüngergemeinde Jesu etwa 70 Personen umfaßte und daß zum engeren Kreis der Apostel 12 Leute zählten. Diese Grenzen der Möglichkeiten galten auch für Jesus. Übrigens bedeutet das Wort für Kirche im Neuen Testament sowohl die Gesamtkirche als auch die einzelne Gemeinde, also z. B. die Kirche in Korinth.«

Nun zeichnete der Leiter noch eine schematische Darstellung dieses Kirchenbildes auf ein Packpapier, gleichsam als Gegenstück zum vorherigen, und erklärte sie dabei:

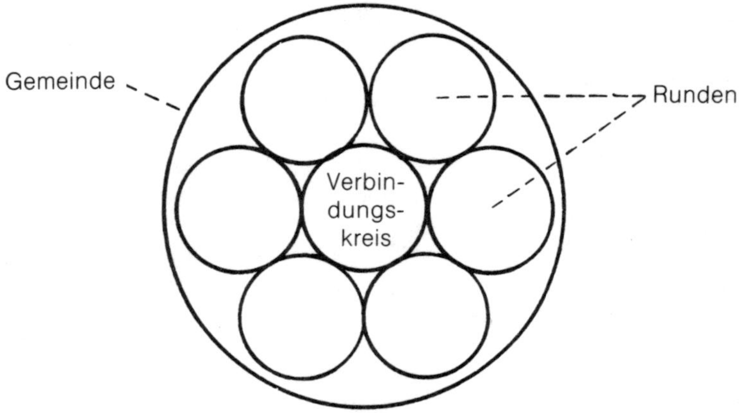

»Schnell eine Zwischenfrage: Auf dieser Zeichnung fehlen die Priester. Sind die dann ganz überflüssig?« fragte ein Teilnehmer.

»Auf diese Frage habe ich gewartet. Gleich eine kurze Antwort: Solange es solche Gemeinden nicht gibt, und das ist derzeit fast der Normalzustand in der Kirche, wenn man von den Ordensgemeinschaften und einigen neueren Bewegungen absieht, ist der Priester in erster Linie Apostel, eigentlich ausgesandt, um Gemeinden zu gründen. Wenn diese nicht zustande kommen, ist er natürlich letztlich für alles zuständig: für die Verkündigung, die Gottesdienstgestaltung und für die Betreuung der Menschen, die eben in einem bestimmten, ihm vom Bischof zugeteilten Gebiet wohnen und, falls sie getauft und nicht ausgetreten sind, seiner Pfarre angehören. Wenn niemand mit ihm wirklich das Leben und die Verantwortung teilt, ist er notwendig allein der Leiter der Pfarre, er ist ›Gemeindeersatz‹ und fühlt sich dadurch oft überfordert. Das derzeitige hierarchische Priesterbild ist wohl von diesen tatsächlichen Zuständen geprägt. Sobald aber eine geschwisterliche, mündige Gemeinde zustande kommt, kann der Priester nicht mehr der alleinige vor-gesetzte Leiter sein. Sonst gäbe es zwei Klassen von Christen. Seine amtliche

Aufgabe hört aber damit nicht auf. Er ist das bevollmächtigte Verbindungsglied zwischen der einzelnen Gemeinde und der Gesamtkirche, damit diese als Gemeinschaft von Gemeinden aufgebaut werden, leben und wirken kann. Genausowenig wie der einzelne sich selbst zum Glied der Gemeinde machen kann, sondern in sie aufgenommen werden muß, kann die einzelne Gemeinde sich zur Gemeinde der Kirche erklären. Der Bischof als Vertreter der Gesamtkirche anerkennt sie als solche. Weil die Kirche aber nicht nur Organisation, sondern personale Gemeinschaft ist, macht er das konkret so, daß er einem Menschen seines Vertrauens durch die Priesterweihe die Sendung überträgt, in einer Gemeinde zu leben und in ihr für die Einheit mit der Gesamtkirche zu sorgen bzw. diese sichtbar zu machen. Daher sollte jede wirkliche Gemeinde einen eigenen Priester haben. Wenn im Notfall einer für mehrere Gemeinden diese Funktion erfüllen muß, dann bilden diese als Teil- oder Basis-Gemeinden zusammen eine Gesamt-Gemeinde. Der so verstandene Priester ist dann nicht mehr der Leiter der Gemeinde schlechthin, für alles letztlich allein zuständig, sondern es genügt durchaus, wenn er an der Gemeindeleitung beteiligt ist, so daß er seine Aufgabe wahrnehmen kann. Die Leitung der Eucharistiefeier, der Messe, ist ihm deshalb vorbehalten, weil in ihr die Einheit mit Christus, die ja durch die Gesamtkirche gewährleistet ist, sichtbar werden soll. Für die Einheit der Teilkirchen, der Diözesen, untereinander sind die Bischöfe bzw. der Papst zuständig. Dieser wäre demnach jener Bruder unter den Bischöfen, dem die Sorge um die Einheit im Glauben und in der Liebe besonders anvertraut ist, etwa im Sinne des Wortes Jesu an Petrus: ›Stärke deine Brüder‹ (Lk 22,32b).«

»Jetzt habe ich noch eine ganz andere Frage«, ergriff Eva das Wort: »Warum genügt es nicht, wenn jeder Christ diese Liebe in seiner Familie, in seiner Verwandtschaft, in seinem Freundes- und Bekanntenkreis verwirklicht, zumindest mit denen, die dasselbe wollen?«

»In den letzten Worten haben Sie sich selbst schon teilweise eine Antwort gegeben: das wird schon deshalb nicht möglich sein, weil nicht alle mittun. Und eine Gruppe ist eben immer so stark wie ihr schwächstes Glied. Wenn einer in der Familie oder im Freundeskreis vom Glauben nichts wissen oder nicht mitbeten will, kann nie gläubige Gemeinschaft entstehen. Sie werden nicht gut gemeinsam Glaubensfragen besprechen oder beten können, ohne den Betreffenden zu verärgern oder sich seinetwegen belastet zu fühlen. Deshalb findet Jesus so harte Worte, nach denen die Nachfolge im Glauben wichtiger ist als Familien- und Freundschaftsbande: ›Wer Vater oder Mutter mehr liebt als mich, ist meiner nicht würdig‹, sagt er (Mt 10,37a). Dazu kommt aber noch ein Zweites: Wenn Sie diese geschwisterliche Liebe so auf den Kreis Ihrer Familie, Ihrer Bekannten und Freunde beschränkten, würden Sie diese gerade nicht grundsätzlich jedem anbieten. Sie wären nicht prinzipiell bereit, diese Beziehung mit jedem zu verwirklichen, der sich auf das gleiche einlassen will. Falls jedoch alle in Ihrem Verwandten- oder Freundeskreis dabei mittun würden, eine Gemeinschaft im Geist gläubiger Liebe zu bilden und grundsätzlich jeden aufzunehmen, der dasselbe will, dann würde daraus eine Gemeinde entstehen. Dazu müßten aber die Bande der Familie und der Sympathie zweitrangig werden. Die Gruppe müßte auch bereit sein, sich zu teilen, wenn sie zu groß wird.«

»Aber ich kann diese Beziehungen ja ohnehin nur mit einer beschränkten Zahl verwirklichen. Das haben Sie doch vorhin selbst gesagt«, wandte Eva ein.

»Deswegen sagte ich ja ›grundsätzlich‹ oder ›prinzipiell‹ mit jedem, nicht ›tatsächlich‹. Es geht nur mit einer begrenzten Zahl. Aber das heißt nicht, daß ich mir die Betreffenden aussuche und bestimme. Ich würde sonst nochmals mein eigener Herr bleiben und urteilen, wer meiner Liebe würdig ist und wer nicht. Übrigens ist ja Ihr Bekannten- und Freundeskreis auch gar keine Gruppe, in der sich untereinander alle kennen und persönlich verbunden sind, sondern es ist alles auf Sie bezogen, kreist gleichsam um Sie. Sie bestimmen, wer wann eingeladen wird und mit wem zusammen. Vielleicht dürfen manche gar nicht zusammenkommen, weil sie nichts voneinander wissen wollen oder nicht zusammenpassen. Die größeren Möglichkeiten der Liebe in einer Gruppe, die mehr ist als eine Summe einzelner Beziehungen, können sich nicht entfalten. Solange Sie über die anderen so verfügen können und nicht alle untereinander dieselbe Beziehung aufbauen wollen, kann das eigentlich Christliche, die gläubige Liebe über alle Grenzen der Sympathie, des Standes, der Bildung usw. hinweg nicht wirksam und sichtbar werden. Es würde nicht deutlich, daß von Gott her grundsätzlich jeder mit jedem in einer Gemeinschaft stehen kann, wenn alle bereit sind, Gott als den Herrn ihres Lebens anzuerkennen. Wenn ein Mensch nicht in entsprechenden Familien- oder Freundschaftsbeziehungen steht, könnte er dann überhaupt keine Liebe erfahren, nicht in sie einbezogen werden, auch wenn er dazu bereit wäre. Es gäbe keine Gemeinschaft, die ihn aufnimmt. Und die Liebe innerhalb der Familie und des Freundeskreises würde auf Gegenseitigkeit beruhen und wäre damit nicht ganz echt. Die Kinder würden nicht erfahren, daß die Liebe in ihren tieferen Formen auch über die Grenzen der Familie hinaus möglich ist.«

»Aber wäre es nicht besser, wenn alle, die so denken, in ihrer Umgebung auf diese Liebe hinwirken, anstatt eine eigene Gemeinschaft zu bilden? Ich verstehe das immer noch nicht ganz«, wandte ein Teilnehmer ein.

»Eine Gemeinschaft in einem bestimmten Geist ist mehr als die Summe einzelner, die im gleichen Geist denken. Erst in der Gruppe entsteht so etwas wie ein Kraftfeld, das der Außenstehende spürt, von dem er sich angezogen fühlt. Vielleicht läßt sich das vergleichen mit einem Sprungtuch, das von vielen miteinander gehalten werden muß, um einem Menschen, der im Fenster eines brennenden Hauses steht, Mut zu machen, hinunterzuspringen. Dafür genügt es nicht, wenn unten in der Menge der Zuschauer viele einzelne stehen, von denen jeder gerne ein Sprungtuch halten würde. Diejenigen, die das tun wollen, müssen sich zusammenfinden, sich als Gruppe bilden und damit von den anderen absondern. Das Sprungtuch ist ein Bild für das Kraftfeld der Liebe in einer Gemeinschaft Gläubiger, für die Atmosphäre, das Fluidum, das dann entsteht. Dann können die anderen staunend sagen: ›Seht, wie die einander lieben.‹ Und sie werden Mut erhalten, sich auf dasselbe einzulassen.«

»Jetzt habe ich aber noch eine Frage, obwohl es schon wieder so spät geworden ist«, sagte Adam. »Aber sie betrifft mich ganz persönlich: Steht jetzt der Glaube bzw. die Gemeinde über der Ehe und Familie? Was ist, wenn ein Ehepartner nicht mittut?« Aller Augen waren gespannt auf den Leiter gerichtet.

»Um es zunächst kurz zu sagen: Gott und damit der Glaube stehen für den Christen über Ehe und Familie, die

Gemeinde nicht«, antwortete dieser. »Wir glauben nicht an die Gemeinde, sondern an Gott, jedoch in der Gemeinde und Kirche, nicht nur als einzelne. Die Kirche halten wir für die wahre, von Gott gewollte Gemeinschaft der Gläubigen.«

»Aber Glaube und Gemeinde gehören doch zusammen«, wandte Adam ein.

»Sie stehen dennoch nicht auf einer Ebene«, erwiderte der Leiter. »Im Glauben baut der Mensch sein Leben und seine Liebe auf Gott. Er richtet sein Leben und seine Beziehungen nach dem Willen Gottes, der Liebe ist, aus. Dieser Glaube hat viele Konsequenzen. Er prägt die Ehe und Familie eines Christen. Ein gläubiger Mensch kann nicht aus Liebe zu seinem Ehepartner, weil dieser es will oder um ihn nicht zu verlieren, etwas Böses tun oder wichtiges Gutes unterlassen, z. B. nie beten oder nie jemandem anderen helfen. Wenn der Ehepartner so etwas verlangt, müßte er sich von ihm trennen. Eine andere Konsequenz des Glaubens ist es, die Liebe nicht auf Ehe und Familie zu beschränken, sondern sie auch darüber hinaus zu verwirklichen, in die Gesellschaft hinein. Das geschieht am besten durch das gemeinsame Leben und Wirken einer christlichen Gemeinde, die von dieser Liebe geprägt und groß genug ist, um an die Öffentlichkeit zu treten. Deshalb ist es für den Glauben auch wesentlich, grundsätzlich in einer Gemeinde leben und womöglich auch tatsächlich einer angehören zu wollen. Wenn ein Ehepartner schon diese Absicht dem anderen übelnimmt oder von vornherein jede Verwirklichung – z. B. durch die Taufe oder die Mitfeier des Gottesdienstes – verhindert, dann kann von einer partnerschaftlichen Liebe, die dem anderen die Freiheit läßt, nach seinem Gewissen zu leben, keine Rede sein. Das wäre auch kirchlich keine gültige Ehe. Wenn der Glaube hier zum Anlaß einer Trennung wird, ist er nicht der eigentliche Grund derselben, sondern hat nur eine ungenügende Auffassung von Ehe ans Licht gebracht. Eine wahre eheliche Liebe zwischen einem Gläubigen und einem Ungläubigen, der aber den Glauben seines Partners respektiert, wird in der praktischen Frage des Mitlebens des gläubigen Teiles in einer Gemeinde immer wieder eine Lösung finden.«

»Wenn ich Sie richtig verstanden habe, dann stehen für den Christen Ehe bzw. Familie einerseits und Gemeinde andererseits auf derselben Ebene, und beide sind nochmals vom Glauben bestimmt.« Als der Leiter nickte, fuhr Adam fort: »Damit haben Sie aber noch nicht erklärt, wie sie sich zueinander verhalten. Was hat im Konfliktfall Vorrang?«

»Dafür gibt es leider kein Patentrezept. Auch wenn die Ehe bzw. Familie die engere Beziehung bedeutet als die Gemeinde, hat sie nicht einfach immer Vorrang. D. h., ich kann als Christ nicht davon ausgehen, daß ich erst dann tatsächlich in einer Gemeinde mitleben, für sie dasein kann, wenn ich alles für meinen Ehepartner bzw. für meine Kinder getan habe, was sinnvoll und wünschenswert wäre, wenn mir einfach Zeit übrigbleibt. Dann würde es bei unseren begrenzten Kräften nie zu einer größeren Gemeinschaft kommen; was übrigens nicht nur gegen den Geist wahrer Liebe verstoßen würde, sondern auch für die Familie wieder schlechte Folgen hätte, weil diese ja nicht auf einer Insel lebt. Wie die größere Gemeinschaft auf die Ehen und Familien ihrer Glieder Rücksicht nehmen muß, so müssen auch umgekehrt die Eheleute und die Kinder die Lasten der größeren Gruppe mittragen und daher durchaus auch einmal auf etwas verzichten, was schön wäre. Am besten hilft da ein Vergleich: So wie die Ehe zwar die engste Bindung ist, aber doch nicht einfach über der Familie steht, sondern sich gleichsam in sie hinein erweitert, so stellt sich der Christ mit seiner Familie in die Gemeinde hinein. Eheleute tun nicht erst dann etwas für ihre Kinder, wenn sie füreinander alles getan haben, was möglich ist. Dennoch müssen die Kinder die eheliche Bindung der Eltern respektieren. Ähnlich ist es im Verhältnis der Familie zur Gemeinde. Die Gemeinde ist nicht nur ein Rahmen für die einzelne Familie, in den sie sich nach Belieben oder nach Bedarf hineinstellt, sondern sie steht in ihr. Wenn man diesen Sachverhalt schematisch darstellen wollte, müßte man ihn also so zeichnen:« (Siehe Seite 192).

»Aber wenn nur ein Ehepartner gläubig ist und in der Gemeinde steht?« griff Adam nochmals sein Anliegen auf.

»Dann wird sicher das Maß, nach dem der gläubige Teil in einer Gemeinde mitleben kann, ein anderes sein. Weil es dann nicht möglich ist, miteinander in der Gemeinde zu leben und zu wirken und so viele gemeinsame Erfahrungen fehlen, wird der gläubige Ehepartner in diesem Fall normalerweise weniger in der Gemeinde sein können, als es sonst möglich

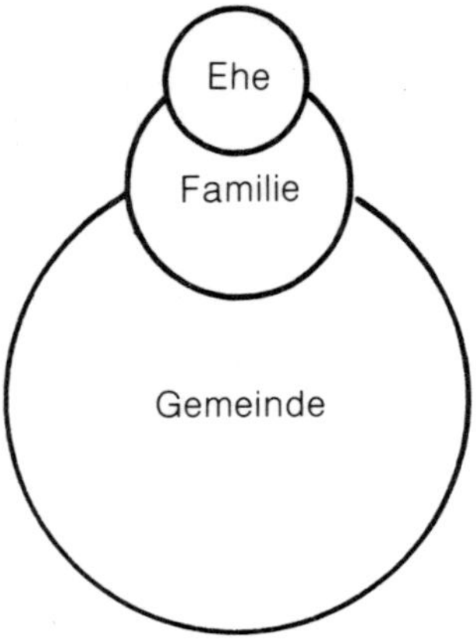

wäre. Soweit es an ihm liegt, wird er eine Entfremdung verhindern. Aber der ungläubige Teil dürfte dem gläubigen nicht jedes Mitleben mit der Gemeinde verbieten – wie auch schon bisher nicht die Mitfeier der Sonntagsmesse. Genausowenig wie er von ihm verlangen dürfte, den Kontakt mit den Eltern abzubrechen, wenn er sich mit diesen nicht versteht.«

»Ich fürchte, damit werden wir uns noch auseinandersetzen müssen«, sagte Adam zu Eva hin. Diese schaute auch etwas besorgt drein. Sie war aber froh, daß auch diese heikle Frage so offen zur Sprache gekommen war. Im allgemeinen Aufbruch fragte sie schnell ihren Mann, ob er nicht bereit wäre, auch einmal den Gesprächsleiter einzuladen, um die aufgetauchten Fragen und noch weitere mit ihm genauer besprechen zu können. Adam war damit einverstanden und sprach die Einladung aus. Der Leiter war darüber sehr erfreut und vereinbarte mit ihm den kommenden Sonntagabend als Termin. Adam erbat sich noch das Einverständnis, auch seinen Nachbarn, den Lehrer für Philosophie, dazu einzuladen.

32. Adam stellt weitere Fragen

Ähnlich wie beim Besuch von Maria wollte Adam den Leiter der Glaubensgespräche näher kennenlernen. Deshalb fragte er ihn, noch bevor der Nachbar kam, warum er eigentlich Theologie studiert habe. »Ich habe sehr lange geschwankt«, lautete die Antwort, »ob ich Theologie oder Atomphysik studieren soll.«

»Das sind schon zwei sehr verschiedene Dinge.«

»Aber sie haben mich beide sehr interessiert. Im einen Fall geht es um die letzten Fragen der Naturwissenschaft, im anderen um die tiefsten Probleme der Wirklichkeit überhaupt.«

»Ist das zweite nicht Aufgabe der Philosophie?« fragte Eva.

»Auch«, lautete die Antwort, »und deshalb kann man Philosophie und Theologie schwer trennen. In jeder Theologie steckt eine bestimmte Philosophie und umgekehrt. Die Theologie befaßt sich mit diesen letzten Fragen aus der Sicht des Glaubens.«

»Und warum haben Sie dann doch Theologie studiert und nicht Atomphysik?« fragte Adam.

»Weil ich mir dachte, daß es für uns alle wichtiger ist, wahrhaft Mensch zu sein als die Materie zu beherrschen. Oder anders und konkreter ausgedrückt: Wenn der Mensch nicht weiß, wozu er auf der Welt ist, wird er auch mit der Atomkraft nicht richtig umgehen können. Deshalb sind die allgemeinmenschlichen Fragen wichtiger als die naturwissenschaftlichen. Und entsprechende Erfahrungen – vor allem in der Begegnung mit gläubigen Menschen – haben mich dazu geführt, nicht nur Philosophie, sondern auch Theologie zu studieren.«

»Wenn man ein wenig in die Welt hineinschaut, haben Sie recht«, meinte Eva.

»Ja, das atomare Wettrüsten, das uns an den Rand einer Selbstvernichtung gebracht hat, bestätigt diesen Gedanken. Aber es gibt noch andere Phänomene, die zeigen, daß die Menschheit zumindest in unserem Kulturbereich, der aber für die Welt maßgebend geworden ist, an einem Scheideweg steht, der Sein oder Nichtsein betrifft.«

»Woran denken Sie da?« wollte Adam wissen.

»Z. B. an die steigende Zahl der Selbstmorde, an die immer weitere Verbreitung von Rauschgiften, an die wachsende Kriminalität, an den Terrorismus. Meiner Ansicht nach ist die Menschheit in einer Krise, die sich recht gut mit der Pubertätskrise im Leben des einzelnen vergleichen läßt.«

»Wieso gerade mit der Pubertätskrise?« fragte Eva.

»Weil diese Krise dadurch entsteht, daß der junge Mensch sich nicht mehr an das hält, was seine Eltern sagen, was für ihn bisher gegolten hat. Ebenso will der moderne Mensch – mit Recht – mündig werden. Er befolgt nicht mehr einfach, was irgendeine Obrigkeit, etwa ein Kaiser oder ein Papst, sagt. Er richtet sich nicht mehr nach der Tradition. Er will sein Leben selbst gestalten und überall mitbestimmen. Freilich ist dieser moderne Mensch ebenso wie der Jugendliche in der Pubertät in großer Gefahr: auch zeitlos Gültiges, bestimmte Grundwerte, ohne die es kein menschliches Leben und Zusammenleben geben kann, aufzugeben. Bis er die Folgen merkt, kann es schon zu spät sein. Und außerdem wird diese Freiheit oft egoistisch mißverstanden: Man will frei sein von jeder Bindung, ist nicht bereit, die Lasten der Gemeinschaft mitzutragen. Wir müssen also alle erst reif werden für diese Mündigkeit, in sie hineinwachsen, gleichsam erwachsene, neue Menschen werden.«

»Und das soll Ihrer Ansicht nach wohl in den Gemeinden geschehen«, überlegte Adam weiter. »Sehr richtig. Das geschieht niemals für alle auf einmal oder gar von selbst. Daher genügt es nicht, einfach die gesellschaftlichen Strukturen zu ändern, wie die Marxisten meinen. Es muß sich immer auch der einzelne Mensch ändern, sonst hilft die neue Struktur, z. B. eine Mitbestimmung in den Betrieben, nichts. Sie muß gewaltsam eingeführt werden, führt zu Unterdrückung und Diktatur; an die Stelle der Gemeinschaft freier Menschen tritt das von einigen beherrschte Kollektiv, in dem der einzelne nur eine Nummer ist. Eine solche rein äußere Änderung der gesellschaftlichen Ordnung führt nur zu Machtkämpfen, wird mißbraucht und zerbricht dann. Zur Strukturreform, sie gleichsam tragend, muß also die Gesinnungsreform treten. Freilich wird auch diese unwirksam bleiben und verkümmern, wenn sich die Strukturen nicht ändern. Beides muß also Hand in Hand gehen, wobei die Erneuerung der Gesinnung grundlegend ist und von selbst zu neuen gesellschaftlichen Formen drängt. Daraus folgt nun, daß neue Strukturen – falls die Freiheit bewahrt werden soll – zunächst von Menschen mit neuer Gesinnung verwirklicht werden müssen. Weil nie alle auf einmal ihre Einstellung ändern, müssen innerhalb der Gesellschaft einige damit beginnen, neue Formen des Zusammenlebens zu entwickeln, gleichsam eine Kontrastgesellschaft auf freiwilliger Basis zu bilden, die durch ihr Leben und Wirken allmählich die anderen überzeugt. Dazu sind die Christen berufen. Sie sollen ›Salz der Erde, Licht der Welt, Stadt auf dem Berg‹ sein, wie Jesus sagt (Mt 5,13f).«

»Jetzt machen Sie aber große Worte. Wenn man auf die Geschichte der Kirche schaut, merkt man davon nicht viel«, wandte Adam ein. Eva erinnerte sich an die Auseinandersetzung über dieses Thema beim Religionslehrer.

Der Gast war offensichtlich auf diesen Einwand gefaßt. Er gab zur Antwort: »Ich habe ausdrücklich gesagt: ›Die Christen sollen ...‹, nicht: ›Sie sind ...‹. Der Maßstab des Christseins ist für mich Jesus Christus, nicht die Geschichte der Christenheit. Sicher geschah viel Böses auch in der Kirche und durch sie. Aber das enthebt uns nicht des Auftrages es besser zu machen. Und man muß der Kirche zugute halten, daß sie auch nur wenige aus ihren Reihen heiliggesprochen hat. Nur von denen sagt sie, daß sie ganze Christen geworden sind. Und diese wenigen haben allerdings schon das Angesicht der Welt zum Besseren verändert. Denken Sie nur an die Wirksamkeit der Orden in der Krankenpflege und im Bildungswesen.«

»Diese Aufgaben hat heute alle der Staat übernommen«, erwiderte Adam.

»Das ist auch gut so. Dafür droht der Staat aber auch zu einem übermächtigen Apparat zu werden, dem der einzelne Mensch ausgeliefert ist und der ihn doch allein läßt. Da ist es wieder Aufgabe der Christen, die Gesellschaft zu vermenschlichen, eben durch die Bildung und das Angebot entsprechender Gemeinschaft.«

»Das klingt ja recht gut. Aber wäre nicht genau das die Aufgabe der Familie?« wandte Adam ein.

»Die Familie ist dafür sehr wichtig, sie ist ja die kleinste Zelle menschlicher Gemeinschaft. Aber sie ist allein nicht lebensfähig. Sie ist auf die größere Gesellschaft angewiesen und muß deshalb zu deren Änderung beitragen. Sie können Ihre Familie nicht unter einen Glassturz stellen, mit Ihrer Liebe an Ihrer Wohnungstüre aufhören. Abgesehen davon, daß dies dem Geist der Liebe widerspricht, würde dann die Welt rundherum immer unmenschlicher, und daran würde letztlich auch Ihre Familie zugrunde gehen.«

»Aber wenn jeder auf seine Kinder schaut, dann müßte das doch genügen«, meinte Adam.

»Das würde zunächst einmal voraussetzen, daß alle Kinder gleich gute Eltern haben. Dann hätten sie auch gleiche Chancen, gute Menschen zu werden. Aber davon sind wir noch weit entfernt. Außerdem werden gerade gute Eltern zu wirklicher Liebe fähig sein und damit nicht nur die lieben, die zu ihnen gehören, sondern eine menschliche Welt auch über die Familie hinaus aufbauen wollen. Nur so werden auch die Kinder wieder erfahren, daß wahre Liebe nicht auf Gegenseitigkeit oder Ergänzung beruht, sondern grundsätzlich jeden Menschen meint. Damit wir Erwachsene in diese Haltung hineinwachsen und sie dann an unsere Kinder weitergeben können, braucht es eben größere Gemeinschaften, in denen dieser neue Geist in mühsamer Kleinarbeit eingeübt wird, entsprechende Mängel geheilt werden. Das geschieht nicht durch Parolen oder Programme, sondern nur durch eine Praxis, die von der Überzeugung getragen sein muß, daß dies möglich ist.«

»Und diese Überzeugung ist der Glaube«, fügte Eva hinzu. Sie konnte nicht weitersprechen, weil jetzt der Nachbar dazukam. Er entschuldigte sich für seine Verspätung.

Nachdem alle einander begrüßt hatten, ergriff Adam wieder das Wort: »Sie haben eben festgestellt, wie wichtig die Einstellung eines Menschen ist. Aber der einzelne ist doch diesbezüglich nur das Produkt seiner Umgebung. Wie soll sich dann etwas ändern?«

»Der einzelne ist sicher von seiner Umgebung abhängig, auf sie angewiesen. Das hat die Kirche in einer richtig verstandenen Erbsündenlehre immer schon gesehen. Aber er hat in sich auch Anlagen, mit deren Hilfe er, wenn sie geweckt werden, über seine Umgebung hinauswachsen kann. Er ist ja auch sehr verschiedenen Einflüssen ausgesetzt und kann dann sehr wohl spüren, welche Auffassung bzw. Praxis dem Menschsein mehr entspricht. Es ist nicht so, daß sich da der längste oder stärkste Einfluß durchsetzen muß. Freilich muß dieses Gespür durch ein Mindestmaß an positiver Erfahrung geweckt werden. Je besser die Umgebung ist, desto größer sind die Chancen dafür. Christliche Gemeinden sollten eine solche Umgebung anbieten.«

Nun schaltete sich der Nachbar in das Gespräch ein: »Sie

nehmen also an«, wandte er sich an den Priester, »daß der Mensch einen freien Willen hat. Ich vertrete die Ansicht, daß der Mensch immer das tun wird, was er für das Beste hält. Daher kann er sich natürlich irren, sich von seinen Trieben oder von der Umgebung beeinflussen lassen. Aber letztlich ist er von seinen Anlagen und äußeren Einflüssen in seinem Tun bestimmt. Also nicht frei.«

»Ich kann Ihnen die Willensfreiheit nicht beweisen«, antwortete der Theologe, »weil sie in einer Tiefe des Menschen liegt, die nicht faßbar ist, die wir Seele nennen. Aber ich kann Ihnen die Richtung angeben, in der sie zu suchen ist. Und damit Ihren Einwand gegen die Freiheit des Menschen entkräften: Wenn es eine Willensfreiheit gibt, dann liegt sie bereits dem Urteil zugrunde, fließt sie in dieses ein. Es ist sicher nicht so, daß wir zuerst erkennen, was das Beste ist, und dann erst entscheiden, was wir tun. Dann würden wir ja gegen die eigene Einsicht handeln, wenn wir nicht das Beste ausführen; wenn wir aus Faulheit etwas nicht tun, halten wir die Bequemlichkeit für das Bessere. Sondern die Entscheidung besteht darin, ob wir das wirklich Beste auch als das Richtige zu sehen und anzuerkennen bereit sind. Sie fließt in das Urteil ein. Die Leute drücken das aus, wenn sie von jemandem sagen: ›Er will das nicht wahrhaben.‹«

»Aber das hängt doch nur von blinden Kräften, Trieben usw. ab.«

»Diese Tiefe des Menschen, in der er sich für die Wirklichkeit öffnet, wie sie ist, oder sich ihr gegenüber verschließt bzw. sie beherrschen, in sein Maß pressen will, ist nicht einfach blind. Der Mensch weiß um dieses sein eigentliches Selbst; freilich nicht mit der Klarheit, mit der er etwas weiß, an etwas denkt, das er geistig vor sich sieht. Aber etwa mit der Selbstverständlichkeit, mit der Sie immer wissen, daß Sie sind, auch wenn Sie an etwas ganz anderes denken.«

»Sie meinen damit das sogenannte direkte Bewußtsein.«

»Ja. Und das ist das Ursprüngliche. Wenn wir nicht so unmittelbar um uns selbst wüßten, könnten wir auch von nichts anderem erkennen, daß es an sich ist. Ob wir uns dieser Erkenntnis tatsächlich öffnen, das liegt an uns. Das läßt sich nicht beweisen. Die Willensfreiheit und damit die eigene Verantwortung anzunehmen, ist selbst schon Sache einer freien Entscheidung.«

»Und diese Tiefe des Menschen soll die Seele sein«, ergriff Adam das Wort. »Ich habe nie geglaubt, daß es so etwas gibt. Das geistige Leben ist doch nur das Produkt des Gehirns.«

»Es gibt sicher keine Seele als eigene, ganz von jeder Leiblichkeit trennbare Wirklichkeit. Aber es gibt sie als tiefere Schicht des Menschen oder als seine Innenseite. Sicher ist unser geistiges Leben ganz vom Körper abhängig, aber deswegen noch lange nicht nur Produkt desselben. Genausowenig wie das Klavierspiel eines Künstlers nur Produkt seiner Muskeln und der Tasten und Saiten des Instruments ist. Das wäre eine einseitige, eindimensionale Sichtweise einer Wirklichkeit, die in Wahrheit mehrere Dimensionen hat.«

»Wollen Sie damit schon beweisen, daß der Mensch bzw. die Seele unsterblich ist?« fuhr Adam fort.

»Keinesfalls. Ich wollte nur aufzeigen, daß eine materialistische Sicht des Menschen zu eng ist. Sie ist ja glücklicherweise auch in der Medizin weitgehend überwunden. Diese sieht jetzt wieder die Zusammenhänge von Seele und Leib. Ob der Mensch über den Tod hinaus weiterleben wird, das kann er aus eigener Einsicht nicht beurteilen. Das ist eine Frage des Glaubens, des Vertrauens auf die Liebe Gottes und der Hoffnung auf seine Treue.«

Jetzt erinnerte sich Eva an das, was sie darüber im Glaubensgesprächskreis gehört hatte. Aber sie konnte nicht länger daran denken. Denn nun ergriff wieder der Nachbar das Wort: »Aber wie soll man zu diesem Glauben kommen? Ich kann doch nicht glauben, weil dann das Leben leichter ist, damit ich keine Angst vor dem Tod habe usw.«

»Das wäre ein ›religiöser Kurzschluß‹«, sagte Eva. Sie war froh, diesen falschen Zugang zur Religion schon durchschaut zu haben.

»Das würde ich auch ablehnen«, fügte der Priester hinzu. »Man kann nicht aus dem Verlangen nach Sinn, aus dem Wunsch nach einem endgültigen Leben gleich auf Gott schließen. Das kann bestenfalls ein Hinweis auf Gott sein, ein Anlaß, nach ihm zu fragen. Der Glaube kann erst dadurch zustande kommen, daß diese Sehnsucht, die Anlage zum ganzen und wahren Menschsein, nicht nur geweckt, sondern auch wenigstens anfanghaft erfüllt wird; jedenfalls soweit, daß ich das Menschsein in einer Weise erfahre, daß ich es mit Recht als Geschenk eines liebenden Gottes deuten kann.«

»Aber diese Deutungen sind doch alle subjektiv.«

»Sicher hängen sie von den Erfahrungen des einzelnen ab und sind in diesem Sinn subjektiv. Aber dennoch können sie berechtigt sein, auch wenn man sie nicht im mathematisch-naturwissenschaftlichen Sinn beweisen kann.«

»Ich beschränke mich lieber auf diesen Bereich, wo alles überprüfbar ist. In den anderen Fragen bin ich Agnostiker, meine also, daß der Mensch diesbezüglich nichts erkennen kann.«

»Auch die Mathematik und die Physik machen Voraussetzungen, die sie nicht beweisen können. Zumindest gehen sie davon aus, daß es sinnvoll sei, diese Wissenschaften zu betreiben.«

»Da haben Sie natürlich recht. Aber dieses Problem löse ich mit einem kritischen oder hypothetischen Realismus etwa im Sinne des Philosophen Popper, d. h. ich setze das einmal probeweise voraus, solange es sich bewährt.«

»Damit stellen Sie aber bereits den Grundsatz auf, daß es sinnvoll sei, das Leben immer wieder zu versuchen. Auch diese Einstellung können Sie nicht beweisen. Sie ist freilich noch kein Glaube.«

»Ich bin froh, daß Sie das noch nicht zu einem Glauben erklären, daß Sie mich nicht gleich zu einem anonymen Christen machen wollen, wie das manche moderne Theologen tun. Ich fühle mich dann immer so vereinnahmt.«

»Ich nenne Ihre Einstellung einen offenen Humanismus, wenn Sie die Frage nach Gott offenlassen. Freilich sollten Sie dann auch die Möglichkeit offenhalten, doch einmal eine Erfahrung zu machen, welche aus der leisen Hoffnung, die mit Ihrer Einstellung notwendig verbunden ist, nämlich daß das Leben grundsätzlich sinnvoll ist, eine feste Überzeugung macht. Von Ihren eigenen Grundsätzen her dürften Sie sich doch wohl einer solchen Möglichkeit nicht von vornherein verschließen.«

»Vielleicht haben Sie da recht, ich werde darüber nachdenken«, schloß der Nachbar.

Adam benützte die Pause, die dadurch entstand, um noch etwas zu besprechen, was ihm bei seinem Besuch in der Kirche anläßlich der Weihnachtsmesse aufgefallen war; daß nämlich beim Gottesdienst und auch sonst die Frauen so aktiv beteiligt waren. Wieso das so sei, wollte er wissen.

Diesmal mußte der Priester eine Zeit nachdenken. Dann sagte er: »Das war keine Absicht. Wir verteilen die verschiedenen Aufgaben einfach danach, wer dafür Talent und Zeit hat. Sicher haben manche Frauen, die nicht berufstätig sind, mehr Möglichkeiten, ein Amt zu übernehmen. Wir haben keine Schwierigkeiten mit einer vollen Gleichberechtigung.«

Auch Eva war es aufgefallen, daß mehr Frauen als Männer zur Gemeinde gehörten. So fragte sie ihren Gast, ob es dafür eine Erklärung gebe.

Diesmal kam die Antwort sofort: »Ich denke schon. Ich meine jedenfalls, daß die Frau durch ihre bisherige Rolle in der Gesellschaft nicht so sehr der Gefahr erlegen ist, herrschen zu wollen. Es ist ja auch kein Zufall, daß in dem Wort ›selbstherrlich‹ der Herr, der Mann, steht; niemand würde sagen ›selbstfraulich‹. Und daß man von einem Selfmademan spricht. Daher ist die Frau auch eher zu personaler Gemeinschaft mit anderen fähig und mehr bereit für den Glauben an Gott. Vielleicht liegt hier die Erklärung dafür, daß mehr Frauen als Männer in der Gemeinde sind! Ich kann nur sagen: Hoffentlich lernen die Männer diesbezüglich von den Frauen und machen nicht umgekehrt die Frauen die Fehler der Männer nach. Wenn die Frauen ihre Gleichberechtigung darin sehen, die gleichen falschen Machtansprüche zu stellen wie bisher die Männer, dann wäre das meiner Ansicht nach das Ende der Menschlichkeit in unserer Kultur. Meine Hoffnung ist, daß in der Gemeinde der andere Weg gefunden wird, daß beide Geschlechter sich finden in einer Dienstbereitschaft, die wesentlich zum Christsein gehört.«

»Jetzt fällt mir aber noch etwas anderes ein. Wenn ich das überhaupt fragen darf: Am Ende der Weihnachtsmesse habe ich gesehen, daß viele Frauen und Männer einander geküßt haben, als sie sich gegenseitig ein gesegnetes Fest wünschten. Sagen Sie, ist das in der Kirche erlaubt?«

»In den Briefen des Neuen Testaments an die verschiedenen Gemeinden heißt es oft am Schluß: ›Grüßt einander mit dem heiligen Kuß‹ (z. B. 1 Kor 16,20). Offensichtlich hat diese Zärtlichkeit als Ausdruck der Liebe zum Leben der frühen Kirche gehört, die eben noch aus Gemeinden bestand. Es gibt bei uns keine Regeln, daß man das tun soll, aber ebenso natürlich keine, daß man es nicht tun darf. Ich würde darin ein positives Zeichen sehen, wenn es geschieht.«

»Machen Sie sich deshalb keine Sorgen? Ich meine wegen der Ehen dieser Leute. Wird da niemand eifersüchtig?«

»Wenn die richtige Grundeinstellung da ist und das entsprechende Vertrauen, ist diese Freiheit möglich.«

Damit war auch dieses heikle Thema abgeschlossen. Dann plauderten Eva und Adam mit ihren Gästen noch über verschiedene aktuelle Fragen, u. a. auch über politische. Adam fiel auf, daß dieses Gespräch nicht oberflächlich blieb, sondern auf das Wesentliche ging. Er spürte den Einsatz, mit dem sein Gast an einer Änderung der Zustände interessiert war. Er konnte das nicht verstehen und meinte beim Abschied: »Meinen Sie wirklich, daß Sie mit Ihren Ansichten die Welt bessern können?«

»Durch die Ansichten allein sicher nicht. Auch nicht dadurch, daß man der Welt eine entsprechende Praxis aufdrängt, sondern bestenfalls und hoffentlich dadurch, daß man selbst eine gute Praxis so stark entwickelt, daß andere dadurch angesteckt werden. So hat es Jesus begonnen. Wir versuchen in der Gemeinde, in seinem Geist unser Leben zu ändern, also bei uns selbst mit dem Besserwerden zu beginnen. Das ist sehr mühsam. Aber auch sehr schön. Ich kann nur jeden dazu einladen.«

Als er sich verabschiedet hatte, blieben Eva und Adam mit dem Nachbarn noch ein wenig beisammen. Sie machten sich ihre Gedanken über das, was besprochen worden war.

33. Gnade und Sakramente

Das nächste Glaubensgespräch war dem Thema »Gnade und Sakramente« gewidmet. Diesmal war Eva wieder allein hingegangen. Sie konnte mit dem Thema nicht viel anfangen. Beides erinnerte sie so an Zauberei. »Durch die Sakramente wird die Gnade eingegossen«, hatte sie im Religionsunterricht gelernt. Was war diese Gnade? Soll das eine Art Impfstoff für die Seele sein? Warum merkt man nichts davon? Und die Sakramente? Wirkten die von selbst? Sollte hier Gott bewogen werden, etwas für den Betreffenden zu tun? War dann ein Kind, das nicht getauft wurde, schlechter dran als ein getauftes?

Als der Leiter zu Beginn wieder aufforderte, die Fragen und Meinungen zum gestellten Thema zu äußern, brachte Eva gleich alle diese Schwierigkeiten vor. Den anderen Teilnehmern ging es nicht viel besser. Eine Frau hatte sich dieselben Fragen wie Eva gestellt und sich eine eigene Lösung zurechtgelegt. Sie sah in den Sakramenten ein Zeichen, das der Mensch selbst setzt, ein Zeichen des Glaubens oder der Reue. Deshalb war ihr die Kindertaufe natürlich besonders problematisch. Die übrigen Teilnehmer wußten auch mit Gnade nicht viel anzufangen, außer daß es sich um ein Geschenk Gottes handeln soll, zu den Sakramenten äußerten sie sich ähnlich:

»Zeichen der inneren Bereitschaft«
»Sichtbares Zeichen der Verbundenheit«
»Heilige Handlung, die etwas bewirken soll«

Der Leiter des Gesprächs wollte zunächst klären, was mit Gnade gemeint ist. Er bat, Beispiele zu bringen, die zeigen, wie dieses Wort auch heute noch gebraucht wird. Sofort wurden einige genannt: »ein begnadeter Künstler«, »gnädig«, »gnädige Frau«, »Begnadigung von Strafgefangenen«, »Gnadenerweis«. »Allerdings«, ergriff der Leiter wieder das Wort, »kann es auch einen bitteren Unterton haben, etwa in dem Satz: ›Du bist aber gnädig.‹ Gnade bedeutet ursprünglich fast dasselbe wie unverdiente Liebe, allerdings als einseitige Zuwendung verstanden. Im abgeleiteten Sinn wird es auch für ein Geschenk dieser Liebe verwendet, wenn man z. B. sagt: ›Das ist aber eine große Gnade.‹ Das Wort kam nun einerseits deshalb etwas in Mißkredit, weil der moderne Mensch sich nicht gerne beschenken läßt, er will alles selbst machen und hat Angst, in Abhängigkeit zu geraten; andererseits aber wurde dieses Wort auch tatsächlich im Zusammenhang mit falschen Herrschaftsstrukturen und unwürdigen Abhängigkeitsverhältnissen verwendet, in denen der Mensch etwas als Gnade erbitten mußte oder zugeteilt erhielt, worauf er eigentlich ein Recht hatte, z. B. seinen gerechten Lohn. Es bekam damit auch die Bedeutung einer herablassenden, entwürdigenden Liebe. Wahre Liebe und damit Gnade will den anderen nicht kleinmachen, in Abhängigkeit halten, sondern im Gegenteil möglichst zu seiner Entfaltung beitragen, ihn ganz er selbst werden lassen.

Wenn wir nun diesen Begriff auf die Beziehung Gottes zu

uns anwenden, müssen wir ihn von diesen allzu menschlichen Elementen reinigen. Gnade Gottes ist einfach seine zuvorkommende, unverdiente und unverdienbare Liebe, in einem abgeleiteten Sinn auch alles, was Gott uns aus dieser Liebe heraus schenkt, also unser ganzes Leben mit allen seinen Kräften und allem, was wir mit diesen gottgeschenkten Kräften – in der von Gott geschenkten Freiheit – wirken. In der Gnade Gottes zeigt sich deutlich, was für jede Liebe gilt: Sie ist ein Geschenk, das nie zum Besitz werden kann. Ich kann weder über Gott noch über den anderen verfügen, sie als mein Eigentum betrachten. Deshalb darf ich auch mit dem, was mir Gott oder andere aus Liebe geben, nicht einfach willkürlich umgehen, es z. B. mutwillig zerstören. Ganz besonders gilt das natürlich für das Leben mit all seinen Möglichkeiten, das mir Gott geschenkt hat. Daher besteht ein wesentlicher Unterschied zwischen der Gnade Gottes und – richtig verstandener – menschlicher Gnade. Die Liebe anderer Menschen ist nicht der Grund meiner Existenz, höchstens deren Bedingung: Die Eltern gaben das Leben an mich weiter. Alles, was mir von Menschen als Gnade geschenkt wird, bereichert und erfüllt mein Dasein, fällt aber nicht mit diesem zusammen. Die liebende Macht Gottes hingegen ist der Grund meiner Existenz. Was er mir schenkt, das gehört nicht nur zu mir, sondern das bin ich: Ich bin ein Geschenk Gottes. Ebenso sind der andere und die Möglichkeit der Beziehung zu ihm von Gott geschenkt. Gottes Liebe erhält uns im Dasein. In diesem Sinn ist die Liebe Gottes zu uns Menschen immer einseitig, sie kann nicht im gleichen Maß wechselseitig werden. Gott bleibt immer der Größere, das mich umgreifende, tragende und bergende Geheimnis. Das hat mit falscher Herablassung und Abhängigkeit nichts zu tun. Es entspricht einfach der Natur der Beziehung zwischen Gott und den Menschen, die auch Gott bei aller Liebe nicht aufheben kann. Wer dieses sein Verhältnis zu Gott nicht bejaht, nimmt sein Geschöpfsein nicht an. Er will sich nicht einmal von Gott beschenken lassen.«

Jener Teilnehmer, der bereits öfters durch seine Fragen und Beiträge gezeigt hatte, daß er sich schon sehr mit den Inhalten des Glaubens beschäftigt hatte, meldete sich zu Wort und sagte: »Wie Sie das darstellen, klingt das anders, als ich es bisher gehört und gelesen habe. In der traditionellen Darstellung ist die Gnade doch etwas, was dem Menschen zusätzlich zu seinem natürlichen Leben erst dazugegeben werden muß, etwas ›Übernatürliches‹, wie es genannt wird. Nach Ihrer Erklärung ist sie hingegen die Liebe Gottes und das, was er mir schenkt, also das Leben und alles, was dazugehört, vor allem die mitmenschliche Liebe. Habe ich Sie da richtig verstanden?«

»Ja, so meine ich es. Und Sie haben recht, daß dieses Verständnis der Gnade sich vom bisher üblichen etwas unterscheidet. Dieses läßt sich gut in einem Bild beschreiben, das schon die sogenannten Kirchenväter, die großen Theologen der frühen Kirche, verwendet haben. Sie sahen in der Gnade so etwas wie ein Edelreis, das auf die Natur, den Wildling, aufgepfropft, in sie eingepflanzt wird.«

»Aber damit bleibt doch die Gnade ein Fremdkörper für den Menschen«, rief jener Teilnehmer dazwischen.

»Ganz richtig; sie ist eben aufgepfropft, aufgesetzt. Das zeigt ja auch der Ausdruck ›übernatürlich‹. Was für den Menschen übernatürlich ist, ist auch ›über-menschlich‹ und kann damit nicht seine Erfüllung, sein Heil, d. h. sein Ganz-Sein betreffen. Daran ändert sich nichts, wenn man sagt, daß diese Gnade ›eingegossen‹ wird. Sie bleibt etwas Zusätzliches, dem Leben Fremdes.«

»Wie konnte es aber zu diesem Verständnis von Gnade kommen?« fragte die Gattin jenes Mannes, der auf diesen Unterschied im Verständnis der Gnade hingewiesen hatte.

»Das hat meiner Ansicht nach mehrere Ursachen, die ich gerne kurz darlegen möchte. Zunächst einmal eine unrichtige Erbsünden- und Erlösungslehre. Vor allem durch Augustinus, der eine Zeitlang der Sekte der Manichäer angehört hatte, bevor er katholisch wurde, wurde in der Kirche die Auffassung verbreitet, daß die Menschheit durch die Sünde nicht nur behindert, in ihrer Entfaltung gebremst, sondern überhaupt verdorben sei, nichts Gutes an sich habe. Ein Satz dieses Theologen, der sogar auf einem Konzil als Lehrsatz angenommen wurde, lautet: ›Von sich aus hat der Mensch nichts als Sünde und Lüge.‹ Dieser bösen Natur des Menschen stand nach damaliger Auffassung ein zorniger Gott gegenüber, der nur durch den Kreuzestod seines eigenen unschuldigen Sohnes umgestimmt werden konnte. So kam es, daß die Gnade Gottes nicht mehr als die alles tragende

Liebe und die Natur selbst auch nicht als ein Geschenk dieser Gnade gesehen wurden, sondern aus der Gnade Gottes wurde etwas Zusätzliches: die von Christus erwirkte Verzeihung und das dieser verdorbenen Natur aufgesetzte neue, übernatürliche Leben, das Gott dem Menschen auf Grund der Erlösungstat Christi schenkt und das diesen erst der Liebe Gottes würdig macht.«

»Ich erinnere mich, daß wir im Religionsunterricht gelernt haben, daß der Mensch von Geburt an eine schwarze Seele hat, die erst durch die Taufe weiß wird. Hängt das damit zusammen?« fragte eine Teilnehmerin.

»Jawohl. So hat sich diese Erbsünden- und Erlösungslehre ausgewirkt. Aber sie war nicht der einzige Grund, daß aus der Gnade etwas Übernatürliches wurde, das wie ein zweites Stockwerk der Natur aufgesetzt wird. Als ein zweites Moment hat sicher noch mitgespielt, daß in der traditionellen Theologie die Eigenart der personalen Beziehung und damit der Liebe zuwenig bedacht wurde. Man wollte mit vollem Recht betonen, daß der Mensch kein Recht auf die Gnade habe, daß sie ein unverdientes und unverdienbares Geschenk sei. So heißt es im Römerbrief, der dies besonders deutlich herausstreicht: ›Ohne es verdient zu haben, werden sie – die Gläubigen – gerecht, dank seiner (Gottes) Gnade, durch die Erlösung in Christus Jesus‹ (Röm 3,24). Gerade der große Theologe Thomas von Aquin war es, der diese Unverdienbarkeit der Gnade dadurch begründen wollte, daß er ihre Übernatürlichkeit betonte: wenn die Gnade alle Kräfte und Möglichkeiten des natürlichen Menschen übersteigt, dann steht sie selbstverständlich dem Menschen in keiner Weise zu, nicht einmal aus Liebe. Diese Auffassung verbreitete sich allgemein. Sie übersieht zunächst wieder, daß ein Mensch mit einer ›Gnade‹, die seine Möglichkeiten übersteigt, auch nichts anfangen kann. Um dieser Schwierigkeit auszuweichen, haben die Theologen viele, zum Teil sehr komplizierte Theorien entwickelt, die aber alle wieder neue Probleme aufwerfen. Ich möchte nicht näher darauf eingehen. Vielmehr scheint mir wichtig zu sein, daß man die Unverdienbarkeit der Gnade auch anders verstehen kann, ohne daß sie deshalb übernatürlich sein müßte. Ich denke so: Schon im mitmenschlichen Bereich ist die Liebe unverdient und unverdienbar und entspricht dennoch unserer Natur. Wir schulden sie sogar einander immer, wie es im Römerbrief (13,8) heißt. Die Liebe kann also unverdienbar sein und dennoch natürlich, ja sogar dieser Natur ›geschuldet‹. Das Wort ›schulden‹ ist hier natürlich ohne den Gesichtspunkt einer rechtlichen Verpflichtung zu verstehen. Es ist eine völlig freiwillige Liebe, die ich dennoch dem anderen ›schulde‹, weil er eine ihm von Gott geschenkte Liebenswürdigkeit hat. Liebe richtet sich auf die Person des anderen, nicht auf seine Leistungen, Werke oder Verdienste. Wenn ich den anderen nur um seiner Leistungen willen liebe, dann liebe ich nicht ihn selbst um seinetwillen, sondern nur etwas von ihm, und das wahrscheinlich um meinetwillen. Das ist keine Liebe mehr. Die Liebe ›schulde‹ ich dem anderen immer, d. h. vor und unabhängig von seinen Verdiensten. Ich ›schulde‹ sie ihm nicht auf Grund seiner Leistungen, sondern wegen seines Seins, das ihm Gott geschenkt hat. Die Liebe ist das Verhalten, das der Wirklichkeit entspricht. Also kann schon im menschlichen Bereich ›geschuldete‹ Liebe durchaus unverdienbar sein. Das gilt aber auch für die Liebe Gottes zu uns, wenn er uns das Leben geschenkt hat. Freilich ist diese Liebe Gottes im Unterschied zur menschlichen Liebe insofern auf alle Fälle ungeschuldet, als er uns das Dasein, das die Voraussetzung seiner liebenden Beziehung zu uns ist, in Freiheit gegeben hat. Aber wenn er das getan hat, kann diese Liebe durchaus der Natur entsprechen und ihr daher – im oben dargestellten Sinn – ›geschuldet‹ sein und dennoch unverdienbares Geschenk bleiben. Mit der Schöpfung schenkt Gott auch diese Liebe. Die Gnade muß also nicht übernatürlich sein, um unverdient zu sein. Daß man diese Eigenart der personalen Beziehung nicht genug gesehen hat, dürfte ein zweiter Grund gewesen sein, die Gnade als etwas Übernatürliches zu erklären. Man wollte damit ihre Unverdienbarkeit sichern und meinte unrichtigerweise, diese sei nur dann gegeben, wenn die Gnade alle Möglichkeiten des Menschen übersteigt und deshalb in jeder Weise ungeschuldet sei.

Dieser Gedanke hat übrigens – zusammen mit der vorhin beschriebenen negativen Sicht der Natur – in der Frömmigkeit zu ganz unchristlichen Auffassungen geführt, welche eigentlich im Widerspruch stehen zu der gläubigen Überzeugung, daß Gott alles gut geschaffen hat. Man hat sich gedacht: je kleiner oder wertloser die Natur angesehen wird, desto stärker kann das Gnadenwirken Gottes in Erscheinung treten. So heißt es z. B. in der ›Nachfolge Christi‹, dem nach der Bibel am weitesten verbreiteten christlichen Buch: ›Alles, was nicht Gott ist, das ist nichts und soll für nichts geschätzt werden‹ (3/31) und ›Je mehr also die Natur niedergedrückt und überwunden wird, um so größere Gnade wird eingegossen‹ (3/54).«

»In der Bibel steht doch auch, daß wir die Welt überwinden sollen. Ist das nicht dasselbe?« Diese Frage kam von jener Teilnehmerin, die eher der traditionellen Denkweise zuneigte.

»Wenn im Neuen Testament – vor allem im Evangelium nach Johannes – die Welt als böse und gottfeindlich angesehen wird, dann ist damit nicht die natürliche Welt als solche gemeint, sondern die Welt ohne oder gegen Gott, das Böse, das es leider in dieser Welt auch gibt, das die Entfaltung der Natur im Sinne Gottes behindert und aufhält. Sonst könnte es nicht im selben Evangelium heißen, daß Gott die Welt liebt (3,16). Gott wird nicht größer, wenn wir von der Welt geringdenken, sondern im Gegenteil: Gerade an der im Sinne Gottes entfalteten Natur wird die Größe seiner Liebe sichtbar. Denn die wahre Liebe will den anderen nicht kleinmachen, sondern möglichst erhöhen.«

»Aber hat man nicht auch gelehrt, daß der Mensch durch die Gnade für die Gottesschau bestimmt wird, die ihm von Natur aus gar nicht möglich ist und daher nicht zusteht, daß die Gnade also deshalb ungeschuldet und übernatürlich ist?« fragte jener Teilnehmer wieder, der sich in der Theologie auskannte.

»Sie haben recht. Damit kommen wir zu einer ganz schwierigen Frage. Die Lehre von der Übernatürlichkeit der Gnade hängt auch damit zusammen, daß der Mensch durch sie des göttlichen Lebens teilhaftig werden, vergöttlicht werden soll. Wir sind schon bei unseren Überlegungen über Jesus Christus auf diesen Gedanken gestoßen, daß Gott Mensch geworden sei, damit wir Gott würden, wie es wörtlich gesagt wurde.«

»Aber damals haben Sie doch die Auffassung vertreten, daß dies ein Widerspruch in sich sei.«

»Und dieser Meinung bin ich auch bezüglich der Ansicht, daß der Mensch durch die Gnade dazu befähigt werden könnte, Gott ebenbürtig zu werden und ihm Partner zu sein. Das würde nämlich voraussetzen, daß der Mensch über seine Möglichkeiten unendlich hinauswachsen kann, wie es auch tatsächlich von einigen Theologen formuliert wird. Andere wieder wollen die Befähigung zur Gottesschau dadurch erklären, daß der Mensch im Grunde immer schon unendliche Möglichkeiten habe, die aber noch unbestimmt seien und erst von Gott – aus Liebe – auf seine unmittelbare Gegenwart hingeordnet würden. Nur so könnte der Mensch fähig werden bzw. sein, Gott in seinem eigentlichen Wesen zu erkennen und göttliches Leben als sein eigenes zu haben. Das würde wieder bedeuten, daß ein begrenztes endliches Geschöpf unendliche Fähigkeiten erlangen können oder schon immer haben müßte. Doch genau dies ist unmöglich. Denn das Wirken jedes Wesens ergibt sich aus dem, was es ist. Ein begrenztes Wesen kann also immer nur begrenzte Wirkmöglichkeiten haben und daher nie Gott selbst erreichen. Der Mensch müßte von einem geschaffenen Wesen in ein ungeschaffenes umgewandelt werden oder ein werdender Gott sein, um Gott selbst in seinem Wesen erkennen zu können. Der Gedanke eines geschaffenen Gottes ist ein Widerspruch in sich; einen geschaffenen Gott kann es nicht geben. Die Vorstellung, daß der Mensch ein werdender Gott sei, würde auf einen Pantheismus hinauslaufen. Daher meine ich, daß auch Gott bei all seiner Liebe, in der er uns möglichst erheben will, doch nicht den Menschen zu seinem Partner im vollen Sinn des Wortes machen kann. Wir können zwar durch das Wirken Gottes sicher noch größere Möglichkeiten unserer Natur entfalten, als wir sie derzeit kennen. Und wir werden auch einmal Gottes Nähe in einer Weise erfahren, daß gar kein Zweifel an seinem Sein und Wirken mehr möglich ist. Aber Gott wird auch dann wie die Sonne sein, in die wir nicht schauen können, die aber doch alles erleuchtet.«

»Aber heißt es nicht irgendwo in der Schrift, daß wir Gott einmal von Angesicht zu Angesicht schauen werden?« wandte die Teilnehmerin wieder ein, die eher mit den neueren Ansichten Schwierigkeiten hatte.

»Ja, Sie haben recht. Das steht im ersten Korintherbrief des Apostels Paulus, im Hohenlied der Liebe (13,12). Dort heißt es zwar nicht ausdrücklich, daß wir Gott selbst so schauen werden; vorher ist allgemein von der Liebe die Rede.

Aber selbst wenn die Gottesschau gemeint sein sollte, könnte man es wieder als hymnische Ausmalung verstehen, die eben sagen will, daß wir dann Gott jedenfalls besser erkennen als jetzt. Auf alle Fälle müßte man beachten, daß in einem anderen Brief des Neuen Testaments Gott bezeichnet wird als der, ›der in unzugänglichem Licht wohnt, den kein Mensch gesehen hat noch je zu sehen vermag‹ (1 Tim 6,16). Damit scheint eine Schau Gottes im wörtlichen Sinn ausgeschlossen zu sein. Ich bin der Ansicht, daß auch in der Vollendung der Mitmensch unser Partner ist, daß aber diese Gemeinschaft der Heiligen so von der Liebe Gottes durchdrungen ist, daß deren Wirken alles durchflutet und erhellt und uns deshalb in unzerstörbarer Gewißheit aufleuchtet.

Wenn wir all das zusammenfassen, was wir jetzt überlegt haben, heißt es also: Wir müssen zur ursprünglichen biblischen Sicht zurückkehren: Gott wollte der menschlichen Natur nicht ein über-natürliches und damit auch übermenschliches Leben aufsetzen, sondern wollte den Menschen retten, d. h. auf den richtigen Weg führen und heilen. Auf Grund der mühseligen Entwicklung zum vollen Menschsein ist der Mensch noch nicht heil, und durch die Sünde ist er verwundet. Diese Heilung wurde von Gott durch Jesus Christus den Menschen angeboten, durch sein im Glauben voll entfaltetes und in der Verbindung mit ihm auch uns mögliches heiles Menschsein. Und dieses Angebot ist bereits von der Liebe Gottes getragen, diese mußte nicht erst durch die Erlösung bewirkt werden. ›Die Liebe Gottes wurde uns dadurch offenbart, daß Gott seinen einzigen Sohn in die Welt gesandt hat, damit wir durch ihn leben‹ (1 Joh 4,9). Die Gnade oder Liebe Gottes muß also nicht erst dazukommen, sondern liegt allem schon zugrunde. Und sie ihrerseits bewirkt nicht ein über-natürliches Leben, sondern trägt das natürliche Leben und will es heilmachen. Gnade ist also die Liebe Gottes und das gottgeschenkte und im Glauben voll entfaltete natürliche Leben.«

»Dann könnte man ja eigentlich sagen: ›Alles ist Gnade‹«, meinte einer der Teilnehmer.

»Ganz richtig: Alles, was Gott geschaffen hat und sich in seinem Sinn entfaltet, ist sein Geschenk. So läßt auch der Dichter Bernanos in seinem ›Tagebuch eines Landpfarrers‹ diesen vor seinem Tod die Worte sagen: ›Alles ist Gnade.‹«

»Und was sind dann die Sakramente?« wollte Eva nun schon hören.

»Die Sakramente sind die Zeichen dieser Gnade. Aber eines nach dem anderen: Eine ungenügende Gnadenlehre bewirkte ein falsches Verständnis der Sakramente: Diese wurden zu von Jesus eingesetzten Handlungen, durch welche die Kirche die Gnade Gottes erst bewirken mußte, aus der heraus Gott dann dem Menschen das übernatürliche Leben gab. Somit wurden sie zu geheimnisvollen, beinahe magischen Zeichen, die fast automatisch etwas bewirkten, was vor allem für eine jenseitige Welt, für das Leben nach dem Tod bestimmt war bzw. der Vorbereitung darauf dienen sollte. So dürfen wir uns nicht wundern, daß die Menschen heute Schwierigkeiten haben, die Sakramente zu verstehen. Dazu kommt noch, daß man gerade die Kindertaufe zum Musterbeispiel eines Sakramentes machte, obwohl bei ihr nicht so leicht zu erkennen ist, daß die Sakramente den Glauben des Empfängers voraussetzen und zu einem entsprechenden Leben hinführen sollen. Die Kindertaufe ist also – so gesehen – ein Grenzfall von Sakramentenspendung.

Wir gehen also davon aus, daß die Gnade Gottes in erster Linie seine Liebe ist, von der schon unsere Natur getragen ist und die in Jesus Christus sichtbar und heilend wirksam wurde, in zweiter Linie das heile menschliche Leben selbst. Damit ist Jesus Christus selbst das wichtigste, grundlegende Zeichen dieses Heiles, ein heiliges Zeichen oder der Mittler des Heiles. Er ist das Ur-Sakrament; denn Sakrament heißt sinngemäß ›Heil oder Heiliges vermittelnd und zeigend‹. Das Wirken Gottes in Christus wird in der Kirche fortgesetzt, seine Liebe soll in ihr erfahrbar werden. Deshalb ist die Kirche selbst sakramental, sie soll Zeichen des Heiles in der Welt sein. Wo nun die Kirche auf Grund ihrer Sendung einem einzelnen dieses Heil zuspricht und anzeigt, empfängt dieser ein Sakrament, ein Zeichen der Liebe Gottes. Als entscheidende Situationen oder Gelegenheiten dafür haben sich eben die sieben Sakramente entwickelt, die wir kennen: die Aufnahme in die Gemeinschaft der Kirche als Zeichen des Angenommenseins durch Gott: *Taufe;* die Wiederversöhnung mit der Kirche als Zeichen der Versöhnung mit Gott: *Bußsakrament;* die Sendung zu mündigem Christsein in der Kraft des Heiligen Geistes: *Firmung;* die Beauftragung zum

Priesteramt und zur Leitung der Eucharistiefeier: *Weihe;* das Abendmahl als Zeichen der Verbundenheit mit Christus und seiner Gemeinde und dadurch mit Gott: *Eucharistie;* das vom Glauben getragene unbedingte, ganze Ja zweier Menschen zueinander als Abbild der Liebe Gottes: *Ehe;* der Beistand der Kirche in schwerer Krankheit als Zeichen der Liebe Gottes gerade in Grenzsituationen: *Krankensalbung.*«

»Was ist das Besondere an den Sakramenten? Warum kann sie nicht jeder spenden?« wollte ein Teilnehmer wissen.

»Das möchte ich durch einen Vergleich deutlich machen: Eine Adoption in eine Familie kann nicht ohne weiteres jedes Familienmitglied aussprechen, sie muß im Namen der ganzen Familie erfolgen, authentisch sein. So müssen auch diese für den Glauben und das Leben des einzelnen Christen so wichtigen Zeichen von der ganzen Kirche getragen sein, mit entsprechender Vollmacht. Aber natürlich genügt diese Gültigkeit allein nicht, die Liebe Gottes muß auch menschlich erfahrbar sein. Sonst werden die Sakramente zu unverständlichen Zeremonien und schon deshalb magisch mißverstanden. Eine Adoption in eine Familie, in der es keine Liebe gibt, kann zwar gültig sein, ist aber eher schädlich. Und darin liegt das eigentliche Problem der Sakramentenspendung heute: Weil die Kirche nicht aus Gemeinden besteht, in denen zumindest ansatzhaft die Liebe Gottes erfahrbar werden kann, wird z. B. die Taufe als Aufnahme in diese Kirche nicht als Zeichen für die Annahme durch Gott, die Geborgenheit in seiner Liebe erlebt, sondern etwa nur als Übertragung des Rechtes zur Teilnahme am Religionsunterricht. Ähnliches gilt für alle anderen Sakramente. Sie bleiben zwar gültige Zeichen, werden aber ihrer Wirksamkeit beraubt und entwertet wie die Waren bei einem Ausverkauf. Damit die Sakramente fruchtbar werden, braucht es Gemeinden, in denen die Kirche, die Spenderin der Sakramente, als Abbild und Werkzeug der Liebe Gottes erlebt werden kann. Dann kann man auch nicht zu der Meinung kommen, die eine Teilnehmerin zu Beginn geäußert hat: daß die Sakramente in erster Linie Ausdruck des Glaubens dessen seien, der sie empfängt. Natürlich sollen sie das auch sein, damit die Liebe Gottes richtig angenommen wird, aber zuerst sind sie Geschenke, eine Art Zärtlichkeit, die ich von Gott durch die Kirche erhalte.«

»Dennoch bleibt mir die Frage«, ergriff jene Teilnehmerin das Wort, »welche Bedeutung nach Ihrem nicht-magischen Sakramentenverständnis die Kindertaufe haben soll. Das Kind kann doch bewußt nichts erfahren.«

»Hier hilft wieder der Vergleich mit der Adoption weiter: man kann auch ein Kleinkind adoptieren, das noch nicht weiß, was mit ihm geschieht. Und wo die Familie es in Liebe aufnimmt, wird diese Adoption auch wirksam werden. Wir wissen gerade heute, wie wichtig für ein Kind die Liebe seiner Umgebung ist. So wird auch die Kindertaufe über die Eltern, Paten und die Umgebung des Kindes wirksam. Wenn sie sich über diese nicht auswirkt, dürfte sie gar nicht gespendet werden. Die Taufe ist wie alle Sakramente nicht dazu da, die Liebe Gottes zu bewirken, sondern sie erfahrbar zu machen und dadurch wirksam werden zu lassen, wobei die Kirche den Glauben weckt und ihn in der Feier des Sakramentes besiegelt. Wenn die Kirche also an der Kindertaufe festhält, müßte sie deshalb meiner Ansicht nach auch eine entsprechende spätere persönliche Glaubensentscheidung ermöglichen. Entweder, indem sie die Taufe nur bedingt spendet – sie bleibt ab einem gewissen Alter nur gültig, wenn sie bewußt bejaht wird –, oder indem die Rechte und Pflichten des Christen in der Kirche ab einem bestimmten Alter des als Kind Getauften nur dann weiter in Kraft bleiben, wenn er seine Taufe als Erwachsener erneuert; andernfalls würden sie gleichsam ruhen, bis er dies tut.«

34. Bibel, Dogma und Unfehlbarkeit

Nach dem letzten Glaubensgesprächsabend waren einige noch länger beisammengeblieben. Dabei war die Frage nach den Fehlentwicklungen in der Kirche aufgetaucht, wie sie sich in der Gnaden- und Sakramentenlehre besonders deutlich gezeigt hatten: Wie denn diese Kirche von sich behaupten könne, daß sie unfehlbar sei. Der Leiter des Abends konnte darauf verweisen, daß diese Frage ohnehin für das nächste Mal vorgesehen sei. Sie erfordere eine gründliche Auseinandersetzung.

Zu Beginn dieses nächsten Treffens berichtete er von diesem Gespräch, bei dem Eva nicht geblieben war, weil sie Adam nicht länger als nötig hatte warten lassen wollen. Und er erklärte auch gleich, warum das Thema »Bibel, Dogma und Unfehlbarkeit« hieß, wieso die Frage der Bibel auch gleich miteinbezogen wurde:

»Die heiligen Schriften des Neuen Testaments, um die es uns vor allem geht, sind nämlich nicht vor der Kirche dagewesen, sondern selbst in dieser entstanden. Sie sind der erste schriftliche Niederschlag der Tradition, von dem die ganze Kirche überzeugt war, daß er alles Wesentliche der Offenbarung enthalte. Sie sind genausowenig wie die späteren Dogmen von Gott den Verfassern einfach eingegeben worden und sind auch nicht alle unter der Aufsicht von unmittelbaren Zeitgenossen und Zeugen Jesu entstanden. Daher ergeben sich bezüglich des richtigen Verständnisses der Heiligen Schrift und des Dogmas, vor allem im Hinblick auf die Wahrheit der Bibel bzw. auf die Unfehlbarkeit der dogmatischen Formulierungen, im Grunde dieselben Fragen. Ich möchte sie gleich nennen:

Wieweit ist alles wahr?
Wie sind sie richtig auszulegen?
Muß man alles wörtlich nehmen?
Wie weiß man, was der Verfasser eigentlich gemeint hat?

Im Grunde steht dahinter die Frage nach dem richtigen Verständnis überlieferter Texte.

Bevor wir dieses Problem in Angriff nehmen, möchte ich noch eine wichtige Vorbemerkung machen. Auch Jesus war als Mensch begrenzt, ein Kind seiner Zeit mit beschränktem Wissen. Auch wenn er in der Einstellung seines Herzens vollkommen gläubig war und deshalb im Grund um alles wahrhaft Menschliche wußte, so konnte er dies keineswegs in einer unüberbietbar besten und unmißverständlichen Weise ausformulieren. Ein einfaches Beispiel: Wenn Jesus heute lebte, dann würde er die Liebe Gottes nicht nur als väterlich, sondern genauso als mütterlich bezeichnen. Er versteht sie durchaus so, wie etwa seine Beschreibung der Liebe des Vaters, der keine Vorleistung verlangt, zeigt. Aber in der Sprechweise bleibt er ein Kind seiner Zeit und damit der patriarchalischen Ordnung. Er nennt Gott nur Vater, obwohl er sicher den Text des Propheten Jesaja gekannt hat, wo die Liebe Gottes mit der einer Mutter verglichen wird (49,15). Ein anderes Beispiel wäre die Naherwartung: Jesus hat wohl das Ende der Welt in unmittelbarer Zukunft erwartet. Darin hat er sich offensichtlich getäuscht. Diese Überlegung ist deshalb wichtig, weil hier die Schwierigkeiten schon beginnen. Selbst wenn wir mit Sicherheit heute noch die ursprünglichen Jesusworte in der Bibel erkennen könnten, wären diese nicht zeitlos, sondern müßten auf dem Hintergrund seiner Umwelt und seines bewußten geistigen Horizonts verstanden werden.

Diese schon hier auftauchende Schwierigkeit wird aber noch viel größer, wenn wir bedenken, daß die Offenbarung Gottes im menschlichen Wort und im Leben Jesu ja nicht unmittelbar zu uns kommt, sondern vermittelt durch Zeugen, Berichterstatter, solche, die es weitererzählt, andere, die es niedergeschrieben haben, wieder andere, die es auslegen oder uns erklären. Jedes Glied dieser Kette bringt, ob es will oder nicht, eigene Vorstellungen, seine Sichtweise mit ein, setzt die Akzente anders usw. Denn jeder Mensch kann die Botschaft nur von seinen Voraussetzungen her verstehen bzw. nicht oder nicht ganz verstehen. Wieder ein Beispiel, das zugleich inhaltlich bezüglich der Bibel eine wichtige Feststellung trifft: Der orientalische Mensch, in dessen Lebensbereich die Bibel entstanden ist, nimmt ein Ereignis auf und berichtet es weiter, indem er in erster Linie auf den Sinn des Ganzen schaut. Auf die Details kommt es ihm gar nicht so an. In einem Vergleich, den einmal ein Religionslehrer in unserer Gemeinde brachte, gesprochen: Er fertigt ein Gemälde an von dem, was er erlebt; mit aller künstlerischen Freiheit. Der abendländische Mensch dagegen will alles nach dem tatsächlich feststellbaren Verlauf aufnehmen und weitergeben. Ihm geht es um jede Einzelheit, oft verliert er dabei den Blick für das Ganze. In demselben Vergleich ausgedrückt, bedeutet das: Der westliche Mensch fertigt eine Fotografie an. Und jetzt stellen Sie sich bitte vor, was passiert, wenn jemand, der ein Gemälde für eine Fotografie hält, jenes erklärt. Er kommt in größte Schwierigkeiten und verwickelt sich in Widersprüche. Er wird falsche Behauptungen aufstellen, Unwesentliches für wesentlich erklären und das eigentlich Wichtige vielleicht gerade übersehen. Ein Gemälde kann nur richtig deuten, wer eine Ahnung vom Malen hat und sich in den Künstler einfühlen kann. Dazu kommt noch, daß es bekanntlich verschiedene Schulen in der Malerei gibt, die auf je eigene Weise das Wesentliche ausdrücken wollen.

In der abendländischen, von Rom geprägten Kirche ist nun genau das Verhängnis eingetreten, daß man die Bibel durch Jahrhunderte im westlichen Sinn verstanden und ausgelegt hat. Obwohl sie – im Sinne unseres Vergleiches – wie ein Gemälde zu verstehen ist, wurde sie wie eine Fotografie betrachtet. Auftauchende Widersprüche innerhalb der Texte selbst oder zu anderen menschlichen Erkenntnissen hat man einfach nicht zur Kenntnis genommen oder durch komplizierte Erklärungen auszumerzen versucht. Erst recht hat man nicht begriffen, daß verschiedene Teile der Bibel, etwa der Schöpfungsbericht oder die Offenbarung des Johannes, ganz anders zu verstehen sind als z. B. der Bericht von der Kreuzigung Jesu, dieser wieder anders als ein Auferstehungsbericht usw. Man hat auch nicht bedacht, daß die Verfasser der Bibel ihre Texte jeweils für bestimmte Gruppen geschrieben haben, meistens aus einem konkreten Anlaß, der ebenfalls die Sichtweise und die Akzentsetzung bestimmt. Man nahm alles wörtlich. So konnte es passieren, daß die Kirche in einen verhängnisvollen Konflikt mit der Naturwissenschaft geriet, weil sie nach dem Schöpfungsbericht lange daran festhielt, daß sich die Sonne um die Erde dreht. Erst vor relativ kurzer Zeit wurde offiziell zugegeben, daß auch im Neuen Testament nicht alles dem Wortsinn nach zu verstehen sei, was z. B. bei den Wunderberichten zu beachten ist. Aber auch heute noch sprechen in der Kirche nur die Fachleute unter sich darüber, ohne daß es laut gesagt wird, daß die jungfräuliche Geburt Jesu in der Kindheitsgeschichte nicht unbedingt wörtlich, also biologisch aufgefaßt werden muß. Und die zeitbedingte Tatsache, daß in der Urkirche eine Frau kein Leitungsamt übernehmen konnte, wird noch heute als Begründung dafür angeführt, daß Frauen nicht die Priesterweihe erteilt werden kann.«

»Aber wie weiß man dann, was jetzt wörtlich zu nehmen ist, was eigentlich gilt?« fragte jemand.

»Sie haben mit Ihrer Frage völlig recht. Das Anliegen, das Sie damit ausdrücken, war auch der Grund, warum sich die Kirche so lange gegen diese Einsichten gewehrt hat. Es gibt nämlich keine allgemein gültige Regel, kein Rezept, das man hier anwenden könnte. Es ist nur ein mühevoller Prozeß der Annäherung möglich, bei dem auch Umwege nicht auszuschließen sind. Wieder ein Beispiel: Wenn man in dem Satz aus dem Abendmahlsbericht ›Das ist mein Leib‹ das ›ist‹ einfach wörtlich nimmt, dann ergibt sich daraus, daß man die Hostie beim Empfang der Kommunion nicht kauen darf. Man würde ja sonst Jesus weh tun.«

»Das habe ich noch in meinem Religionsunterricht so gelernt«, sagte eine Teilnehmerin.

»Diese Folgerung lag auch deshalb nahe, weil man im Abendland nach der hier vorherrschenden Denkweise den Leib nur als Leib ohne Seele verstand, als Körper allein. Diese Trennung in Seele und Leib kennt der orientalische Mensch nicht, für ihn ist Leib der ganze leibhaftige Mensch. Sinngemäß übersetzt, müßte man also statt ›Das ist mein Leib‹ sagen ›Das ist mein Leben‹ oder ›Das bin ich‹ Aus einer solchen besseren Übersetzung hätte man wieder ableiten können, daß das Wort ›ist‹ hier nur bedeuten kann: Wo dieses Brot ist, da bin ich wirklich da, es ist ein Zeichen meiner Gegenwart. Oder: Wer dieses Brot ißt, ist mit mir verbunden.

Der einzige Trost in der schwierigen Frage der Bibelauslegung besteht darin, daß der Kirche verheißen ist, daß sie dabei nicht in die Irre gehen wird. Und damit sind wir schon bei der Frage des Dogmas und der Unfehlbarkeit: Sind wenigstens die Dogmen wörtlich zu nehmen? Sie wurden doch bewußt von der Kirche als Abgrenzung vom Irrtum definiert. Sind wenigstens sie irrtumslos und damit unfehlbar wahr?

Jede Aussage über Glaubensinhalte wird von einem bestimmten Vorverständnis her gemacht. Dieses fließt in die Formulierung ein, ohne daß es als solches bewußt ist. Es kann zumindest zunächst nicht vom sachlichen Anliegen getrennt werden. Diese Sache wird eben in einer bestimmten zeitbedingten Weise verstanden. Daher ist auch jedes Dogma geschichtlich geprägt und entwicklungsbedürftig. Erst in einem mühsamen Prozeß ist es möglich, dieses Vorverständnis als solches zu erkennen und seine Auswirkungen zu beheben. Ein Beispiel für eine solche zeitbedingte, mit Irrtum vermengte und daher mißverständliche Formulierung haben wir schon besprochen, als wir die Frage behandelten, wer Jesus Christus eigentlich war. Auf Grund eines unrichtigen Menschenbildes trennte man damals, als die Lehre von Jesus Christus entwickelt wurde, im Menschen Seele und Leib voneinander und konnte deshalb stillschweigend annehmen, daß in Jesus Gott die Stelle der menschlichen Seele einnimmt. Das wurde zwar nie definiert, später sogar von der Kirche verurteilt, hat aber doch die Sprechweise über und das Verständnis von Jesus Christus entscheidend geprägt. Sie erleben heute selbst mit, wie schwierig es ist, die Auswirkungen eines solchen Vorverständnisses zu korrigieren. Der Widerstand dagegen ist deshalb noch so groß, weil sich die Erkenntnis der Geschichtlichkeit auch der Dogmen noch gar nicht richtig durchgesetzt hat.

Karl Rahner, dem ich mich hier anschließen möchte, schreibt in seinen ›Schriften zur Theologie‹ (13,19f): *›Auch dogmatisch schlechthin verbindliche Wahrheiten können unter faktisch Mitgedachtem, unter Vorstellungsmodellen und wie selbstverständlich mittradierten Verstehensweisen ausgesagt und weitergegeben werden, die bei einer solchen Aussage ungeschieden und wie selbstverständlich mitüberliefert werden und sich später dann durchaus als nichtverbindlich oder sogar als falsch herausstellen.*‹ Er bringt an anderer Stelle auch ein Beispiel dafür, dem von der Kirche nicht widersprochen wurde: Auf dem Konzil von Trient wurde das Dogma formuliert, daß bei der Messe die Substanz des Brotes in die Substanz des Leibes Christi verwandelt wird. Nun wissen wir aber heute, daß weder das Brot noch ein materieller Leib eine eigene Substanz sind, sondern nur bestimmte Zustandsformen der Materie. Man kann dieses Dogma also nicht einfach wörtlich nehmen, es ist mit Irrtum vermengt. Küng würde es als irrig bezeichnen. Und doch ist es nicht schlechthin irrig. Denn das Anliegen der Konzilsväter war, die wirkliche Gegenwart Jesu auszudrücken, und sie konnten es unter den damaligen Voraussetzungen nicht besser. Insofern diente es der Wahrheit, es bewahrte die Kirche davor, sich in eine Sackgasse zu verirren. Aber das Beispiel zeigt, daß ›unfehlbar‹ auch beim Dogma nicht heißen kann ›völlig irrtumsfrei‹, daß also für das Dogma grundsätzlich dasselbe gilt wie für die Bibel. Es muß auch immer wieder neu ausgelegt, ja sogar verbessert werden. Die Kirche befindet sich weder in ihrem Tun noch in ihrem Erkennen auf einem geradlinigen Weg, sondern auf einem mühseligen Zickzackkurs. Sie hat allerdings die Verheißung, daß sie sich dabei nicht endgültig in die Irre verlaufen wird.«

»Und worauf kommt es dabei an? Was kann der Kirche helfen, die Wahrheit zu bewahren bzw. besser zu finden?«

»Daß sie die Einheit bewahrt bzw. in jeder Frage wieder neu zu gewinnen sucht. Denn das Bleiben in der Wahrheit ist der Kirche als ganzer verheißen. Mit Einheit ist hier nicht eine von oben verordnete Einheitlichkeit gemeint, die gar keine Diskussion aufkommen läßt, sondern eine von möglichst allen getragene gemeinsame Lösung, welche der Auseinandersetzung nicht ausweicht. Dahinter muß der Wille zur Einheit stehen, den die Bibel Einmütigkeit nennt. Man ringt miteinander um die Wahrheit, gelegentlich streitet man auch, aber in Liebe; auch betet man dabei miteinander, öffnet sich für den Willen Gottes und füreinander und wird so leichter von allen Verengungen frei. Das Gebet und die Liebe werden vor Überheblichkeit bewahren, die oft zum Irrtum führt, weil sie blind macht. Dazu muß noch die Einsicht in die eigenen Grenzen kommen. Auch jeder einzelne Christ hat eine bestimmte Sichtweise, ist ein Kind seiner Zeit. Ja, auch der Papst und die Bischöfe, die vor allem für diese Einheit in der Gesamtkirche sorgen sollen, haben eine bestimmte Theologie gelernt, die durch die Übertragung des Amtes an sie nicht anders und auch nicht besser wurde. Deswegen sind alle Christen, jeder einzelne und jede Gemeinde, berufen, nach Möglichkeit zur Lösung von Konflikten in der Kirche beizutragen und so der Wahrheit zu dienen.«

Eva spürte auf einmal, daß die Mündigkeit in der Kirche nicht nur ein Recht war, sondern zugleich eine mühsame Aufgabe. Auch für sie, wenn sie wirklich in ihr leben wollte.

35. Gebet und Gottesdienst in der Gemeinde

Als Thema für den vorletzten Gesprächskreis war »Gebet und Gottesdienst in der Gemeinde« vorgesehen. Mit dem Beten hatte Eva große Schwierigkeiten. Manchmal dachte sie wie von selbst an Gott, wenn sie eine große Freude erlebte oder wenn sie in große Not geriet. Aber regelmäßig betete sie seit ihrer Kindheit nicht mehr. Sie hatte nie eine Antwort auf ihr Gebet gespürt. Außerdem konnte sie sich Gott nicht vorstellen. Wie sie inzwischen wußte, war das auch gar nicht möglich. Wie sollte man dann mit ihm sprechen?

Dieselben Schwierigkeiten hatten auch andere Teilnehmer am Glaubensgespräch. Ferner wurden noch folgende Fragen vorgebracht:

»Was hat das Bittgebet für einen Sinn?«

»Muß man Gott dadurch erst zur Liebe bewegen?«

»Er weiß doch, was wir brauchen.«

»Und oft wird es nicht erhört.«

»Kann man überhaupt gemeinsam beten? Jeder ist doch von etwas anderem bewegt. Und ein wirkliches Gebet ist doch etwas sehr Persönliches zwischen mir und Gott. Wie kann ich das laut sagen?«

Der Leiter des Abends begann mit den grundsätzlichen Fragen. Er erzählte von sich, daß auch er große Schwierigkeiten mit dem Gebet gehabt habe und immer noch sehr darum ringe: »Vor allem«, sagte er, »wenn die kindlich-naive Vorstellung von Gott durch das kritische Denken überwunden wird, entsteht auf jeden Fall eine Durststrecke, die wohl jeder durchmacht, der diesen Fragen nicht ausweicht. Sobald man aber die Gründe der Schwierigkeiten erkennen kann, sind sie auch schon entschärft. Nach unseren Überlegungen über Gott und seine Beziehung zu uns ergibt sich eine fundamentale Verborgenheit Gottes. Er steht nicht mit uns auf einer Ebene, ist weder jetzt noch später einfach unser Gegenüber, sondern ist in seinem eigentlichen Wesen für uns unerreichbar und damit auch unerkennbar. Wir können nur anzielend von ihm sprechen. Daher kann auch das Beten kein ›Sprechen mit Gott‹ sein, wie man es oft erklären will, gleichsam eine Telefonverbindung zu ihm, sondern nur ein ›Sprechen zu Gott‹, ein Hineinrufen in das Geheimnis und damit scheinbare Schweigen Gottes. Man wird auch keine direkte Antwort Gottes vernehmen können, sondern nur das erfahren, was er in uns als betenden, sich seinem Willen öffnenden Menschen wirkt. Wer mehr erwartet, kommt in unnötige Schwierigkeiten. Er fühlt sich schnell von Gott verlassen, als ob Gott sich ihm willkürlich entziehen würde; manche seelische Not sehr frommer Menschen ist aus diesen falschen Erwartungen zu erklären. Außerdem besteht dann die große Gefahr einer Selbsttäuschung: Man hält irgendwelche Gefühle oder Stimmungen, durchaus natürlich erklärbare Erfahrungen, für direkte Eingebungen Gottes und sucht diese noch bewußt.«

»Hat es aber einen Sinn, zu jemandem zu sprechen, der

gar nicht in unserem Sinn hört?« fragte ein Teilnehmer, der sich bisher kaum zu Wort gemeldet hatte.

»Es kommt dabei gar nicht auf die Worte an, vor allem nicht auf vernehmbar gesprochene. Aber jedes ›An-jemanden-Denken‹ ist beim Menschen sprachlich geprägt. Deswegen ist mit dem Glauben bereits ein Gebet mitgegeben. Wenn ich z. B. nur denke ›Gott, ich vertraue auf dich‹, ist das bereits ein inneres Gebet. Deshalb hat einmal jemand formuliert, das Gebet sei sprechender Glaube. Das allein scheint mir allerdings zuwenig. Denn aus dem Glauben wird die Liebe kommen, aus der Annahme der Liebe Gottes kommt die Erwiderung dieser Liebe, die Hinwendung zu Gott, bei der das Ich zurücktritt. Diese Hinwendung geschieht zuerst in der Form des Dankes an den mich liebenden Gott, dann aber in Form des Lobes, der Freude über Gott und der Anbetung seiner Größe. So hat uns jedenfalls Jesus zu beten gelehrt. Die ersten Sätze des Vaterunsers richten sich ganz auf Gott selbst. In Christus wurde Gott für uns erfahrbar. Daher richtet sich unser Gebet durch ihn an Gott.

Man könnte also das Gebet Jesu als ein ›Liebend-an-Gott-Denken‹ verstehen, ähnlich wie ein Mensch an einen anderen geliebten Menschen denkt, der gerade nicht da ist. Selbst wenn er da wäre, würde es auch nicht auf die Worte ankommen. Man kann nicht dauernd sagen ›Ich liebe dich‹, sonst wird es zur Formel. Man wird sich das still denken, sich einfach seiner Nähe freuen und glücklich sein, daß er ist und daß man mit ihm verbunden ist. Genauso ist es beim Gebet. Deshalb ist das Schweigen durchaus mit dem Gebet vereinbar, kann geradezu eine Form des Gebetes sein, auch in einer Gemeinschaft als gemeinsame Gebetsstille. So wird es in unserer Gemeinde oft gehalten.«

»Aber vom Bittgebet haben Sie jetzt gar nichts gesagt. Diesbezüglich gab es doch auch viele Fragen«, erinnerte ein Teilnehmer.

»Ja, eine davon war, daß Gott ohnehin weiß, was wir brauchen. Dazu möchte ich auf eine menschliche Parallele verweisen. Auch wenn meine Eltern wissen, was ich brauche, und ich überzeugt bin, daß sie es mir gerne geben wollen, werde ich mich in der Form der Bitte an sie wenden: ›Bitte, gebt mir ein Stück Brot.‹ Diese Bitte ist dann einfach ein Zeichen des Vertrauens, bringt zum Ausdruck, daß es ein Geschenk ist, was ich erhalte, und daß ich es als solches entgegennehmen möchte. Genauso ist es mit der Bitte an Gott. Sie ist ein Ausdruck des Vertrauens auf ihn. Viel schwieriger ist die zweite Frage im Zusammenhang mit dem Bittgebet, die der Erhörung bzw. Nicht-Erhörung. Da gibt es viele ungenügende Antworten, die da oder dort auch etwas Richtiges sehen, aber die Frage nicht lösen: dann habe man schlecht oder zuwenig gebetet, dann wolle Gott mich prüfen, dann wisse Gott, daß etwas anderes für mich besser sei usw. Meiner Ansicht nach hängt diese Frage engstens mit der des Leides und damit der Grenzen in der Welt zusammen, die auch Gott nicht aufheben kann. Abgesehen davon, daß wir nicht wissen, warum die Welt überhaupt ist, warum sie so ist, wie sie ist, und ob bzw. wieweit sie auch anders sein könnte. Schlicht gesagt: Auch Gott ist nicht alles möglich, worum wir ihn bitten. Daß diese wahrscheinlich manche etwas schockierende Behauptung richtig ist, zeigt ein Blick auf Jesus, der uns ja das wahre Beten gelehrt hat. Nach dem Bericht des Neuen Testaments betete er selbst am Ölberg: ›Mein Vater, wenn es möglich ist, gehe dieser Kelch an mir vorüber‹ (Mt 26,39). Unser Bittgebet müßte ähnlich vorsichtig sein. Vor allem dürfte es nicht dazu benützt werden, unsere Verantwortung auf Gott abzuschieben, wie es oft geschieht, etwa in dem Sinn: ›Lieber Gott, mach', daß ich in Frieden lebe.‹

Aber jetzt möchte ich noch etwas zum gemeinsamen Gebet und damit zum Gebet und Gottesdienst in der Gemeinde bzw. in der Kirche sagen. Wir nehmen die vorhin genannten Schwierigkeiten in unserer Gemeinde sehr ernst: wirkliches Gebet ist eigentlich fast etwas Intimes, Ausdruck einer Liebesbeziehung zwischen mir und Gott. Gemeinsames Beten setzt also eine Vertrauensbeziehung zwischen den miteinander Betenden voraus, daß sie auch ihre gemeinsame Beziehung zu Gott miteinander teilen wollen. Oder es führt bei entsprechender Bereitschaft zu einer solchen Beziehung der Betenden untereinander, indem sie sich dabei gegenseitig einen Vorschuß an Vertrauen geben. Ein Liebender wird auch vor seinem vertrauten Freund mit dem Geliebten zärtlich umgehen. So ist also das gemeinsame Gebet möglich. Aber es wird nur wirklich echt sein, wenn es von einer Gemeinde getragen ist, in der persönliche Beziehungen bestehen, oder wenn es zur Bildung einer solchen führt.

Sonst ist gemeinsames Gebet nur das gleichzeitige Anhören der Worte eines Vorbeters. Deshalb fehlt dem Gebet in unseren Gottesdiensten meist eine wesentliche Voraussetzung, und es wird oft zur Formel. Wenn aber eine solche Gemeinde das Gebet trägt, dann wird dieses noch besser gelingen können, als wenn der einzelne allein betet. Denn dann kommt die Erfahrung mitmenschlicher Liebe als Abbild und Zeichen der Liebe Gottes dazu. Und diese ist ausschlaggebend dafür, das Leben als Geschenk und damit die Liebe Gottes zu erkennen und im Gebet zu erwidern.

Allerdings sehen wir in unserer Gemeinde noch eine Schwierigkeit, die vorhin gar nicht genannt wurde: Das Gebet darf nicht dazu dienen, die eigenen Gedanken oder Wünsche den anderen mitzuteilen. Und das ist sicher unbewußt oft der Fall. Ich denke da gar nicht nur an krasse Beispiele, wenn einer etwa laut Gott bittet, er möge bewirken, daß ein anderer, womöglich einer, der in der gleichen Runde sitzt, sich mit ihm verträgt. Sondern ich meine, daß einer durch das laute Gebet zuerst einmal die anderen auf sein durchaus gutes und berechtigtes Anliegen aufmerksam machen muß. Doch das sollte er vorher – etwa in der Form einer Gebetsaufforderung – oder bei anderer Gelegenheit tun. Eine solche Form des gemeinsamen Gebetes hat sich in der Kirche auch heute noch am Karfreitag erhalten: zu Beginn wird das Anliegen genannt, dann kommt eine Gebetsstille, zum Schluß folgt das Gebet. So kann sich auch im gemeinsamen Beten die innere Aufmerksamkeit vorrangig auf Gott richten, man muß nicht erst darauf achten, was der andere sagen will. Es ist ein Gebet, das von allen in der Gruppe mitvollzogen wird.

Eine besondere Art des gemeinsamen Gebetes ist das Gebet füreinander. Es scheint mir sehr wichtig zu sein. Dabei nehme ich nicht an, daß Gott erst auf meine Bitte hin eingreift und dem anderen etwas Gutes tut. Es scheint mir aber so zu wirken, daß es Kräfte zwischen uns mobilisiert, eine Art unterschwellige Verbundenheit, die den anderen fördert. Sie ist das Gegenteil von den beeinträchtigenden Einflüssen, die es wahrscheinlich auch gibt; man spricht in diesem Zusammenhang davon, daß einer einen bösen Blick hat, daß auf jemandem ein Fluch lastet. Vielleicht ist auch die sogenannte Besessenheit, die als Wirkung des Teufels verstanden wurde und z. T. noch wird, bei seelisch kranken und damit labilen, wenig widerstandsfähigen Menschen so zu erklären; wobei diesen diesbezüglich natürlich vom Arzt geholfen werden muß. Aber ein Gebet für den anderen, für ihn Gottes Segen zu erbitten, vertieft nicht nur die Beziehung, sondern wird durch diese für ihn wirksam.«

36. Das Leben und Wirken der Gemeinde

Am Ende des letzten Gesprächsabends hatte sich niemand getraut, auch in diesem Kreis ein gemeinsames Gebet vorzuschlagen. Wohl nicht nur deshalb, weil man untereinander noch wenig Beziehungen hatte, vom Glauben des anderen wenig wußte. Sondern auch deshalb, weil man nicht so leicht von einem Gespräch über das Gebet in ein Gebet gelangen kann, ohne daß dieses durch ein weiteres Überlegen und Selbstbeobachten gestört wird. Es besteht die Gefahr einer probeweisen Übung, bei der man innerlich nicht bei Gott ist, sondern bestenfalls über ihn nachdenkt. Aus diesem zweiten Grund hatte auch der Leiter kein gemeinsames Gebet vorgeschlagen.

Dafür lud er am Beginn dieses Gesprächskreises zu einer gemeinsamen Gebetsstille ein. Alle versuchten, zunächst innerlich ruhig zu werden und dann sich Gott zuzuwenden. Auch Eva. Es gelang ihr auch wirklich, vom Kreisen um sich selbst loszukommen und sich auf Gott hin auszurichten. Das stellte sie mit innerer Dankbarkeit im nachhinein fest. Daher hatte sie die Stille auch nicht als leer erlebt, sondern als erfüllt. Und die Zeit war ihr nicht lang geworden.

Als die meisten wieder aufblickten, beendete der Leiter die Gebetsstille, indem er auf das vorgesehene Thema einging: »Das Leben und Wirken der Gemeinde«. Eigentlich müßte man auch das Thema des letzten Abends hier dazurechnen, meinte er, weil eben das Gebet und der gemeinsame Gottesdienst wesentlich zum Leben der Gemeinde dazugehören, gleichsam als eine Komponente. Die Basis für alles sei der gemeinsame Glaube, um den es bisher im Glaubensgesprächskreis vor allem gegangen sei. Natürlich sei aufgrund des Zusammenhanges von Gottes- und Nächstenliebe jedes Leben aus dem Glauben Gottesdienst im weiteren Sinn, auch die mitmenschliche Liebe und das von ihr getragene Wirken in der Welt. Dennoch seien es zwei verschiedene

Beziehungen, weshalb sie Jesus auch in zwei Geboten formuliert habe. So gehe es diesmal um alles Leben und Wirken der Gemeinde, das nicht Gebet und Gottesdienst im engeren Sinn betreffe.

Der Leiter wollte diesmal lieber jede Frage sofort beantworten. Die erste lautete: »Wie ist es überhaupt zur Bildung der Gemeinde gekommen?«

»Unsere Gemeinde entstand aus einem Versuch dreier Priester, die Seelsorge in einer Großstadtpfarre zu erneuern. Sie setzten dabei zwei Schwerpunkte: Sie wollten erstens den Glauben dem erwachsenen Menschen von heute nahebringen und ihn befähigen, als mündiger Christ die Verantwortung für das Wirken der Kirche, vor allem auch in der gläubigen Erziehung der Kinder und Jugendlichen, zu übernehmen. Und sie wollten zweitens überschaubare Gruppen bilden, in denen persönliche Liebe, die nicht als Mittel zum Zweck gesehen werden darf, gelebt werden kann. Das Motto war dabei der schon genannte Satz: ›Daran werden alle erkennen, daß ihr meine Jünger seid: wenn ihr einander liebt‹ (Joh 13,35). Diese Gruppen sollten sich dabei nicht nur am Rande der Pfarre bilden, gleichsam versteckt in Wohnungen, sondern zu Trägern des Gottesdienstes und der Seelsorge werden, damit zum Beispiel die Sakramente das auch erfahrbar machen, was sie anzeigen.«

»Und wie ist es ihnen dabei ergangen?«

»Zunächst war das Interesse sehr groß. Die neue, verständliche und sehr persönliche Art der Gottesdienstgestaltung und viele Möglichkeiten zu Kontakten zogen viele an. Doch bald zeigte sich, daß die meisten das ganze Vorhaben doch nur als eine moderne Form seelsorglicher Betreuung verstanden, ohne sich wirklich untereinander und mit den Priestern auf eine Partnerschaft einzulassen. Einer der drei Priester verließ daher die Pfarre und schloß sich einer Gemeinde in Deutschland an, die sich aus einer Studentengruppe gebildet hat und in der alle mit ganzem Einsatz die Gemeinde tragen. In der Pfarre wurde daraufhin ernsthaft der Versuch zur Bildung einer verbindlichen Gemeinde gemacht. ›Verbindlich‹ heißt hier soviel wie ›verantwortlich und persönlich verbunden‹. Doch genau dieser Anspruch, der einfach Voraussetzung wirklicher Gemeinde ist, schreckte viele ab. Nur 35 Personen bildeten eine solche Gruppe. Das brachte die Krise auf den Höhepunkt; es erhob sich die Frage, ob die Bildung solcher Gemeinden überhaupt das Ziel der Pfarrseelsorge bleiben soll. Nach schwierigen Auseinandersetzungen entschied sich der Pfarrgemeinderat doch dafür: Aus persönlichen Gründen verließ anschließend ein zweiter von den anfänglich drei Priestern die Pfarre. Doch die Gemeinde wuchs rasch und mußte sich nach einiger Zeit sogar teilen, weil sie zu groß geworden war. Dabei gab es natürlich auch viele Probleme und Konflikte, die ich hier gar nicht alle berichten kann: Es ging und geht immer wieder um die Frage, welche Voraussetzungen für die Zugehörigkeit zur Gemeinde gelten, ob z. B. jemand, der das Christentum rein humanistisch, ohne Gottesbeziehung versteht, auch zu ihr gehören kann.«

»Kann er das?« fragte jemand dazwischen.

»Wir sagen nein. Er kann zwar gerne als Gast kommen und an den meisten Veranstaltungen teilnehmen, aber er kann nicht in gleicher Weise dazugehören, mitbestimmen und z. B. in der Seelsorge mitwirken. Zur Klärung dieser vielen Fragen, auch als Hilfe für neu Dazukommende – damit sie wissen, worauf sie sich eventuell einlassen – haben wir eine ›Zusammenstellung der Geisteshaltungen in der Gemeinde‹ verfaßt, die Sie gerne haben können. Sie dürfen sich nur nicht vorstellen, daß wir das alles auch tatsächlich fertigbringen, was wir uns da vorgenommen haben. Auch bei uns ist nicht alles Gold, was glänzt. Sowohl in der Gemeinde als auch in den einzelnen Runden gibt es immer wieder große Schwierigkeiten, persönliche und sachliche Gegensätze. So möchte ich auch Sie vor einer Idealisierung der Gemeinde aufgrund erster positiver Erfahrungen warnen. Wir nennen dieses Stadium die ›Verliebtheit‹. Bevor jemand ganz zur Gemeinde gehört, braucht er eine Zeit des Hineinwachsens, die man mit der Verlobungszeit vergleichen kann. Dann erst ist – oft mit einer Krise verbunden – die Entscheidung möglich, die zur reifen Liebe – wie in der Ehe – gehört. Oft gibt es vor der endgültigen Entscheidung zur Ehe noch so etwas wie eine Zwischenkrise, wenn man die Tragweite dessen erkennt, worauf man sich einlassen soll, und merkt, daß man weder in die Ehe hineinschlittern noch die Entscheidung darüber auf den Partner abschieben darf. Ein Verlobter kann den anderen nicht fragen, ob er heiraten soll, sondern muß sich selbst zum Entschluß durchringen. Diese Vor-Entscheidung bedeutet einen Wendepunkt in der Verlobungszeit und teilt sie gleichsam in zwei Hälften. Genauso ist es nach unserer Erfahrung beim Hineinwachsen in die Gemeinde. Da gibt es eine erste Phase, in der man allmählich die Tragweite der Entscheidung erkennt, auch manche Enttäuschungen erlebt. Das löst eine erste Krise aus, ob man überhaupt weiterhin auf eine Entscheidung zum Mitleben in einer Gemeinde hinarbeiten soll. Falls man dazu ja sagt, beginnt damit die zweite Phase des Hineinwachsens, in der man zu einer endgültigen Entscheidung gelangt. Diese geschieht durch eine persönliche Tauferneuerung, wenn man schon als Kind getauft wurde, sonst durch den Empfang der Taufe.«

»Hat nicht die Firmung die Bedeutung dieser Tauferneuerung beim Erwachsenen?« fragte jene Teilnehmerin, die sich in der Theologie gut auskannte.

»Die Firmung bedeutet noch einen weiteren Schritt. Auch wenn man sich ganz zum Mitleben in einer Gemeinde und zum Mittragen ihrer Lasten entschlossen hat, braucht es noch weiterer Erfahrung und Vertiefung, bevor man wichtige Aufgaben übernehmen oder ausgesandt werden kann, um neue Gemeinden zu gründen. Die Befähigung dazu, die nötige Stärkung des Geistes geschieht in der Firmung bzw. bei jenen, die als Kinder gefirmt wurden, in einer Firmerneuerung. Das läßt sich wieder gut vergleichen mit der Ehe: Neuverheiratete sollen eine Zeit haben, einander noch besser zu finden, bevor sie das Leben an Kinder weitergeben, ihre Liebe nach außen fruchtbar wird. Wenn es Ihnen recht ist, möchte ich Ihnen diesen Vergleich zwischen der Entwicklung in der ehelichen Liebe und dem Weg zum Glauben in einer Gemeinde in der Kirche heute schematisch darstellen.«

Als alle zustimmend aufblickten, befestigte er ein Packpapier an der Wand und fügte hinzu: »Zwischen diesen beiden Vergleichslinien möchte ich noch gerne zwei weitere einfügen: die Darstellung der Entwicklung im Glauben der Jünger Jesu, wie sie in den Berichten des Neuen Testaments festgehalten ist, und die Schritte auf dem Weg zum Glauben in einer Gemeinde in der frühen Kirche, der uns in den Zeugnissen der Urkirche überliefert ist.«

Dann begann er zu zeichnen und erklärte dabei die einzelnen Schritte und Phasen.

Entwicklung in der ehelichen Liebe:

	verliebt		verlobt		Vorentscheidung Anerkennung der Notwendigkeit einer Entscheidung		verheiratet		Weitergabe des Lebens	
Sehnsucht		erste Begeisterung		Verlobungszeit				Ehe		Familie

Entwicklung im Glauben der Jünger Jesu:

	treffen auf Jesus		schließen sich Jesus an		Zwischenkrise (vgl. Joh 6,60ff)		Ostern		Pfingsten	
erwarten den Messias		hören Jesus		gehen mit Jesus		bleiben bei Jesus		glauben an Jesus		verkünden Jesus

Weg zum Glauben in einer Gemeinde in der frühen Kirche:

	erste Begegnung mit Gläubigen		Aufnahme als Katechumene		‚Einschreibung' als Taufbewerber		Taufe		Firmung	
Wahrheitssuche		Evangelisation		1. Phase des Katechumenats		2. Phase des Katechumenats		Vertiefung		Aussendung

Weg zum Glauben in einer Gemeinde in der Kirche heute:

	Begegnung mit einer Gemeinde		Beginn des Mitlebens mit einer Gemeinde		erste Entscheidung		Tauferneuerung in einer Gemeinde		Firmerneuerung in einer Gemeinde	
Volkskirche Glaube als Tradition		erste Begeisterung		Klärung der Tragweite der Entscheidung		Klärung der Zugehörigkeit zur Gemeinde		Mittragen der Gemeinde		Übernahme von wichtigen Aufgaben
				Hineinwachsen						

Gerade bei der letzten Vergleichslinie überlegte Eva im stillen, wo sie jetzt stand. Mit der Teilnahme am Glaubensgesprächskreis hatte wohl ihr Mitleben mit einer Gemeinde, die erste Phase ihres Katechumenats begonnen. Nun wußte sie einigermaßen, worum es ging, und mußte auch eine erste Entscheidung treffen, ob sie ernsthaft eine volle Mitgliedschaft anstrebte. Sie war jedenfalls froh, daß sie auf Grund dieser Darstellung ihre Situation besser einschätzen konnte. Der Gesprächskreisleiter hatte auch mehrmals betont, daß es falsch sei, in einer ersten Begeisterung für die Gemeinde gleich eine endgültige Entscheidung zu treffen – ebenso wie Verliebte nicht gleich heiraten sollen. Auch das beruhigte sie sehr. Sie hatte nun fast keine Angst mehr, einen übereilten Schritt zu machen.

Weil sie so über sich nachdachte, hatte sie nicht sehr genau zugehört. Aber sie konnte sich ja die Tabelle abschreiben und von Maria erklären lassen. Sie hörte gerade noch, wie der Leiter sagte: »Eine große Hilfe für die notwendige Entscheidung des einzelnen sind nach unserer Erfahrung mehrtägige Exerzitien, in denen man den Glauben erneuert und vertieft, auf dem die Zugehörigkeit zur Gemeinde beruhen muß. Diejenigen, welche die Gemeinde bilden, haben sich endgültig auf den Glauben in einer konkreten Gemeinschaft eingelassen, tragen sie mit. Natürlich bleiben wir alle auch dann noch hinter diesem Ziel zurück, aber wir lassen uns vom anderen darauf ansprechen. So können auch viele im Glaubensleben reifen, so daß sie wichtige Ämter in der Gemeinde übernehmen oder ausgesendet werden können, neue Gemeinden zu bilden. Das letzte ist auch für uns noch Zukunftsmusik.«

»Und worin besteht das Gemeindeleben nun im einzelnen?« fragte einer.

»Abgesehen von den Runden, aus denen sich die Gemeinde zusammensetzt und ohne die sie nicht leben könnte, tritt die Gemeinde als ganze vor allem beim monatlichen Gemeindeabend und bei mehreren ganztägigen Treffen im Lauf des Jahres in Erscheinung. Beim Gemeindeabend werden Glaubensfragen besprochen, erfolgt die geistige Vorbereitung der gemeinsamen Feste, geht es um die Gestaltung des Gottesdienstes in der Pfarre. Auch innergemeindliche Probleme, wie das der Leitung, werden behandelt. Dann aber auch alles, was das Wirken der Gemeinde betrifft: in der Pfarre und darüber hinaus, z. B. in der dritten Welt. Das Herbsttreffen im Oktober ist ganztägig. Es ist der erste Schwerpunkt eines jeden Arbeitsjahres. Dabei befassen wir uns mit verschiedenen Lebens- und Glaubensfragen. Einmal ging es um unsere Gottesvorstellungen und Gott, ein anderes Mal um die Feier des Abendmahles im Geiste Jesu, dann wieder um die Dreifaltigkeit. Wir beschäftigten uns auch mit wichtigen moralischen Problemen, von der Sexualität bis zur Errichtung von Atomkraftwerken, sowie mit den Schwierigkeiten der Pubertät. In letzter Zeit befassen wir uns sehr mit biblischen Themen. Durch die Begegnung mit einer Gemeinde in Tomerdingen bei Ulm, die sich intensiv mit den Erfahrungen auseinandersetzt, die in der Bibel festgehalten sind, und ihr Leben danach ausrichtet, haben wir zu einem wesentlich besseren Verständnis der Schrift gefunden. So entdeckten wir den Bund Gottes mit den Menschen in der Geschichte des Volkes Israel, in der Geschichte Jesu und seiner Gemeinde und in unserer eigenen Geschichte. Außerdem findet in der Advent- und Fastenzeit jeweils ein Besinnungstag statt. Den Höhepunkt des Gemeindejahres aber bildet das dreitägige Pfingsttreffen.«

»Was geschieht da?« wollte eine Teilnehmerin wissen.

»Alles, was in einem gläubigen Miteinander möglich ist: Besinnung, auch als Buße, Gebet, Gottesdienst; Gespräch, Vortrag, Diskussion; Tanz, Spiel, Basteln; Musizieren, Theaterspielen, Dichterlesung; und natürlich auch das gemeinsame festliche Essen, das sich einmal unmittelbar an die Feier des Abendmahles anschließt.«

»Und was passiert in den Runden, und wie kommt man in eine solche?« fragte Eva.

»Unser Idealbild der Runde ist von der geschwisterlichen Beziehung bestimmt: gute Geschwister, die miteinander Kontakt halten, sich auch regelmäßig alle treffen – die Runden derzeit durchschnittlich vierzehntägig – und miteinander ihre größeren Sorgen und Freuden teilen; die auch zusammen vieles unternehmen, sich gegenseitig helfen. Gemeinsam verbrachte Wochenenden oder Urlaube helfen einer Runde, in diese Haltung hineinzuwachsen. Eine Runde denkt sogar an eine Wohngemeinschaft. Das Treffen der Runde beginnt meist mit einem gemeinsamen Gebet, beschäftigt sich dann mit persönlichen Fragen einzelner Rundenmitglieder oder ihrer Kinder sowie mit Aktivitäten für diese und widmet sich schließlich auch den Gesamtfragen der Gemeinde, die von allen gründlich durchgedacht werden müssen, damit es zu einer verantwortbaren, von allen auch mitgetragenen Entscheidung kommt. Deshalb sind ja von jeder Runde je ein bis zwei Vertreter im Leitungsteam, wo entschieden wird, was in der Gemeinde geschehen soll, und im Theologischen Arbeitskreis, wo die geistigen Grundlagen der Gemeinde erarbeitet werden.«

»Und wie kommt man in eine Runde?« erinnerte Eva an den zweiten Teil ihrer Frage.

»Das hätte ich jetzt beinahe vergessen: Meistens dadurch, daß man einmal zuerst als Gast eingeladen wird oder um eine solche Einladung bittet. Manche Runden haben jedes zweite Treffen als ›erweiterte Runde‹, bei der alle dabei sind, für welche sie gleichsam die Patenschaft übernommen haben. Oft kommt man dann ganz zu der betreffenden Runde. Wenn eine Runde auf diese Weise zu groß wurde, muß sie sich teilen, was immer ein etwas schmerzlicher Vorgang ist. Und doch besteht in dieser Teilungsbereitschaft der Runde – übrigens auch der Gemeinde – das Kriterium ihrer Offenheit. Auf diese Weise kann sie am besten wachsen. Denn auch das Leben entsteht nicht immer wieder neu, sondern vermehrt sich durch Zellteilung.«

»Und wie steht die Gemeinde in der Kirche?« fragte ein Teilnehmer, der offensichtlich von manchen Schwierigkeiten gehört hatte.

»Wie alles Neue wird auch die Bildung von mündigen Gemeinden in der Kirche von den Amtsträgern mit gewisser Sorge verfolgt. Man befürchtet, daß ein solcher Zusammenschluß an der Basis zu Spannungen mit der Autorität führen kann. Das ist gerade nicht gemeint. Es geht nicht darum, der Kirche das Haupt wegzunehmen, sondern ihr das Herz, die Mitte, zurückzugeben: daß sie von der Liebe geprägt ist, als Gemeinschaft – nicht nur als Organisation – lebt und wirkt. Die Leitung kann ihre dienende Funktion nur ausüben, wenn sie an der Basis teilhat. So bemühen wir uns sehr um eine gute Vertrauensbeziehung zum Bischof und zu seinen Mitarbeitern. Und wir dürfen mit Dank nicht nur die genannte Sorge, sondern auch ein Wohlwollen für unser

Bemühen feststellen; aber auch Geduld mit den Fehlern, die bei einem neuen Versuch kaum zu vermeiden sind. Doch Kirche sind für uns eben nicht nur die Amtsträger, sondern vor allem die anderen Gemeinden. So nehmen wir alle zwei Jahre am Gemeindeforum, dem Treffen der Gemeinden im deutschsprachigen Raum, teil, das von der Gemeinde in Eschborn bei Frankfurt ins Leben gerufen wurde. Und wir veranstalten regionale Gemeindetreffen mit befreundeten Gemeinden in unserer Nähe. Leider gelingt dies nur mit solchen Gemeinden, die ein ähnliches Glaubensverständnis und Kirchenbild haben.«

»Und wie steht die Gemeinde in der Pfarre? Das fällt ja hier nicht zusammen. Gibt das nicht Schwierigkeiten?« fragte ein Teilnehmer, der nicht im Pfarrgebiet wohnte.

»Die Gemeinde versteht sich als Träger und Leitbild der Pfarrseelsorge. Sie will nicht am Rande der Pfarre stehen, diese gleichsam von außen betreuen, als ihr Betätigungsfeld betrachten, sondern in ihrer Mitte wirken. Das gibt natürlich Ärgernis, weil es als Anspruch erlebt wird. Aber das läßt sich nicht vermeiden, wenn man ernsthaft versucht, Christentum nicht nur als Anständigkeit, sondern als Liebesbund mit Gott und untereinander im Sinn der Bergpredigt zu verstehen und alle Christen – nicht nur besondere Gruppen, den Klerus und die Ordensleute – in diese Gemeinschaft einzubeziehen. Selbstverständlich werden alle Dienste geleistet wie in jeder anderen Pfarre, aber immer steht dabei die Zielvorstellung einer wirklichen Gemeinde vor Augen. Die Teilnehmer am Gottesdienst, die Empfänger der Sakramente kommen mit der Gemeinde in Berührung. Obwohl die Gemeinde sich also nicht absondert, wird sie durch diese Konfrontation doch als Herausforderung erlebt und erhält oft den Vorwurf, elitär zu sein. In Wirklichkeit ist die Versuchung dazu bei ihr viel geringer als bei einer Gruppe, die außerhalb der üblichen kirchlichen Strukturen Gemeinde bilden will. Wir gehen davon aus, daß dort, wo normalerweise Gottesdienste gefeiert und Sakramente gespendet werden, auch eine Gemeinde als Träger erfahrbar sein muß, damit die Zeichen echt und glaubwürdig sind.«

»Und was tut die Gemeinde für die Gesellschaft, für die Welt? Sie darf doch nicht nur für sich oder für die Kirche dasein?«

»Sie haben völlig recht. Bei uns gibt es deshalb schon länger einen Dritte-Welt-Kreis, der die ganze Gemeinde jährlich mit mehreren Anliegen aus diesem Bereich konfrontiert: mit Bildung, Gesundheit, Arbeitslosigkeit, Armut, Unrecht und nicht zuletzt mit den Aufgaben der Kirche in den Entwicklungsländern. Dafür werden größere Beträge aufgebracht – wir wollen schon deshalb auch ›einfacher leben‹ – und Briefkontakte mit Gemeinden in diesen Ländern gepflogen. Außerdem hat sich vor kurzem ein Kreis gebildet, der den verfolgten Christen im Osten und im Westen, z. B. in Südamerika, zu Hilfe kommen will. Und schließlich suchen wir auch Kontakt mit den gesellschaftlichen Kräften im eigenen Land, z. B. mit den politischen Parteien. Der entscheidende Beitrag einer Gemeinde in diesem Bereich sollte wohl darin bestehen, daß wir selbst eine ›Kontrastgesellschaft‹ bilden, ein neues Modell menschlichen Zusammenlebens darstellen, nicht nur in ökonomischen Belangen, sondern in der Art, wie wir einander begegnen bzw. unsere Konflikte lösen, daß wir also eine ›neue Familie‹ werden. So müßten wir z. B. zeigen können, wie ein Universitätsprofessor und ein Arbeiter brüderlich miteinander umgehen. Aber auch Anliegen neuer, sogenannter Alternativbewegungen greifen wir auf. Wir befaßten uns etwa längere Zeit mit dem gewaltlosen Widerstand und kamen dabei zu dem Ergebnis, daß dieser eine intensive Vorbereitung erfordert, vor allem durch eine entsprechende Bewußtseinsbildung. Dafür müßten eigentlich viel größere Anstrengungen unternommen werden als für eine militärische Verteidigung. Mit diesem Anliegen traten wir auch an die Öffentlichkeit und an die zuständigen Politiker heran.«

Die Teilnehmer am Glaubensgespräch hätten gerne noch manche Fragen gestellt. Aber auch an diesem letzten Abend reichte die Zeit dafür nicht. Sie hofften jedoch, durch das weitere Mitleben noch mehr über die Gemeinde zu erfahren. In diesen Gesprächen waren sie selbst auch einander nähergekommen. Das war eine gute Voraussetzung für ihr Hineinwachsen in die Gemeinde.

V. Eine erste Entscheidung

37. Gründonnerstag

Mit dem letzten Glaubensgespräch war auch schon die Karwoche herangekommen und damit die Zeit der Gedächtnisfeier des Leidens, des Todes und der Auferweckung Jesu Christi. Die Teilnehmer am Gottesdienst hatten in der Fastenzeit zur Vorbereitung auf diese Tage eine Predigtserie gehört, die von den einzelnen Bitten des Vaterunsers ausgegangen war. Eva hatte diese Predigten miterlebt, die zum Teil von Laien gehalten worden waren. Diese hatten damit Zeugnis von ihrem Glauben gegeben und dafür, daß die Verkündigung des Evangeliums nicht Sache eines bestimmten Amtes in der Kirche ist, sondern jedes Christen. Auch der Gemeindeabend in der Fastenzeit wurde auf Ostern ausgerichtet. Es wurden verschiedene Verbesserungen in der Gestaltung der Gottesdienste besprochen bzw. Vorschläge dazu erbeten. Die verschiedenen Dienste bei den einzelnen Feiern wurden an jene verteilt, die sich dafür meldeten. Wie Eva beobachten konnte, waren es immer genügend Personen, die bereit waren, Texte vorzulesen, die Kommunion auszuteilen, für ein anschließendes Beisammensein einen Brotaufstrich herzustellen, die Brote auch zu streichen, die Becher nachher zu waschen usw. Andere Aufgaben wie Kirchenschmuck waren offensichtlich schon vorher im zuständigen Arbeitskreis vergeben worden. Dafür wurden nur noch Helfer gesucht, ebenso für den nötigen Kirchenputz. Dazu meldete sich auch Eva, weil sie nicht nur Dienste in Anspruch nehmen, sondern auch zum Gottesdienst beitragen wollte, so gut sie konnte.

Genau damit verursachte sie jedoch einen Ehekonflikt. Adam konnte nicht verstehen, daß seine Frau helfen wollte, eine Kirche zu putzen. Es erschien ihm schon viel, daß er sie an kirchlichen Veranstaltungen, wie er es nannte, teilnehmen ließ. Aber jetzt noch putzen! Das sollte sie lieber zu Hause.

Eva verteidigte sich: »Du kannst doch nicht behaupten, daß unsere Wohnung nicht geputzt sei. Du überläßt es mir zwar meist allein, obwohl ich genauso berufstätig bin wie du.«

Doch er antwortete: »Für die Kirche soll sich der Pfarrer selbst Leute suchen.«

»Und woher soll er die nehmen?«

»Das ist sein Problem. Schließlich kann er ja auch welche anstellen. Wir zahlen ja genug Kirchenbeitrag.«

Doch Eva gab sich nicht geschlagen: »Soviel habe ich schon mitbekommen: Wenn für alle Dienste in einer Gemeinde Leute angestellt und bezahlt werden müßten, dann müßte der Kirchenbeitrag mindestens zehnmal so hoch sein. Abgesehen davon, daß man Liebe nicht um Geld kaufen kann. Kirche ist eben genauso wie eine Familie nicht ein Betrieb, sondern lebt davon, daß man einander liebt und deshalb auch etwas füreinander tut. Und dann müßte man sich als Christ ja auch noch fragen, ob man dieses Geld nicht eher für die Behebung der Not in der Welt verwenden soll, als zur Anstellung von Leuten für die Kirchenreinigung. Schließlich ist die Kirche unser gemeinsamer Treffpunkt.«

»Ich will heute mit dir nicht streiten. Du tust dann ohnehin, was du willst. Aber einverstanden bin ich nicht«, antwortete Adam.

Etwas bedrückt half Eva zum vereinbarten Termin beim Putzen der Kirche mit. Auch Maria war dabei. Mit ihr konnte sie wenigstens über ihre Sorgen reden. Diese riet ihr, das Thema nochmals bei einer guten Gelegenheit aufzugreifen und weiter zu besprechen. Dabei sollte sie nach Marias Ansicht durchaus Adams Anliegen zu verstehen versuchen und ihm möglichst weit entgegenkommen; andererseits aber dürfe die Ehe nicht zu einem »goldenen Käfig« werden, in dem sich zwei Menschen gegenseitig gefangenhalten. Bei aller Bindung müsse jeder Partner einen Freiheitsraum behalten, um sich weiter persönlich – auch in seiner Beziehung zu Gott und zu anderen Menschen – entfalten zu können. Wenn dieser nicht mehr gegeben sei, dann sei auch die Ehe nicht mehr in Ordnung. »Eigentlich hat sie recht«, dachte sich Eva, »aber in der Praxis ist das nicht so einfach.

Was soll ich wirklich tun, wenn Adam das nicht einsieht und mich vor die Alternative stellt, ob er oder Gott und die Kirche für mich wichtiger sind?«

Am Palmsonntag war das letzte Thema der Predigtserie an der Reihe: »Und führe uns nicht in Versuchung, sondern erlöse uns von dem Bösen.« Der Prediger ging dabei von Situationen aus, in denen das Gutsein, das Leben nach dem Gewissen, das Leben kosten kann: z. B. durch Widerstand in einem totalitären Regime, durch Einsatz für Menschen unter Lebensgefahr u. ä. »Aber fast auf dasselbe läuft es hinaus«, führte er aus, »wenn ein Mensch seine berufliche Karriere oder eine Beziehung aufgeben muß, weil er sonst Böses tun oder sich daran beteiligen müßte; wobei dieses Böse auch darin bestehen könnte, wichtiges Gutes zu unterlassen. Dann steht der Mensch in der Versuchung, von der im Vaterunser die Rede ist. In diese Versuchung führt Gott nicht absichtlich hinein, sie gehört einfach notwendig zu einem Leben in Freiheit. Die Bitte im Vaterunser bedeutet daher, daß es uns mit Gottes Hilfe gelingen möge, eine gute Welt zu gestalten, in welcher der einzelne sich nicht gegen seine Umwelt stellen muß. Und natürlich bitten wir Gott auch um die Kraft, einer solchen Versuchung, wenn sie sich nicht vermeiden läßt, nicht zu erliegen. Jesus hat sie im Glauben bestanden. Wenn wir diese Tage mit ihm feiern wollen, so ist das nicht nur eine Erinnerung an vergangene Ereignisse, sondern bedeutet, seinen Weg mitzugehen, ihm nachzufolgen im Einsatz für das Reich Gottes in der Welt, wenn nötig bis zur Hingabe des Lebens: ›Wer mein Jünger sein will, der verleugne sich selbst, nehme sein Kreuz auf sich und folge mir nach‹ (Mk 8,34). Und das ohne Haß gegen die Menschen, die das Böse tun, sondern für sie um Vergebung betend wie Jesus.

Die Ostertage führen uns also jedes Jahr in eine Entscheidung. Wer da nur Zuschauer bleiben will, ist kein Christ. Er läßt sich nicht auf den Glauben Jesu Christi ein. Ein Christ ist, wer mit Jesus konsequent im Sinne Gottes lebt, wer also mit ihm zieht, auch wenn die Massen passiv zuschauen oder sich aufhetzen lassen, auch wenn man von Freunden verlassen, verleugnet oder verraten wird und am Ende des Weges Henker warten. In dieser Bereitschaft wollen wir gleichsam mit Jesus in Jerusalem einziehen, um mit ihm leiden und sterben zu lernen, damit wir wie er das Leben finden.«

Eva war von diesen Sätzen sehr betroffen. Sie spürte, da ging es um ihre Situation, um ihr Leben. So faßte sie den festen Entschluß, diese Tage auch mitzufeiern. In aller Liebe versuchte sie, es Adam nahezubringen. Der spürte zwar, wie sehr es ihr ein Anliegen war, konnte aber innerlich nicht zustimmen. Er sagte schließlich: »Wenn du es nicht lassen kannst, so geh' von mir aus hin. Nur darfst du dich nicht wundern, wenn ich dann woanders hinfahre. Wir sind ja bisher zu Ostern auch immer weggefahren, um die freien Tage zu genießen.«

»Aber diese freien Tage gibt es doch wegen des Festes, das ich mitfeiern will. Gerne möchte ich am Ostersonntag mit dir fortfahren.«

»Ich werde es mir noch überlegen«, sagte Adam.

Mit der Last dieser leichten Drohung ging Eva am Gründonnerstag zur Feier des Abendmahles. Als sie die Kirche betrat, vergaß sie jedoch ihre Sorgen. Sie war tief beeindruckt von den Vorbereitungen. In der Mitte und an den Seiten des Raumes standen Tische, mit Blumen geschmückt. Darauf waren Tabletts mit Brötchen und Getränken für das anschließende Beisammensein bereitgestellt. Schon dieser äußere Rahmen wies darauf hin, daß die Messe selbst als eine Mahlfeier eingesetzt worden war.

Das Evangelium wurde im Gottesdienst nicht vorgelesen, sondern auswendig vorgetragen, um seine Bedeutung hervorzuheben. Es war der Bericht von der Fußwaschung. Der Prediger knüpfte daran an und sagte: »Jesus wußte, was ihm bevorstand. Und er wußte auch um die Krise, die sein Tod für den Glauben seiner Jünger bewirken mußte. Und was tat er? Er gab ihnen Zeichen seiner Liebe. Zunächst die Fußwaschung, die den Geist dieser Liebe ausdrückt, die Gesinnung des Dienens, die den anderen wichtig nimmt und sein Heil will. Jesus hat ›herrschaftsfreie Kommunikation‹ vorgelebt, würde man heute sagen. Diese kommt nicht mit Gewalt zustande, sondern nur dadurch, daß einige damit beginnen, ›einander die Füße zu waschen‹, wie es im Evangelium heißt, und dann durch ihr Beispiel die anderen überzeugen. Nur so können eine Reform der gesellschaftlichen Strukturen und die Gesinnungsreform Hand in Hand gehen und damit erst wirklich eine menschliche Welt herbeiführen.

Und Jesus hat im folgenden Mahl diese Liebe nochmals

in einer Weise zum Ausdruck gebracht, die seine Entscheidung für sie bis zu den letzten Konsequenzen und die Wirksamkeit dieser Liebe sichtbar macht: Daß das Mahl die Teilnehmer vereint, das gemeinsame Essen und Trinken diese sowohl mit dem Gastgeber als auch untereinander verbindet, das soll in diesem zeichenhaften Mahl gerade der Sinn der Feier überhaupt sein: Einheit zu stiften zwischen Jesus und uns sowie unter uns. Und die lebenserhaltende Kraft von Speise und Trank wird zum Zeichen dafür, daß durch die Liebe Jesu, der sein Leben für uns einsetzt, und die Gemeinschaft mit ihm Gottes Liebe an uns wirksam wird und uns das wahre Leben, das Leben in Fülle schenkt.

Durch diese Zeichen wollte Jesus den Glauben seiner Jünger stärken. Denn die wirksamste Hilfe für den Glauben ist eine vom Glauben getragene, menschlich erfahrbare Liebe, durch die der Mensch sein Leben als Geschenk Gottes erfahren kann. Auch wir können einander und den Menschen um uns herum den Glauben nicht besser stärken bzw. verkünden als durch die gegenseitige Liebe in der Gemeinde und darüber hinaus. Jesus hat nicht nur selbst gebetet und seine Jünger zu beten gelehrt, sondern in ihm ist diese Liebe Gottes, die der Anrede ›Vater‹ zugrunde liegt, auch erfahrbar geworden, damit wir beten können wie er.

Dieses Mahl ist eine Einladung, in dieser Liebe auch zu leben. Wer es mitfeiert, will sie annehmen; will so mit Jesus und mit seinen Schwestern und Brüdern verbunden sein wie er mit uns. Und will mit ihm Gott danken für seine Liebe, die durch das Leben Jesu und die von ihm gegebenen Zeichen wirksam wird.«

Im Sinne dieser Gedanken lud die Gemeindeleiterin gegen Ende des Gottesdienstes alle Teilnehmer ein, auch weiter beisammenzubleiben. Durch die innere Bereitschaft der meisten, sich auf die Gesinnung Jesu einzulassen, kam es zu vielen herzlichen Begegnungen und Gesprächen. So wurde auch für viele, die nicht zur Gemeinde gehörten, erfahrbar, was Kirche sein könnte. Und Eva war begeistert. Sie fühlte sich schon fast zugehörig und wollte von ihrem Herzen her auch ganz dabeisein.

Doch da fiel ihr wieder Adam ein. Sollte sie ihre Ehe deshalb aufs Spiel setzen? Genügte es nicht, einfach die Kirche am Sonntag zu besuchen, ohne einer Gemeinde anzugehören? Das hätte ihr Adam ja wohl noch zugestanden. Doch wie konnte sie dann den Glauben im Sinne Jesu verwirklichen? Sie würde ja dann die Konsequenzen daraus nicht ziehen, nicht danach leben. Und das wollte sie auch nicht.

Alle diese Gedanken gingen ihr durch den Kopf, als sie anschließend an die Feier mit den anderen von der Gemeinde und einigen weiteren Pfarrangehörigen, die der entsprechenden Einladung gefolgt waren, noch zu einer sogenannten »Ölbergstunde« in einen nahegelegenen Wald ging, in dem auch eine kleine Kirche stand. Sie zogen in aller Stille hin. Dort wurden die Berichte von der Angst Jesu auf dem Ölberg, von seiner Gefangennahme und von der Verleugnung durch Petrus vorgelesen, immer mit einer langen Stille für die persönliche Besinnung und das Gebet. Und Eva ahnte, daß eine erste Entscheidung auf sie zukam, für die sie beides brauchte.

38. Karfreitag

Als Eva spät abends heimkam, schlief Adam schon. Sie wollte ihn nicht aufwecken und legte sich möglichst leise nieder.

Am nächsten Morgen beim Frühstück eröffnete er ihr, daß er auf alle Fälle gleich nach Arbeitsschluß fortfahren wolle, zu Bekannten aufs Land. Ob sie gleich mitfahren oder erst am Sonntag nachkommen wolle, fragte er. Eva überlegte eine kurze Zeit lang, dann sagte sie sehr bestimmt: »Ich komme nach.«

»Ob das mit einer Ehe vereinbar ist?« meinte er. Darauf sie: »Du fragst mich ja auch nicht, ob du mit deinem Kegelverein ein Wochenende verbringen kannst, sondern teilst es mir einfach mit. Und so viel wie dir dein Kegelverein darf mir die Gemeinde doch wert sein, oder nicht?« Darauf konnte Adam nicht viel sagen. So verabschiedeten sie sich, nicht gerade herzlich. Obwohl Eva sich sehr bemühte, zu betonen, daß es ihr nicht einerlei sei, ihm da nicht folgen zu können.

Auch an ihrer Arbeitsstelle mußte Eva den ganzen Tag an ihren Konflikt mit Adam denken. Hatte sie richtig gehandelt?

Wie sollte das weitergehen? Was wäre, wenn er sie ganz verließe? Würde sie dann ihre Einsamkeit ertragen? Auch die Gemeinde konnte doch nicht eine Ehe ersetzen. Andererseits müßten doch auch unverheiratete Menschen glücklich sein können. Und gerade in einer Gemeinde, so hatte Maria ihr einmal gesagt, könne man erfahren, daß man nicht deshalb unverheiratet sei, weil man nicht liebenswert wäre. Und damit sei dem Schmerz des Alleinseins schon die Spitze genommen.

Mit solchen Gedanken im Kopf und den entsprechenden Sorgen im Herzen ging Eva am Abend zur Gedächtnisfeier des Todes Christi in die Kirche. Für sie war der Karfreitag fast eine persönliche Realität geworden. Dauernd zog sie die entsprechenden Vergleiche, als sie die Leidensgeschichte Jesu hörte. Sie stand vor der Frage, ob sie wie Jesus ihr Leben ganz nach dem Willen Gottes ausrichten sollte. Auch wenn das Konsequenzen hatte, die sie gar nicht von vornherein übersehen konnte. Es kam ihr vor, als ob sie Gott einen Blankoscheck über ihr Leben geben müßte. Hatte sie schon soviel Vertrauen zu ihm? Sollte sie nicht doch lieber abwiegen, was dabei herauskommen könnte, ob es sich lohnt? Durfte sie etwas riskieren, das sie nicht überblicken konnte? Die Glaubensgespräche fielen ihr wieder ein. Da war die Rede davon gewesen, daß der gläubige Mensch es aufgibt, sein eigener Herr zu sein, über allem zu stehen. Was sie da mit dem Verstand eingesehen hatte, sollte sie jetzt mit dem Herzen vollziehen. Und das war ungleich schwieriger. Auch wenn es sich nicht um ein Sterben im körperlichen Sinn handelte, war es doch gut damit vergleichbar. Und deshalb konnte Eva verstehen, was es heißt, sich von Gott verlassen zu fühlen und dennoch an ihn zu glauben und damit das eigene Leben ihm in die Hände zu legen.

Und so fühlte sie sich auf einmal ganz stark mit Jesus verbunden. Sie erlebte ihn als Bruder. Sie hatte einen neuen Zugang zu ihm gefunden. Auch in ihrem tiefsten Inneren wußte sie jetzt, daß er Mensch war wie wir, der versucht wurde wie wir, litt wie wir und das Dunkel des Glaubens erlebte wie wir. Damit wurde es ihr möglich, ihm auch nachzufolgen. Bisher hatte sie sich überfordert gefühlt, weil sie ihn insgeheim doch für übermenschlich hielt.

Sie war innerlich ganz aufgewühlt. Da hörte sie plötzlich einen Wechselgesang mit folgendem Text: »Wenn das Weizenkorn nicht in die Erde fällt und stirbt, bleibt es allein; wenn es aber stirbt, bringt es reiche Frucht.« Und sie verstand diese Sätze auch ohne Predigt. Das Bild sprach für sich: Das Leben als Same, der erst zur Pflanze werden und dabei sterben, das heißt aufbrechen muß, um Frucht bringen zu können. Dieses Sterben bedeutet nicht einfach Tod, Ende. Es ist eine Umwandlung. Und zwar gar nicht von außen, mit Gewalt. Sondern das Eigentliche, worauf der Same ja angelegt ist, bricht durch. Er wird eigentlich erst er selbst. Deshalb darf er sich nicht für sich behalten wollen, sondern muß diesen Vorgang geschehen lassen, eben sterben.

Auf einmal wußte Eva, daß ja auch in ihr dieses neue Leben schon begonnen hatte. Daß sie gar nicht mehr zurückkonnte, ohne Schuld auf sich zu laden, ohne das zu unterdrücken, was ihr als eigentliches Menschsein gegeben war; was sie schon anfanghaft erfahren hatte in der Begegnung mit dem Glauben der Gemeinde. Es wurde ihr deutlich, daß gegenüber einem solchen Leben aus dem Glauben und in der Liebe alles andere zweitrangig war, sogar das Verheiratetsein. Oder anders: daß die Ehe nur dann gelingen kann, wenn sie vom Glauben getragen oder zumindest auf ihn hin offen ist; nicht aber, wenn sich zwei Menschen, von denen jeder sein eigener Herr bleiben will, gegenseitig als den besten Partner aussuchen und dann – auf Gegenseitigkeit – zueinander halten. So bleibt jeder sich selbst der Nächste, wie Adam immer sagte, so können auch Eheleute einander nicht Nächste werden. Sicher wollte sie weiterhin zu ihrem Eheversprechen stehen, aber sich deshalb nicht die Freiheit nehmen lassen, als gläubiger Mensch zu leben.

Eva sah ihre Situation auf einmal mit neuen Augen. Sie hatte den Mut gefunden, zu dieser ihrer ersten Entscheidung zum Glauben an Gott in einer Gemeinde im Geiste Jesu zu stehen, selbst wenn Adam sich deshalb von ihr trennen sollte. Von sich aus wollte sie bei ihm bleiben. Und sie dachte dabei daran, daß es ja auch für ihn das Bessere sei, wenn er durch sie mit dem Glauben in Berührung komme, selbst wenn er dies nicht oder nicht so bald verstehen könne.

Mit einem tiefen Frieden im Herzen – wie nach einem schweren, aber siegreichen Kampf – kam Eva am Abend heim. Sie fühlte sich wohl etwas allein. Aber sie war froh, innere Gewißheit gefunden zu haben.

39. Osternacht

Dieses Gefühl, auf dem richtigen Weg zu sein, und eine stille Freude darüber hielten auch am nächsten Tag, am Karsamstag, an. Eva hatte damit zum ersten Mal ganz bewußt erlebt, daß das wahre Glücksgefühl von selbst kommt, wenn das Leben dem Gewissen entspricht, auch wenn es zunächst schwerfällt, das Richtige zu tun.

So dachte sie erwartungsvoll an die Auferstehungsfeier, die am späten Abend beginnen sollte. Auch sie wollte zur Festlichkeit beitragen und ging deshalb noch zum Friseur. Maria hatte mit ihr vereinbart, sie abzuholen. Sie kam auch pünktlich. Gemeinsam gingen sie hin. Die Kirche war zunächst nur schwach beleuchtet. Das hatte wohl eine symbolische Bedeutung, sollte den Schatten des Todes andeuten. Bei den Lesungen aus dem Alten Testament fiel Eva besonders der Satz aus dem Schöpfungsbericht auf, der mehrmals vorkam: »Gott sah, daß es gut war« (Gen 1). Sie verstand, daß in diesem Satz das eigentlich Gemeinte dieses Lobpreises auf die Schöpfung lag, nicht in den unrichtigen Vorstellungen von der Entstehung der Welt. Auch die Texte, in denen die Sehnsucht nach Erlösung zum Ausdruck kam, beeindruckten sie sehr. Als letzte Lesung wurden Teile der Rede des Petrus aus der Apostelgeschichte frei vorgetragen, in der er den Israeliten die Auferweckung Jesu verkündete (aus Apg 2). Dazu wurde bei der Erwähnung des Todes Christi das Licht ganz abgedreht, bei der Botschaft von der Auferweckung Jesu wurde die Osterkerze entzündet. Es folgte ein Hymnus auf das Licht, das Gott durch Jesus in die Dunkelheit unseres Lebens gebracht hat, ein Lobpreis seiner Liebe und Treue. Man spürte, daß die Frau, die ihn vortrug, von dem durchdrungen war, was sie sprach.

Die Predigt hielt diesmal ein mit der Gemeinde befreundeter Priester, der gelegentlich auch sonst den Gottesdienst feierte. Er ging von der Annahme aus, daß ein Mensch in dieser Nacht in die Kirche hereinkäme, ohne zu wissen, was vor sich geht. Er würde viele Symbole sehen: ein Kreuz, eine brennende Kerze, einen Tisch mit Brotstücken darauf. Wörtlich fuhr er fort:

»Um sicherzugehen, daß er diese Zeichen richtig versteht, müßte unser Mensch, der von draußen hereinkommt, auf die

Worte hören, die hier eine Rolle spielen, die ihm die Richtung zeigen, wie hier in diesen Zeichen Sinn auf Sinn verweist. Er würde immer wieder die Worte vom Sterben und Begraben-Werden hören und vom Aufstehen und Aufwecken. Wenn er sich davon betreffen läßt und nicht ausweicht, würde er wahrscheinlich an seine Erfahrungen mit dem Sterben denken: an das viele Elend und sinnlose Sterben in der Welt, das wir gar nicht mehr aushalten und daher mit Abstumpfung und Wegschauen beantworten. Er würde sich vielleicht an liebe Menschen erinnern, die ihm der Tod entrissen hat, er würde unter Umständen an mißglückte oder zwiespältige Beziehungen in seinem Leben denken, und wenn er sich selbst gegenüber sehr ehrlich wäre, an seine eigene Schuld und Unversöhntheit, an seine Unfähigkeit, Dinge ins reine zu bringen, an seine eigene innere Öde, in der er das Leben verdöst. Das Grauen vor dem Sterben und dem Tod, das ihm in Mark und Bein sitzt, könnte ihn befallen. Er würde vielleicht noch zur Wurzel dieser Übel vorstoßen; daß er unfrei ist, daß er versklavt ist an die Dinge, daß er gelebt wird und nicht selbst lebt, weil er sich nicht frei entscheiden kann, weil er unentschieden ist. Aber er könnte es nicht ändern.

Er würde sich dann vielleicht wundern über die Worte vom Aufstehen und Aufwecken. Wenn er uns nicht von vornherein für Dummköpfe hielte, müßte er sich sagen, daß hinter diesen Worten doch mehr steckt als die Erinnerung an das schrille Läuten des Weckers in der Früh und die Schwere des Aufstehens. Er würde vielleicht ahnen, daß es um ein inneres Aufstehen geht, um ein Neu-Werden, um eine neue Freiheit in einem neuen Leben. Aber er wüßte nicht, wie das geht. Er hat wohl die Erfahrungen mit dem Sterben, aber nicht mit diesem inneren Aufstehen.

Wir müßten diesem Menschen dann sagen, daß das daran liegt, daß er gerade keine wirkliche Erfahrung mit dem Sterben hat, daß er immer noch davor steht und sich nicht hineintraut in das Sterben und dem wirklichen Tod ausweicht, daß er gar nicht frei sein will und sich gar nicht entscheiden will, weil jede Entscheidung ein Stück ›Sterben‹ bedeutet: Jede wirkliche Wahl bedeutet ein Wählen einer Möglichkeit und das Sterben vieler anderer Lebensmöglichkeiten, die ich nicht gleichzeitig wählen kann. Jede Wahl bedeutet Entsagung, Verzicht, Tod; das ist die Qual der Wahl.

Erst wenn ein Mensch dieses Sterben durchgestanden hat, kann er die Erfahrung machen, daß er nun in dem, was er gewählt hat, ganz werden kann. So kann er die Erfahrung machen, daß die Wahlfreiheit eine Form der Freiheit ist, die zum Sterben führt, und daß die Freiheit der Entschiedenheit eine Form ist, die zum Ganz-Werden, zum Leben, zu jenem tief inneren Aufstehen führt, das mit diesem Wort gemeint ist. Dies wird besonders deutlich in der Lebenswahl für einen Partner, für einen Beruf und in anderen Lebensentscheidungen; aber hier wird nur besonders sichtbar, was die Grundstruktur jeder Entscheidung ausmacht. Entscheidung heißt entsagen.

Unser Mensch, der von draußen heute nacht zu uns kommt, würde sich fragen, warum es sich eigentlich lohnt, zu entsagen, sich zu entscheiden, einfacher zu leben, bereit zu sein, nicht vor dem Sterben stehenzubleiben, sondern hineinzugehen in diese Form des Sterbens. Jene Erfahrung von Auferstehung hat er nicht gemacht, er hält sie zu Recht für menschlich unmöglich.

Wir müßten ihm dann die Geschichte von Jesus Christus erzählen, davon, daß wir betroffen sind, daß in ihm Gott das Menschenunmögliche menschenmöglich, ja menschenwirklich gemacht hat. Entsagen, entscheiden und in dieser Form sterben lohnt zuletzt nur dort, wo Gott als das Herz aller Dinge erfahren wird. Wir müßten diesem Menschen sagen können, daß wir einen Menschen gefunden haben, der Gott ganz gefunden hat, weil dieser Mensch ganz aus Gott ist und von Gott kommt. Wir müßten dem Menschen, der von draußen kommt, erzählen, daß dieser Jesus deswegen restlos entsagen konnte, deswegen sich radikal für Gott entscheiden konnte, daß in ihm das erste Mal in der Geschichte das erste der Zehn Gebote wirklich erfüllt wurde: ›Ich bin der Herr, dein Gott und sonst keiner.‹ Wir müßten diesem Menschen sagen können, daß dieser Jesus uns heute näher ist als den Jüngern zu seinen Lebzeiten, so nahe wie den Jüngern damals nach seinem Tod, und daß die kleinen Brotstücke dafür ein Zeichen sind, das er selbst gewählt hat. Wir müßten diesem Menschen sagen können, daß dieses Grundgesetz eines glückenden Lebens, das ich am prägnantesten formuliert gefunden habe in einem Sprichwort in Kamerun: ›Stirbst du nicht, dann liebst du nicht, stirbst du nicht, dann lebst du nicht‹, daß dieses Grundgesetz beim letzten Sterben am Ende unseres Lebens auch noch, ja gerade dann gilt: Im Tod Jesu geschieht Auferstehung, wird eine neue Schöpfung, die Rückseite des Kreuzes ist die neue Schöpfung. Wir müßten diesem Menschen sagen können, wie wir mit diesem auferstandenen Jesus verbunden sind, wie er unser Leben umdreht. Wir müßten diesen Menschen von draußen beten lehren, langsam, Schritt für Schritt, ihm zeigen, wie man die Erfahrung macht, daß dieser Jesus einen umdreht, wie dieser Auferstandene damit konfrontiert, daß der natürliche Lauf der Dinge, wenn wir alles ohne Gott gehenlassen, ins Verderben führt, daß aber sein auferstandenes Leben einströmt in unser Leben, wie man im Gebet erfahren kann.

Unser Mensch von draußen würde dann vielleicht nach Menschen unter uns suchen, die von Jesus Christus schon umgedreht worden sind, die die Trendwende in ihrem Leben schon hinter sich haben, die sich für die Gemeinschaft mit Christus bei aller Brüchigkeit einer menschlichen Entscheidung schon entschieden haben und diese Entscheidung nicht vor sich herschieben. Unser Mensch von draußen würde Menschen suchen, die entsagt haben, an denen die Entschiedenheit für den Auferstandenen durchleuchtet, und ich glaube, er würde ihn erkennen, auch noch, wenn es sich um einen einsamen Alten handelt, der allein in die Nacht hinausgeht. Und wenn er einen gefunden hat, dann müßte er sich sagen: Von solchen Menschen lebt diese Gemeinde, unsere Stadt, ja die ganze Welt, durch solche Menschen wird unsere Welt wahrhaft menschlich und licht.«

Eva hatte verstanden. Sie hatte an sich selbst erlebt, daß der Mensch nur ganz Mensch sein kann, wenn er nichts unbedingt haben will, besitzen muß, auch nicht eine bestimmte Beziehung zu einem anderen, die ja außerdem gar nicht gelingen kann, wenn sie sich auf der Ebene eines gegenseitigen Habens bewegt. Und daß die Freiheit vom Haben-Müssen, die erst zum »Sein« führt, in dem der Mensch er selbst wird, nur in dem Maß möglich ist, als der Mensch in leiser Hoffnung oder im festen Glauben auf Gott vertrauen, sein Leben und die Liebe als Geschenk annehmen kann, ohne ihnen erst selbst ihre Würde und ihren Sinn geben zu müssen. Eva hatte schon so viel von dem neuen Leben in Liebe aus dem Glauben erfahren, daß sie fast schon ja dazu sagen konnte, wenn sie sich nicht absichtlich dagegen sperrte. Das spürte sie genau. Und verschließen wollte sie sich nicht. Obwohl sie noch Sorge hatte, ob sie eine endgültige Entscheidung in allen Konsequenzen durchstehen könnte. Aber schließlich war sie ja nicht allein. Gott war auch in ihr am Werk. Und sie konnte den Glauben in einer Gemeinschaft von Menschen leben, die ihr eine Stütze in der Krise geben konnten und sie gerne begleiten wollten.

Im Gottesdienst folgte die Tauferneuerung. Zur Einleitung wurde der Bericht aus der Apostelgeschichte fortgesetzt: die Wirkung der Rede des Petrus auf seine Zuhörer, seine Aufforderung zur Umkehr, seine Verheißung des Geistes, die Taufe derer, die zur Gemeinde hinzukamen. Das anschließende Taufversprechen war für Eva mehr als eine alljährliche Tauferneuerung. Ihr war es, als müßte sie vor alle hintreten und laut sagen: Ich verspreche das bewußt zum ersten Mal und möchte ganz in die Gemeinde hineinwachsen. Denn ihre erste Entscheidung war getroffen. Aber so etwas war offensichtlich nicht vorgesehen; wohl deshalb, weil es in einem pfarrlichen Gottesdienst, an dem auch viele teilnahmen, welche die Notwendigkeit einer solchen persönlichen Entscheidung zum Glauben in der Gemeinde nicht verstanden, nicht möglich war. Dafür wollte sie es wenigstens Maria sagen. Als sich beim Vaterunser in der Meßfeier alle die Hände reichten, drückte sie die von Maria neben ihr besonders fest. Und als bei der Kommunion ihr viele aus der Gemeinde freundlich zunickten, fühlte sie sich schon ganz zugehörig. Nach der Feier berichtete sie Maria, was in ihr vorgegangen war. Die fiel ihr voll Freude um den Hals, mitten in der Kirche. Aber das war hier anscheinend durchaus möglich.

Maria lud sie nach kurzer Rücksprache mit den anderen Angehörigen ihrer Runde auch ein, an der anschließenden Fortsetzung der Feier im Kreis dieser Runde in einer Wohnung teilzunehmen. Sie wurde herzlich aufgenommen und konnte wieder einige Leute aus der Gemeinde – mit den Kindern und Jugendlichen waren über 20 Personen dabei – kennenlernen. Auch sie erzählte etwas von ihrer persönlichen Situation und ihrem Weg zum Glauben. Zur Runde gehörte noch eine Frau, deren Mann nicht bei der Gemeinde war. Mit dieser kam sie in ein längeres Gespräch über die Schwierigkeiten, die sich daraus ergaben. Zu all dem gab es ein liebevoll bereitetes nächtliches Mahl. Bis lange nach Mitternacht saß man beisammen. Zum Abschluß wurde wieder gemeinsam gebetet. Es waren zwar vorbereitete Texte, die verwendet wurden, aber man spürte deutlich, wie sehr alle mit dem Herzen dabei waren. Der Osterfriede und die Osterfreude verbanden sie untereinander so stark, wie es Eva bisher noch in keiner Gruppe erfahren hatte. Dann brachte ein Ehepaar aus der Runde Eva und Maria mit dem Auto nach Hause.

Eva war schon etwas müde, als sie heimkam. Dennoch ging sie noch zum Plattenspieler und legte das »Alleluja« aus dem Oratorium »Der Messias« von Händel auf.

40. Pfingsten

Am Ostersonntag fuhr Eva gleich am Morgen zu ihrem Mann. Sie erzählte ihm möglichst genau, was sie erlebt hatte, um ihn soweit als möglich daran teilhaben zu lassen. Er war noch etwas verärgert, daß sie nicht mit ihm gefahren war. Aber irgendwie beeindruckte es ihn auch, mit welcher Überzeugung Eva von ihren Erfahrungen und ihrer Entscheidung berichtete. Sie war fast ein neuer Mensch geworden. Adam spürte, daß sie ihre Beziehung zueinander auf eine neue Basis stellen mußten. Sie konnte nicht einfach auf dem Stand stehenbleiben, den sie am Beginn ihrer Ehe gehabt hatte. Eva war nun eine Persönlichkeit, mit der er sich auseinandersetzen mußte. Die vielen Gespräche, die sie im Zusammenhang damit führten, brachten schon viel wesentlichere Inhalte in ihr Leben als jene, mit denen sie sich bisher beschäftigt hatten. Es ging nicht mehr nur um Wohnung, Essen, Geldverdienen, Urlaub u. ä., sondern um das eigentliche Menschsein: worauf es dabei ankommt, um die Liebe, um die Situation der Welt, um die Verantwortung für andere.

So konnte Adam im Grunde auch nichts einwenden, wenn Eva im Einvernehmen mit ihm nun nicht nur zum Gemeindeabend, sondern auch zu den Treffen der Runde gehen wollte. Dort konnte sie noch weiteren Einblick in das Leben der Gemeinde gewinnen. Sie wurde in persönliche Fragen anderer einbezogen, erlebte mit, wie man sich besonders um jene bemühte, die es von ihren Lebensumständen her nicht so leicht hatten, ihr Dasein positiv zu gestalten. In den Berichten aus dem Leitungsteam und aus dem Theologischen Arbeitskreis hörte man, was in der Gemeinde geschah und was geplant wurde. Da ging es um pfarrliche Aufgaben, wie zum Beispiel die Gestaltung der Erstkommunionfeier, bei der es auch viele Gelegenheiten zu Gesprächen mit den der Kirche meist fernstehenden Angehörigen der Kinder gab. Ebenso wurde die pfarrliche Firmungsfeier von Leuten aus der Gemeinde getragen, die auch die Jugendlichen – soweit als möglich – auf den Empfang dieses Sakramentes vorbereitet hatten. Außerdem wurde von der geplanten Gestaltung des Fronleichnamsfestes berichtet. Es sollte ein gemeinsamer Gottesdienst im Freien für alle stattfinden. Das Hingehen in kleinen Gruppen und ein anschließendes Beisammensein sollten den Kontakt der Pfarrangehörigen untereinander vertiefen.

Schließlich wurde auch noch viel über das kommende Pfingsttreffen gesprochen. Es sollte unter dem Thema »Begegnung in der Gemeinde« stehen. Im Theologischen Arbeitskreis waren die geistigen Grundlagen dafür erarbeitet worden. In einem eigenen Pfingstvorbereitungskreis wurden das Programm zusammengestellt und die technischen Einzelheiten geplant. Die eine Teilgemeinde sollte diese Tage in einem Zisterzienserkloster, die andere in einem kirchlichen Bildungshaus verbringen. Es waren jeweils ca. 100 Personen, weil ja auch die Kinder und größtenteils die Jugendlichen mitfuhren. Eva hätte sich nie gedacht, wieviel Vorbereitungsarbeit ein solches Fest erfordert, wenn es von allen Teilnehmern getragen und mitgestaltet sein soll. Bald gab es ein eigenes Programmheft für die Erwachsenen, ein anderes für die Kinder. Jede Runde erhielt eine bestimmte Aufgabe. Die Rund von Maria, in der sich Eva schon ganz heimisch fühlte, hatte die Vorbereitung des bunten Abends am Samstag übernommen. Viele Stunden brauchten sie, um die entsprechenden Ideen zu finden und die Behelfe dafür vorzubereiten. Es sollte eine »Rallye« in kleinen Gruppen werden, mit verschiedenen Stationen, bei denen jeweils eine lustige Aufgabe zu erfüllen war.

Der Gemeindeabend vor Pfingsten wurde auch auf das Thema des kommenden Festes abgestimmt. Er sollte der »Begegnung in der Ehe« gewidmet sein, um das Wesen und die Bedeutung dieser Beziehung klarzustellen, bevor über andere Formen der Begegnung in der Gemeinde gesprochen wurde. Auf Grund dieses Themas und der Bitte Evas kam auch Adam mit. Der Vortragende zählte zunächst verschiedene ungenügende Auffassungen von Ehe auf: die Ehe als gegenseitiger Besitz, speziell in bezug auf den Körper, die Ehe als Versorgungs- oder Zweckeinrichtung, die Ehe als Sympathieliebe, die immer unter dem Zwang steht, dem Partner mehr als alle anderen zu gefallen; die Ehe als rein rechtliche Größe, als Institution, die zum Ersatz der Liebe wird. Seiner Ansicht nach bestand das wahre Wesen der Ehe darin, daß zwei Menschen verschiedenen Geschlechts einander in der Verwirklichung gesamtmenschlicher Liebe Vorrang geben, weil der Mensch mit den begrenzten Möglichkeiten seiner Körperlichkeit sein Leben in dieser Welt nur mit einem anderen ganz teilen kann. Das heißt nicht, daß dieser andere der einzig mögliche oder der bestmögliche Partner sein muß. Aber bei dieser Grundeinstellung wird man gut zusammenleben und immer wieder zueinander finden; und auch die Sympathie wird von selbst wieder dazukommen, wenn sie verlorenging. Ehe ist »freie Treue«, die als endgültige, vorbehaltlose Entscheidung für einen anderen Menschen ein Mindestmaß an Glauben voraussetzt; sonst wäre dieses Sich-Loslassen auf den anderen hin nicht möglich, jeder würde sein eigener Herr bleiben. Wo diese vom Glauben getragene Liebe in der Ehe sichtbar wird, ist sie ein Zeichen der Liebe Gottes, der ja auch jeden einzelnen vorbehaltlos und auf immer liebt; dann ist sie also ein Sakrament. Zum Abschluß führte er noch einige Bereiche der Begegnung in der Ehe an: Sexualität, Zärtlichkeit, Gespräch, gemeinsame Zuwendung zu anderen, insbesondere zum Kind, und zu Gott. Adam hörte interessiert zu. Ebenso ein Journalist von einer bekannten Tageszeitung, der in dieser über die Gemeinde und ihren Versuch, Kirche zu leben, berichten wollte. So gab es anschließend eine lebhafte Diskussion.

Die Leiterin der Teilgemeinde, zu der Maria und Eva gehörten, fragte daraufhin Eva, ob ihr Mann nicht als Gast zum Pfingsttreffen mitkommen wollte. Im allgemeinen konnten nämlich nur jene mitfahren, die schon Mitglieder der Gemeinde waren oder in sie hineinwachsen wollten, und deren Kinder, weil eine Übereinstimmung in den Geisteshaltungen Voraussetzung für ein gemeinsames Fest ist. Aber wenn in einer Ehe nur ein Partner zur Gemeinde fand, wurde mit Rücksicht auf diese Bindung diesbezüglich nochmals eine Ausnahme gemacht. Der andere Partner konnte gerne als Gast mitkommen, wenn er dies wünschte. Nach längerem Überlegen nahm Adam diese Einladung an.

Gemeinsam fuhren sie also am Samstag vor Pfingsten in das Stift, in dem das Treffen stattfinden sollte. Sie nahmen auf Ersuchen der Gemeinde noch zwei andere Personen und ein Kind im Auto mit. Diese berichteten von den früheren Pfingsttreffen der Gemeinde, so daß sie sich schon ein wenig ein Bild von dem machen konnten, was sie erwartete. Es begann mit der Begrüßung beim Mittagessen. Eva und Adam wurden dabei eigens genannt, weil sie zum ersten Mal dabei waren. Der Speisesaal war wie alle Räume festlich geschmückt. Es gab keine feste Sitzordnung. So kamen Eva und Adam jedesmal mit anderen in Kontakt und konnten allmählich alle kennenlernen. Am Nachmittag war eine Besinnung, in der an Hand von Texten oder persönlichen Berichten die Schwierigkeiten und die Freuden der Begegnung in der Gemeinde aufgezeigt wurden; dazwischen immer Stille mit leiser Musik zum Nachdenken. Nach einer festlichen Jause wurden Überlegungen über die »Voraussetzungen für eine Begegnung« angestellt. Da war von der Geduld die Rede, vom Wachsen-lassen-Können, weil wahre Begegnung aus der Tiefe der Person erfolgen muß. Ferner braucht es ein großes Vertrauen, daß Beziehung zum anderen möglich ist, ohne daß einer Herr des anderen werden muß. Beides wird am besten gelingen, wenn die Überzeugung dahinter steht, daß wir von vornherein auf ein Leben in Liebe hin geschaffen sind. Aus diesem Grundvertrauen können die Menschen den nötigen Vertrauensvorschuß geben und damit Brücken zueinander bauen. Neben diesen grundlegenden Voraussetzungen gibt es noch weitere: sich Zeit nehmen; aktives Zuhören; Beachten aller Äußerungen des anderen, nicht nur seiner Worte; Verläßlichkeit; Vorrang des Persönlichen; Austragen der Konflikte; Mut zur Spontaneität; den anderen nicht festlegen; Gespräch auch über die Beziehung. Das aktive Zuhören wurde anschließend in Dreiergruppen geprobt, wobei einer immer den Dialog der beiden anderen über ein beliebiges Thema kontrollierte. Es war interessant, einmal bewußt zu merken, wie oft man eigentlich aneinander vorbeiredet. Vor dem Abendessen waren noch alle eingeladen, sich an Gruppentänzen zu beteiligen. Eva und Adam hatten so etwas noch nie erlebt, fanden es aber sehr schön, auf diese Weise mit anderen »in Kontakt zu kommen«. Nach dem Essen fand dann die Rallye statt, die Eva in »ihrer« Runde, wie sie schon zu sagen pflegte, mitvorbereitet hatte. Das Ganze wurde ein voller Erfolg.

Der nächste Morgen begann mit einem gemeinsamen Gottesdienst. Anschließend war ein »Gespräch zu zweit« vorgesehen, bei dem man mit einer selbstgewählten anderen Person aus der Gemeinde über die gegenseitige Beziehung reden oder diese vertiefen sollte. Eva hatte schon zuvor an Adam gedacht und ihm vorgeschlagen, dieses Gespräch mit Maria zu führen, die auch gerne dazu bereit war. Sie selbst wurde von einem anderen Gemeindemitglied dazu eingeladen. Adam erzählte ihr nachher, daß er alles sehr interessant gefunden hatte, worüber er mit Maria sprechen konnte.

Am späten Vormittag fand dann noch ein Vortrag statt zum Thema des Pfingsttreffens: »Begegnung in der Gemeinde«. Dabei wurde vieles nochmals zusammengefaßt, was Eva schon im Glaubensgesprächskreis über das Verhältnis von Liebe und Sympathie, über die geschwisterliche Beziehung usw. gehört hatte. Dann aber ging es vor allem um praktische Fragen: Eine Frau und ein Mann berichteten jeweils aus ihrer Sicht, wie sie Begegnung und Beziehung in der Gemeinde erleben, welche Möglichkeiten und auch Gefahren für Verheiratete und Unverheiratete sie dabei sehen, welche Ausdrucksformen es dafür gibt, wie man diese Beziehungen pflegen und verbessern kann, wodurch sie auch nach außen wirksam werden können und wie sie schließlich auf Gott verweisen. Insbesondere Adam wunderte sich über die Lebensnähe der aufgegriffenen Fragen und über die Offenheit, mit der all dies in einer kirchlichen Gemeinschaft besprochen wurde. Das verstärkte sein Vertrauen zu den Leuten in der Gemeinde.

Am Nachmittag war ein Picknick vorgesehen. Nicht alle konnten Mittagspause halten, weil viele am Geländespiel der Kinder und Jugendlichen beteiligt waren. Dieses endete auch auf einer Wiese, auf der sich inzwischen alle anderen eingefunden hatten. Gemeinsam wurde gesungen und getanzt. Man stärkte sich an den reichlich gefüllten Essenskörben. Am Abend trafen sich alle in einem Saal, wo das Märchen »Der kleine Prinz« von Saint-Exupéry mit verteilten Rollen gelesen wurde. Es wurde bestens vorgetragen und hinterließ bei allen einen tiefen Eindruck.

Höhepunkt und Abschluß des Pfingsttreffens war aber der festliche Gottesdienst am Montag vormittag. Alle waren eingeladen, durch persönliche Berichte oder selbstverfaßte Gebete dazu beizutragen. Diese wurden zu einem Wortgottesdienst zusammengestellt, der allein schon über eine Stunde dauerte. Gegen Ende kamen noch die Kinder aus der Gemeinde dazu, die unter Leitung einiger Erwachsener eine Szene eingeübt hatten und diese nun vorspielten. Dann folgte die Predigt über Pfingsten als jenes Fest, bei dem wir feiern, daß Gottes Geist in der Kirche am Werk ist und uns in gegenseitiger Liebe zusammenführt. Im Anschluß daran erteilte der Abt des Stiftes einigen Erwachsenen aus der Gemeinde das Sakrament der Firmung, der Sendung als im Glauben mündiger Erwachsener. Voll Wehmut dachte Eva daran, daß sie bei ihrer eigenen Firmung noch nicht gewußt hatte, was Kirche eigentlich ist und wie dieses Sakrament wirksam wird. Aber sie war jetzt auf dem Weg, ihre Taufe zu erneuern, und wollte ganz zur Gemeinde gehören. So kann ich ja einmal auch meine Firmung erneuern, wenn ich mit dem Leben im Glauben vertraut geworden bin und davon auch anderen etwas mitteilen kann, dachte sie sich im stillen. Doch lange konnte sie nicht diesen Gedanken nachgehen. Denn nun gingen alle zur gemeinsamen Mahlfeier. Bei denselben Tischen, an denen anschließend das Mittagessen eingenommen wurde, sprach der Priester das Hochgebet der Messe und alle – außer den kleinen Kindern und Adam, der es nicht mitvollziehen konnte – empfingen die Kommunion unter beiden Gestalten. Eva erlebte wie noch nie, daß eine Meßfeier eigentlich eine Gemeinde voraussetzt, damit das Zeichen der Liebe Gottes, das Jesus gestiftet hat, auch menschlich als solches erlebt werden kann. Sie war überglücklich. Voll Freude schaute sie zu Adam hinüber, der anscheinend auch sehr positiv berührt war.

Viele blieben nach dem anschließenden Festessen noch lange beisammen. Man wollte sich nicht gerne trennen. Auch den Kindern fiel es schwer, aufzubrechen. Sie hatten etwas vom Leben in einer neuen, größeren Familie erlebt, wie sie es sonst nicht kannten. Als Eva und Adam gegen Abend heimkamen, hatten sie noch viel miteinander zu reden. Schließlich sagte er zu ihr: »Wenn ich auch noch lange nicht vom Glauben überzeugt bin, habe ich hier doch erfahren, daß wahrer Glaube nicht Flucht oder Illusion ist, sondern das Leben verändert. Ich kann nicht glauben. Aber vielleicht kommt es noch soweit. Und wenn du und diese Gemeinde mir dabei helfen können, soll es mich freuen.« Eva war sprachlos. Das hatte sie nicht zu träumen gewagt. Voll Freude und Dankbarkeit küßte sie ihn. Und im stillen wußte sie: Jetzt kann ich es auch verantworten, einem Kind das Leben zu schenken, weil ich überzeugt bin, daß ich ihm damit etwas Gutes tue; und weil ich eine Möglichkeit sehe, am Aufbau einer Welt mitzuarbeiten, in der dieses Kind einmal das Leben auch als sinnvoll erfahren kann.

Als Eva später auf den Weg zurückblickte, der sie zum Glauben geführt hatte, nahm sie nochmals den Text des Versprechens zur Hand, das einmal in der Gemeinde für die Tauferneuerung der Erwachsenen formuliert worden war. Sie las es wieder ganz bewußt:

Ich vertraue Gott, dem Vater Jesu Christi, mein Leben an. Er hat es mir geschenkt und begleitet mich mit seiner Liebe. So will ich nicht auf Besitz und Macht mein Leben bauen, sondern auf ihn, der sich durch Jesus endgültig als unser Vater erwiesen hat.

Ich vertraue auf das Wirken Gottes in seinen Gemeinden. Denn Gottes Geist hat mich in die Kirche geführt. Gerade hier will ich nicht nur die lieben, die ich mir aussuche. Ich will jene als Brüder und Schwestern annehmen, welche das Reich Gottes suchen, und will dieses den Menschen verkünden.

Ich vertraue auf Gott, der mir auch im Tode Hoffnung gibt. Die Angst davor, zu kurz zu kommen oder das Leben zu verlieren, soll mich nicht abhalten, das Gute zu tun. So will ich nicht Böses mit Bösem vergelten, sondern verzeihen und mich einsetzen in der Liebe zu Gott und den Menschen.

So darf ich mit euch, meinen Brüdern und Schwestern, und gemeinsam mit allen Gläubigen auf der Welt sprechen: Durch Jesus Christus, seinen Sohn und unseren Bruder, nimmt Gott uns an. Er wirkt unter uns durch seinen Geist und wird unser Leben vollenden.

Personen- und Sachverzeichnis